轨道交通槽形梁桥结构分析与工程应用

詹刚毅 刘全民 夏小任 张宏伟 朱华中 ◎ 著

西南交通大学出版社
·成 都·

图书在版编目（CIP）数据

轨道交通槽形梁桥结构分析与工程应用 / 詹刚毅等著. -- 成都：西南交通大学出版社，2024.3
ISBN 978-7-5643-9780-7

Ⅰ. ①轨… Ⅱ. ①詹… Ⅲ. ①轨道交通 – 梁桥 – 桥梁结构 – 结构分析②轨道交通 – 梁桥 – 桥梁施工 Ⅳ. ①U488.21

中国国家版本馆 CIP 数据核字（2024）第 066109 号

Guidao Jiaotong Caoxingliang Qiao Jiegou Fenxi yu Gongcheng Yingyong

轨道交通槽形梁桥结构分析与工程应用

詹刚毅　刘全民　夏小任　张宏伟　朱华中　著

责任编辑	姜锡伟
封面设计	原谋书装
出版发行	西南交通大学出版社 （四川省成都市金牛区二环路北一段 111 号 西南交通大学创新大厦 21 楼）
营销部电话	028-87600564　028-87600533
邮政编码	610031
网　　址	http://www.xnjdcbs.com
印　　刷	成都市新都华兴印务有限公司
成品尺寸	170 mm × 230 mm
印　　张	15
字　　数	230 千
版　　次	2024 年 3 月第 1 版
印　　次	2024 年 3 月第 1 次
书　　号	ISBN 978-7-5643-9780-7
定　　价	76.00 元

前 言

PREFACE

槽形梁桥是由道床板、边梁组成的一种下承式开口薄壁结构。与其他桥梁相比，槽形梁桥的边梁既可作为受力的主要构件，又可抑制轮轨噪声的传播、防止车辆倾覆，同时能显著降低结构的建筑高度，在线路高程和桥下净空受限的情况下，槽形梁桥具有很强的竞争力。但与箱梁桥相比，槽形梁桥的抗扭刚度和横向抗弯刚度较弱、中性轴偏低、边梁和道床板结合部位存在应力集中等，仍然是值得研究的重要课题。针对槽形梁桥的静力和动力特性，本书着重介绍了轨道交通槽形梁桥静动力分析方法和受力特性，以及其工程应用情况，以期为槽形梁桥的设计和建造提供一定的参考。

全书共分 9 章。第 1 章介绍了槽形梁桥的主要结构形式、特点和应用研究现状。第 2 章主要介绍了简支槽形梁桥、简支槽形梁系杆拱桥、连续槽形梁桥等在新建铁路线路中的应用情况。第 3 章分析了连续槽形梁在既有铁路水害桥梁改建中的应用情况，随后列举了简支槽形梁桥在改建铁路桥梁中的成功应用案例。第 4 章总结了城市轨道交通 U 形梁桥的特点和国内外应用情况。第 5 章通过建立连续槽形梁桥精细化有限元模型，分析了桥梁的变形规律和受力特点。第 6 章利用有限元法分析了连续槽形梁的剪力滞效应，并给出了有效宽度的建议。第 7 章探讨了不同跨度下槽形梁桥的经济截面，通过优化程序得出了连续槽形梁桥的最佳截面参数。第 8 章介绍了大跨预应力混凝土连续梁桥悬臂浇筑施工监控方法。第 9 章分析了城市轨道简支 U 形梁桥的结构噪声和连续槽形梁桥对轮轨噪声的遮蔽效应。

本书由中铁上海院设计集团有限公司、华东交通大学和成都西南交通大学设计研究院有限公司组织撰写。全书由詹刚毅、刘全民负责规划和统稿，詹刚毅、刘全民、夏小任、张宏伟、朱华中分工撰写。具体分工情况如下：第 1 章由詹刚毅撰写，第 2 章由夏小任撰写，第 3 章由朱华中撰写，第 4 章由詹刚毅撰写，第 5 章、第 6 章、第 7 章由刘全民、张智凯撰写，第 8 章由张宏伟撰写，第 9 章由刘全民、刘泓辰撰写。此外，詹刚毅、刘全民完成了全书的审阅定稿。硕士生张智凯、刘泓辰、付维旺、苗毅飞等协助完成了本书中槽形梁桥静动力计算模型的建立和分析工作。

本书相关研究工作得到了国家自然科学基金（编号：52068030、52372328）、江西省自然科学基金重点项目（编号：20202ACB214005）和江西省“双千计划”等项目的资助，在此表示衷心感谢。感谢中铁上海设计院集团有限公司潘湘文正高级工程师等提供的宝贵资料，本书部分内容参考了相关文献资料，在此一并表示感谢，恕不一一列举。感谢西南交通大学出版社罗在伟、姜锡伟编辑在本书出版过程中付出的辛勤劳动和提供的热心帮助。感谢课题组的研究生们，他们都参加了课题的研究工作，付出了辛勤的劳动。本书的出版是大家共同努力的结果。

由于作者水平有限，本书中不足之处在所难免，敬请读者批评指正。

作 者

2023 年 11 月

目录

CONTENTS

1

绪　论

槽形梁是由道床板、边梁组成的一种下承式开口薄壁结构。与其他桥梁相比，槽形梁的边梁既可作为受力的主要构件，又可抑制轮轨噪声的传播、防止车辆倾覆[1]，同时能显著降低结构的建筑高度，在线路高程和桥下净空受限的情况下，槽形梁具有很强的竞争力。针对槽形梁桥的静力和动力特性，本章从计算模型研究、力学性能研究、温度梯度研究以及振动噪声研究四方面回顾槽形梁国内外研究现况。

1.1 国外槽形梁桥应用现状

国外最早报道的预应力混凝土槽形梁是 1952 年英国建造的罗什尔汉铁路桥梁，该桥为单线铁路桥，跨度为 48.6 m，跨中主梁高 3.8 m，采用无砟轨道。在此之后，槽形梁得以在国外的铁路桥梁和轨道交通桥梁中推广应用。

日本为适应立交桥的发展，增加净空，减少噪声等，建造了多座槽形梁桥。普速线上建造的简支槽形梁桥有羽咋川桥、荒川桥等。羽咋川桥是单线五跨简支梁，中间跨度为 19.85 m，跨中主梁高 1.6 m，采用有砟轨道。荒川桥是跨度为 38.6 m 的双线简支梁，跨中主梁高 3.3 m，采用有砟轨道。普速线上建造的连续槽形梁有总武线上的中川放水路桥，为（37.35 + 48 + 37.35）m 双线连续梁槽形梁桥，采用无砟轨道，跨中主梁高 3.0 m。日本新干线上建造了多座简支槽形梁桥，如下拓桥、都计花尻桥、第二平原桥、第二丘里跨线桥等。其中，第二丘里跨线桥跨度较大，为跨度 61.4 m 的双线简支梁，跨中主梁高 5.0 m，采用有砟轨道。日本已经形成了相应的槽形梁设计标准。

德国铁路桥中也有槽形梁的采用，如朴罗钦根的内卡河桥为（35 + 39 + 47 + 39 + 35）m 单线连续槽形梁桥，采用无砟轨道，跨中主梁高 3.0 m。意大利高速铁路采用了 4 片预制槽形梁，跨度为 24.0 m，梁高 2.2 m，采用有砟轨道。比利时高速铁路阿布尔高架桥采用了 53.2 m 和 63.2 m 双线简支槽形梁，跨中主梁高 4.3 m，采用有砟轨道。

在城市轨道交通领域，法国的里尔建造了双线跨度为 50 m 的预应力槽形梁，巴黎地铁 13 号线有 2 km 的高架桥采用了预应力槽形梁，其中在塞纳河上建造了最大跨度达到 85 m 的槽形梁。荷兰鹿特丹和智利圣地亚哥的一些高架地铁段也均为预应力槽形梁，印度新德里地铁 3 号线约 20 km 的高架路段也使用了槽形梁形式。

国外典型槽形梁的资料见表 1-1。

表 1-1 国外典型槽形梁

桥名	国别	结构形式	跨度/m	主梁形状	主梁间距×梁高/（m×m）	主梁（跨中）高跨比	道床类型
罗什尔汉桥	英国	单线简支	48.6	直 I	4.1×3.8	1/12.8	无砟
朴罗钦根内卡河桥	德国	单线连续	35+39+47+39+35	直 Γ	5.0×3.0	1/15.6	无砟
中川放水桥	日本	双线连续	37.35+48+37.35	箱形	8.3×3.2	1/15.0	无砟
第二丘里跨线桥	日本	双线简支	61.4	箱形	9×5.0	1/12.3	—
羽咋川桥	日本	单线简支	16.55+3×19.85+16.55	直 Γ	3.4×1.6	1/12.0	木枕有砟
都计花尻桥	日本	双线简支	35.01	斜 Γ	8.9×3.2	1/11.0	无砟
第二平原桥	日本	双线简支	42	斜 Γ	9.0×3.9	1/10.75	有砟
荒川桥	日本	双线简支	38.8	斜 Γ	8.4×3.3	1/11.7	有砟
胜川跨线桥	日本	单线简支	8.3	直、矩	3.4×1.5	1/5.5	有砟
下拓桥	日本	双线简支	24	斜 Γ	8.5×2.45	1/9.8	无砟
第三齐川桥	日本	双线简支	15.8	箱形	7.8×1.6	1/9.9	有砟
魁特一布一劳密桥	阿尔及利亚	单线简支	37	直 I	4.5×44.5	1/8.2	有砟
布里斯班桥	澳大利亚	单线简支	19.36	直 I	3.89×	—	有砟
意大利高速铁路	意大利	简支	24	—	×2.2	1/10.9	有砟
阿布尔高架桥	比利时	双线简支	53.2、63.2	箱形	×4.3	1/12.4、1/14.7	—

1.2 国内槽形梁桥应用现状

我国于 20 世纪 80 年代开始应用槽形梁。1982 年建成的济南黄河公路大桥引桥采用了 51 孔 30 m 简支槽形梁；横跨江汉线的青龙桥采用了 92 m 预应力混凝土连续槽形梁，是国内公路预应力混凝土连续槽形梁中最长的一座桥梁。我国最早的铁路槽形梁为京承线上跨京丰公路 20 m 双线简支槽形梁和京秦线跨越京承线 24 m 单线简支槽形梁，均采用有砟轨道，双线采用斜墙式Γ形主梁，单线采用 I 形主梁，20 m 双线简支槽形梁跨中梁高 2.5 m，24 m 单线简支槽形梁跨中梁高 2.4 m。

多年来，随着我国槽形梁设计理论和施工技术水平的提高，1995 年我国第一座单线铁路连续槽形梁桥——葛水河铁路桥（图 1-1）的建成，标志着槽形梁的工程应用得到进一步的发展。铜九铁路建成（40 + 64 + 40）m 单线连续槽形梁；太中银铁路、邯长邯济铁路分别建成（32 + 48 + 32）m 单线连续槽形梁；兰新第二双线铁路采用 16 m 两个单线并置槽形梁。在之后的广梅汕铁路畲汕段、天津的京山特大桥均采用了预应力混凝土铁路槽形梁[2]；京沈客运专线中的饶阳河特大桥以及板石山 2 号桥均成功应用了双线简支槽形梁，且运营多年状况良好。

图 1-1　葛水河铁路桥

随后，我国在城市轨道交通中也陆续使用槽形梁桥。2009 年，武汉市轨道交通一号线二期工程跨江汉铁路货场建造了主跨为（49.9 + 104.983 + 49.9）m 的预应力混凝土槽形梁与钢管混凝土拱组合结构。预制预应力混凝土单线槽形梁，又称 U 形梁，国内首先在广州地铁 2 号线中得到应用，继而在上海、南京、重庆等城市轨道交通高架线中得到推广[3, 4]。

国内典型槽形梁桥汇总见表 1-2。

表 1-2 国内典型槽形梁汇总

名称	结构形式	预应力形式	跨度/m	主梁形状	主梁间距×梁高/（m×m）	高跨比	备注
京承线怀柔跨线桥	双线简支	三向	20	斜 Γ	10.4×2.5	1/8	最早双线槽形梁
通州区西跨线桥	单线简支	三向	24	直 Γ	6.44×2.4	1/10	最早单线槽形梁
葛水坝槽形梁桥	单线连续	三向	25＋40＋25	直 I	8×2.8	1/14.3	最早连续铁路槽形梁
大里营斜拉桥	单线连续	三向	40.75＋50	直 I	7.5×1.8	1/27.8	槽形梁作为斜拉桥的桥面部分
江汉青龙桥	双线连续	纵向	26＋40＋26	直 I	5.7×1.4	1/28.6	最早连续公路槽形梁
京山特大桥	单线简支	双向	32	直 I	6.6×3.2	1/10	单跨最大槽形梁之一
铜九线槽形梁	单线连续	双向	40＋64＋40	箱形	10.8×（3.5～5.6）	1/18.3～1/11.4	单线有砟连续槽形梁
宁启线槽形梁	单线连续	三向	40＋64＋40	斜 Γ	11.5×4.5	1/14.3	单线有砟
江汉青龙公路桥	双线连续	纵向	26＋40＋26	直 I	5.7×1.4	1/28.6	最早公路梁
梅溪特大桥	双线简支	双向	32	直 I	6.6×3.2	1/10	现场浇筑后顶推或拖拉就位
上海轨道交通 6 号线	双线简支	双向	29.96	斜 Γ	9.044×2.5	1/12	纵、横梁＋道床板体系
广州地铁试验梁	单线简支	双向	24.4	斜 Γ	4.71×1.75	1/14	未投入工程应用
跨江岸货场槽形梁拱组合桥	双线连续	三向	49.9＋104.983＋49.9	箱形	15×（3.0～8.16）	1/35～1/12.9	槽形梁-拱组合桥，轻轨

由上述可以看出，槽形梁在铁路和城市交通中得到了长足的发展。但与箱梁相比，槽形梁的抗扭刚度和横向抗弯刚度较弱、中性轴偏低、边梁和道床板结合部位存在应力集中等，仍然是影响槽形梁结构安全的重要原因。

1.3 轨道交通槽形梁桥的结构形式

槽形梁主要由边梁和道床板构成，当前的边梁截面形式主要有 I 形、Γ 形（直墙式或斜墙式）、箱形（图 1-2）以及城市轨道交通的 U 形截面，道床板一般有板式和箱形截面[5]。各截面形式及特点见表 1-3。

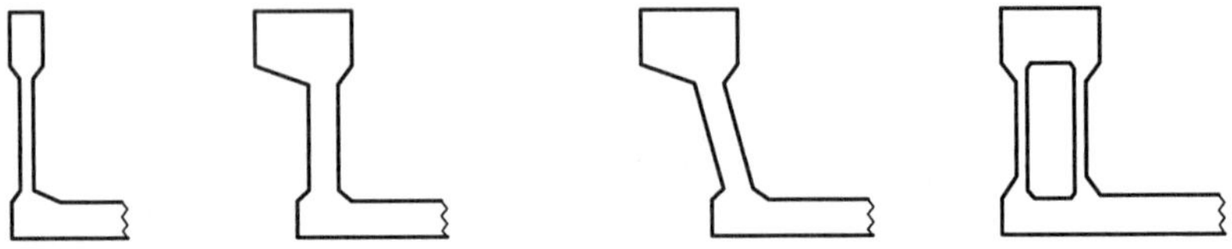

（a）I 形　（b）Γ 形（直墙式）　（c）Γ 形（斜墙式）　（d）箱形

图 1-2　槽形梁截面主要形式

表 1-3　各截面形式特点

截面形式	优　点	缺　点
I 形	跨度不大时使用	抗扭刚度较小
Γ 形（直墙式）	两腹板能提供更多空间	
Γ 形（斜墙式）	采用斜墙式边梁，使得梁底宽度大幅减小	
箱形	适用于中、大跨度桥梁，抗扭刚度以及竖向抗弯刚度较好，箱内空间可以充分利用	自重较大，道床板横向较宽
U 形	一般在城市轨道交通中使用，腹板光滑且与道床板交角处应力集中现象有所改善	施工较为复杂

在槽形梁的工程应用中发现，直墙式边梁和道床板连接处受力较为复杂，容易产生应力集中现象，从而导致混凝土开裂。采用斜墙式的边梁可改善连接处受力，但会导致槽形梁顶部过宽，增大了工程量。箱形截面边梁处设置横隔板，不仅可以改善结构受力，还可以在箱内锚固预应力筋，有着较好的外观效果。

当前铁路槽形梁根据线路的类型可以分为双线铁路槽形梁和单线铁路槽形梁。图 1-3（a）所示为双线铁路槽形梁，相比单线铁路槽形梁，其横向较宽，横向抗弯刚度较弱，桥梁结构中心线与线路中心线不在同一位置，当列车单线通行时偏心荷载引起的扭矩对槽形梁受力不利。工程中多采用加大道床板厚度和全跨布置横向预应力筋的方式，但道床板的加厚不仅会使得结构自重增大，还会降低槽形梁截面的中性轴，增大了预应力损失，而且横纵预应力束交叉布置，施工工艺要求较高。之后有人提出双线槽形梁新的设计方案，在端支座处的道床板下设置横梁来改善受力，如图 1-3（b）所示，只在横梁中布置横向预应力束，其他位置道床板厚度相应减小，如上海轨道交通 6 号线就成功采用了这种结构形式。单线铁路槽形梁，如图 1-3（c）葛水河单线铁路槽形梁桥所示，其桥梁中心线和线路中心线重合，可以有效地避免由于偏心荷载引起的扭矩。

城市轨道交通 U 形梁，如图 1-3（d）所示，道床板厚度比单线和双线铁路槽形梁的要小，道床板跨度只有双线的一半，采用 U 形截面形式，优化了槽形梁截面内受力情况，很大程度上减少了槽形梁的横向弯矩，取消了道床板中横向预应力筋，降低了道床板的厚度，极大地减小了槽形梁的自重，上海轨道交通 8 号线、16 号线，南京轨道交通 2 号线等高架段均采用了这种结构形式。

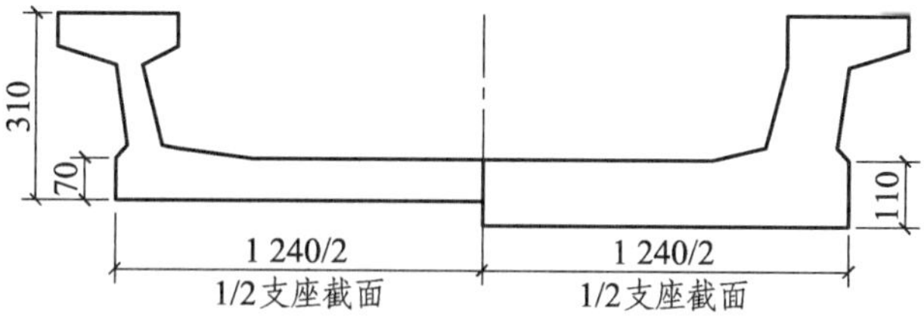

（a）双线铁路槽形梁

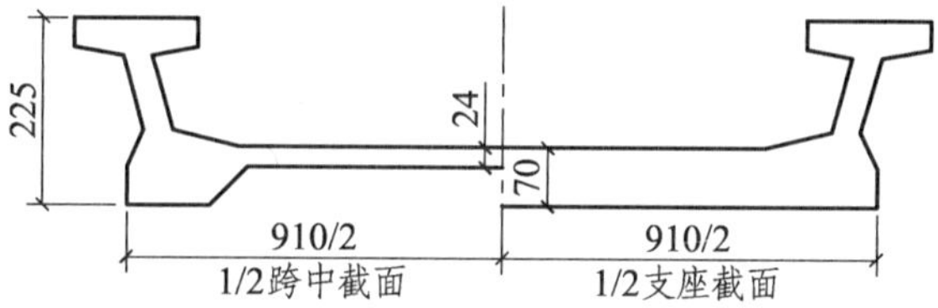

（b）改进的双线铁路槽形梁

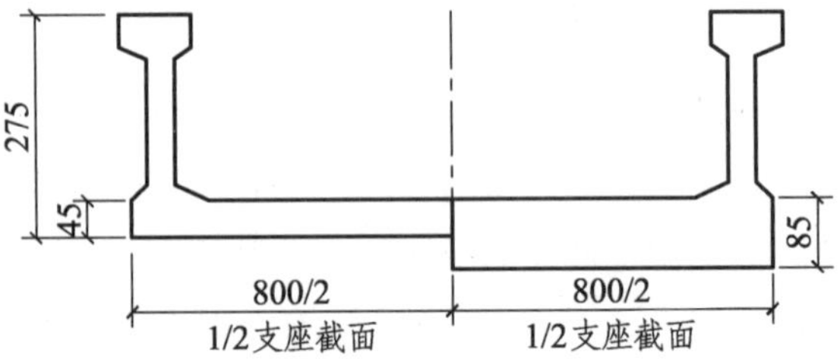

（c）单线铁路槽形梁

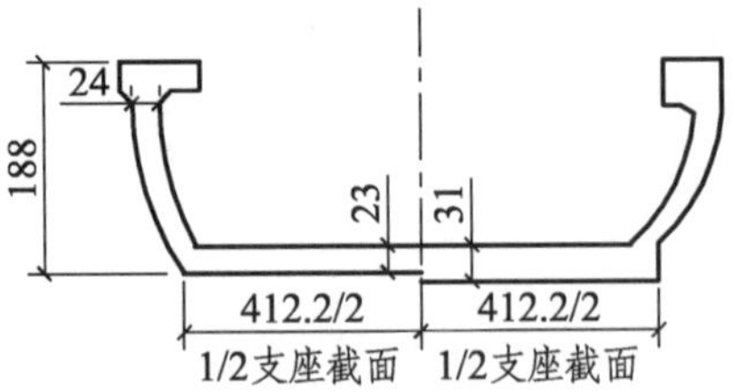

（d）城市轨道交通 U 形梁

图 1-3　不同线路槽形梁截面（单位：cm）

由于采用单一材料截面形式混凝土槽形梁的行车道板下缘在双向受弯的空间效应作用下经常出现纵横向裂缝，尤其是行车道板与主梁下缘连接处应力集中比较突出，该处裂缝控制一直困扰着结构工程师们。20 世纪 90 年代，比利时工程师首次在布鲁塞尔地铁高架桥混凝土槽形梁板式主梁中植入钢板而设计成预弯组合槽形梁。

其后，聂建国等[6]在板式主梁和行车道板下设置钢板，通过剪力键连接钢板与混凝土，设计成槽形钢-混凝土组合梁，充分发挥了钢材抗拉而混凝土受压的材料特性，有效解决了梁底裂缝缺陷。胡少伟等[7]基于换算截面法，引入混凝土参与受拉工作的程度系数，确定了组合梁截面抗弯刚度，进而推出了预应力钢-混凝土连续组合梁负弯矩区的弹性抗弯承载力计算公式；基于简化塑性理论，得到了负弯矩区的极限抗弯承载力计算方法；研究表明连续组合梁能够显著提高截面刚度与减少开裂。还有学者针对槽形梁混凝土易开裂问题，提出波纹钢腹板组合槽形梁[8-10]等结构形式，可看作是这种组合构件设计思想的延伸。采用波纹钢腹板能有效解决腹板受剪而发生屈曲的问题，还可以减轻槽形梁自重，但是用钢量相对较大，应用有限。

随着结构使用功能的多样化，槽形构件被作为受力或非受力构件在组合结构体系桥梁中得到应用，如宁启铁路 64 m 单线简支混凝土槽形梁-钢管混凝土拱组合结构、西平铁路 80 m 单线简支混凝土槽形梁-钢桁组合结构及福厦铁路闽江特大桥（99 + 198 + 99）m 连续钢桁拱-混凝土槽形梁组合结构。在这些组合结构中，槽形梁既扮演偏心受拉的钢桁梁下弦杆或主梁角色，又扮演道砟槽的角色。由于这种槽形构件处于拉弯扭受力状态，其几何刚度增大,在一定程度上克服了单纯受弯的独立槽形梁抗扭和抗弯刚度较弱的缺点，并很好地解决了钢桁梁上采用明桥面带来的一系列技术难题。公铁两用沪通长江大桥横港沙水域桥 112 m 钢桁梁下层铁路梁大规模采用混凝土槽形构件，为混凝土槽形梁的应用提供了新的发展方向。

1.4 轨道交通槽形梁桥的计算模型

混凝土槽形梁特殊的截面形式使其具有特殊的力学特性，导致结构在相同受力条件下力学响应相对复杂，如独立槽形梁主梁弯扭响应、槽形梁-斜拉索-桥塔组合结构中槽形梁压弯扭响应、槽形梁-拱（桁）组合结构中主梁（下弦杆）槽形梁拉弯扭耦合响应等，因而不同程度地影响或控制着结构设计。因此，方案设计阶段应注重结构概念设计，施工图设计阶段则应根据结构或构件所处的环境对可能控制结构设计的响应作深入分析，以保证结构的安全性和适用性。

总体静力分析是结构分析的一项基本内容，应根据结构构造、结构受力环境的复杂程度和设计简化情况进行平面静力分析或空间静力分析。通过该项分析确定结构整体力学响应和薄弱部位，整体控制结构设计，为后期结构优化提供依据。

整体稳定分析主要针对独立槽形梁和槽形梁-斜拉索-桥塔组合结构，在这两种结构体系中混凝土槽形梁分别作为弯扭和压弯扭构件，稳定承载力较为突出。研究表明，对槽形梁弯曲屈曲或弯扭屈曲应该给予足够重视。

自 1924 年卡曼提出卡曼理论以来,广泛研究发现剪力滞效应普遍存在于工程力学的诸多领域。一般认为，剪力滞效应的本质是板肋结构由于翼缘板剪切变形产生的附加弯矩在横截面引起的正应力与采用初等梁理论计算的正应力相互消长后沿截面的横向分布；二者同号则正应力相长，反之则互消。相长和互消是力学上的正剪力滞和负剪力滞现象。研究表明，影响正负剪力滞的因素很多，且准确计算比较复杂，各国多采用简化的有效宽度方法。随着计算机性能的提升和结构数值分析方法的出现，采用板壳单元建立结构空间有限元模型可以准确地对结构进行分析和计算，有效防止翼缘板不同部位因为应力集中造成的开裂现象。

铁路桥梁变形设计包括竖向和横向挠度、梁端转角以及扭转高差，计算应合理地考虑温度梯度和预应力残余徐变变形。研究表明，温度作用的计算不同于《铁路桥涵混凝土结构设计规范》（TB 10092—2017）[11]中的 T 梁或箱梁温度模式，必须结合建设场地桥梁方位并考虑结构自身遮挡效应，真实模拟混凝土槽形梁横断面热力场，建立符合实际环境的温度梯度模式并予以分析计算。扭转变形对曲线加载的直梁以及曲线槽形梁的影响应作为结构设计中变形控制的重点项进行检算，尤其是高等级铁路桥梁。

为保证桥跨结构动力特性满足行车安全性及舒适性要求，防止高速列车过桥时出现共振，现行铁路桥涵设计规范对列车设计速度在 200 km/h 及以上的铁路桥跨最小竖向自振频率提出限值要求。对单一材料截面简支混凝土槽形梁，跨度≤128 m 的普速铁路桥梁和跨度≤40 m 的高速铁路桥梁一般通过限制梁体竖向自振频率即可，其余跨度桥梁及新型简支组合结构或其他结构体系桥型，应通过车-桥耦合动力分析确保结构具有规范要求的动力特性。

其他分析内容包括疲劳性能分析、局部应力分析和降噪分析。国内混凝土槽形梁疲劳性能分析数据很少，目前只有重庆轻轨槽形梁基于轻轨列车疲劳荷载谱进行过疲劳损伤试验。对于铁路桥梁，应根据现行规范规定的疲劳荷载进行结构抗疲劳试验，有条件时可进行混合材料非线性疲劳分析。局部应力分析和降噪分析则根据结构和工程项目实际情况确定。

早期槽形梁结构分析采用立体计算函数解法及加权余量法，这类方法由于局限性大、精度低已极少被采用。在结构有限元分析软件快速发展的今天，混凝土槽形梁设计多采用平面分析软件和空间分析软件独立建模、相互校核的形式。近年来，桥梁结构空间分析方法已经得到了迅速发展，槽形梁桥结构的空间分析方法有数值法和解析法。在桥梁形状规整以及边界条件简单时可以利用解析法[12, 13]，采用横向分布系数将桥梁截面划分为多个工字梁来分别进行分析；之后将梁桥作为一种薄壁构件，可以采用薄壁结构力学方法对其进行分析。对于工程中的变截面大跨度桥梁结构，其截面不规则，内部配筋、支座约束复杂，很难根据实际情况来构建相应的简化力学模型，因此一般采用有限元数值分析方法[14, 15]来进行桥梁空间分析。而有限元分析方法常用的有杆系计算模型、空间板壳计算模型以及三维实体有限元模型，见表 1-4，3 种计算模型各有优缺点。

表 1-4　各计算模型优缺点

计算模型	优　点	缺　点
杆系计算模型	计算效率高，结构受力简单时可以采用，主要用来进行结构静力、动力计算和稳定性分析	不能实际等效简化结构，仅能分析简单的受力、应力和变形，不能分析局部受力情况
空间板壳计算模型	适用于模拟薄壁结构，可以较为准确地计算梁板受力应力变形分布规律	难以模拟实际变截面桥梁局部受力和变形情况
三维实体有限元模型	可以模拟桥梁结构的实际截面特性、荷载以及约束，得到准确的解算结果并且能够分析局部应力和弯剪扭效应	复杂结构其网格划分粗细难以控制，计算量会相对增大，计算效率降低

槽形梁结构的受力有着显著的空间特性，杆系计算模型很难准确分析槽形梁结构的真实应力状态，因此大多数的槽形梁结构分析采用的是空间板壳计算模型和三维实体有限元模型。司万胜[16]分析了 3 种计算模型在铁路槽形梁计算中的应用，指出平面杆系计算模型在分析槽形梁受力状态时有很大不足，相比之下空间板壳模型可以准确分析槽形梁在弯扭共同作用情况下的力学特性；而三维实体有限元模型，不仅可以准确反映槽形梁的局部应力情况，还可以分析边梁和道床板结合部的复杂应力情况。

基于此，其他学者多使用实体有限元模型来进行槽形梁应力和内力的研究。欧阳辉来[17]通过 ANSYS 中的实体单元建立槽形梁三维模型，分析槽形梁在传力锚固、恒载以及运营阶段的应力和变形，得出槽形梁结构在竖向荷载作用下会发生横向变形的结论，其中边梁上翼缘内倾，相反下缘发生外斜的变形，使得边梁上下翼缘应力呈现出不同的变化规律。张文格等[18]通过建立三维实体有限元模型，得出运梁过程中的不平衡支撑基本不影响槽形梁跨中截面的横向变形，但对于跨中区域混凝土横向应力和其抗剪性能的影响较大。

直线槽形梁主梁作为下承式结构，受行车道板变形影响，仅承受协调扭转力矩。曲线槽形梁及曲线加载的直线槽形梁主梁则同时承受协调扭转力矩和平衡扭转力矩。鉴于铁路预应力混凝土梁多按不出现拉应力设计，主梁协调扭转力矩不考虑行车道板开裂引起的内力重分布影响，因此认为混凝土槽形梁主梁上始终存在弯扭耦合的力学现象。

当前轨道交通桥梁结构趋于大型化，体系趋于复杂化，在对其进行分析时，为了便于设计人员能直接按照简单梁理论进行计算，建立起简化计算模型，因而提出有效宽度的概念。通常将一定宽度的道床板视为边梁翼缘，与边梁组成计算截面，用材料力学的方法进行简化计算，使按照简化求得的边梁应力及挠度与实际桥梁一致，这个宽度就称为有效宽度，假设道床板的应力分布在有效宽度内完全相同。如图 1-4 所示，其中 $2b_e$ 为道床板有效宽度，$2b$ 为道床板宽度，阴影部分为组成的计算截面。需要注意的是，有效宽度的取值要使简化计算和理论计算得到的边梁应力分布基本一致，以便能真实地反映道床板中正应力分布的不均匀状况。

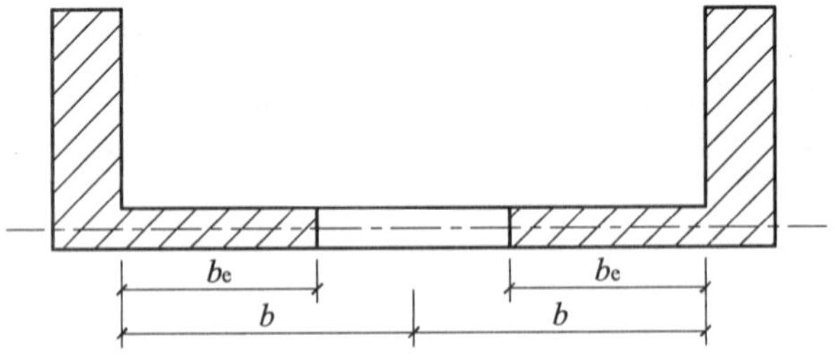

图 1-4　有效宽度内道床板与边梁组成的计算截面

《铁路桥涵混凝土结构设计规范》（TB 10092—2017）[11]中关于箱梁有效宽度的规定是折减系数乘以板的宽度，折减系数主要取决于桥梁的宽跨比。

而对于槽形梁的有效宽度，江新元和胡匡璋[19]提出规范中 T 形截面梁有效宽度的规定对于槽形梁也基本适用；周坚和涂令康[20]推导了道床板有效宽度的计算公式，并且给出了供设计人员参考的有效宽度折减系数的图表；陆光闾[21, 22]运用能量法提出道床板作为边梁翼缘作用的有效宽度的公式，并结合连续槽形梁桥的空间作用分析给出了不同截面处的有效宽度折减系数值。

1.5 轨道交通槽形梁桥力学性能研究

槽形梁是一种复杂的空间板梁组合结构，同时又属于开口薄壁构件，相比于上承式结构，其抗扭性能较差、空间受力和变形复杂、构造要求高。因此，需要研究槽形梁的力学性能来保障槽形梁在施工和运营中的安全性和耐久性。国内外学者从应力分布、剪力滞效应、截面设计参数等方面研究了槽形梁的力学性能。

1.5.1 道床板横向计算

对于一般的轨道交通梁式桥，混凝土桥面板与主梁共同受力，在横桥向，结构自重、二期荷载、列车活载等会产生横向内力。对于桥面板横向内力计算，一般采用简支与连续梁模型。

槽形梁为下承式结构，道床板是槽形梁设计的关键要素之一。与上承式桥梁相比，下承式的道床板代替了传统的桥面板结构，道床板横向受力的计算跨度增大，导致腹板对道床板的约束作用减弱。同时槽形梁的道床板竖向刚度相对边梁的竖向刚度较小，列车活载直接作用在道床板上，再横向传递给两侧的边梁。由此可见，槽形梁的横向受力较为关键，在设计时应充分考虑，防止混凝土由于横向应力过大开裂。

李学斌等[23]通过梁体底板横向静载试验得出跨中和梁端均在底板下缘线路中心线偏外侧腹板处出现最大横向拉应变。江新元和胡匡璋[19]通过分析单线和双线试验桥中道床板的横向弯矩影响线，认为道床板最大横向弯矩值应该综合考虑恒载以及最不利活载的组合，并且给出了常规计算时的桥中心线和板端的横向弯矩系数。马坤全等[24]使用有限元分析小半径曲线段铁路槽形梁横向受力情况，得出在活载作用下跨中道床板顶面横向受压，底面横向受拉，且桥梁中心线横向应力远大于板边的结论。何涛[25]在进行分片式槽形梁设计时通过三维实体模型分析得出底板中最大横向拉应力，进行钢筋混凝土配筋设计。张文格等[18]分析了在运梁过程中槽形梁的横向受力情况，角隅处横向应力偏大，受力最大的位置在道床板下表面。

1.5.2 应力分布研究

在荷载作用下，槽形梁受力的空间特征表现在，边梁不仅发生竖向的弯曲变形，而且会发生槽口处的横向变形。边梁的横向位移随着荷载的增大而增大，此时槽口逐渐减小，即两侧边梁朝着相对的方向移动。由于弯曲和扭转的共同作用，导致槽形梁边梁的上缘部分应力分布出现不均匀的现象；道床板则受纵向弯矩和横向弯矩共同作用，产生双向弯曲；边梁和道床板结合处往往受弯扭共同作用，容易出现应力集中现象[26]。

为提高梁端道床板的承载能力，往往在槽形梁端支座道床板处增加端横梁，该方法在一定程度上减小了端支座处道床板的横向应力，但对跨中道床板的作用并不显著[27，28]。陈波和赵晓波[29]采用施加初应变的方式来模拟预应力筋的张拉，得出横向预应力筋的布置使得作用在道床板上的荷载向两侧边梁传递，而横纵预应力筋交叉布置，有效避免了道床板与边梁结合处的应力集中现象。

1.5.3 剪力滞效应研究

槽形梁的边梁位于道床板的两侧，荷载作用下的剪力流在由边梁向道床板横向传递的过程中，由于剪切变形会使剪力流出现滞后现象，导致正应力在道床板边缘处最大，桥梁中心线位置处最小。考虑剪力滞效应可以真实地反映槽形梁的应力和位移分布情况，而忽略剪力滞的影响会使得槽形梁的实际应力大于设计应力，影响桥梁的安全。因此在槽形梁桥的设计计算和理论分析中，必须要充分考虑剪力滞效应的影响。

桥梁的剪力滞问题一般可以采用能量法[15，30]、势能原理、余能原理[14]

来求解。但对于槽形梁，在进行剪力滞效应的计算时，不仅要避免在设计时众多因素的影响，还要避免人为假设和简化模型带来的计算误差，所以采用解析解的方法来计算剪力滞效应有一定困难，而有限元和计算机技术的发展，使得更多学者使用有限元软件来分析槽形梁的剪力滞问题。有限元分析中一般使用剪力滞系数来表示槽形梁的剪力滞效应，剪力滞系数 = 考虑剪切变形最大正应力值/按照初等梁理论计算得出的正应力值。

段敬民和钱永久[31]考虑剪切变形和剪切滞后翘曲应力的自平衡条件，提出了精确分析槽形梁静态和力学性能的方法。韦成龙和李斌[32]基于最小势能原理提出了有限段法，可以分析变截面槽形梁剪切和剪力滞的双重影响。Hu 等[33]对简支梁桥的受力性能进行了理论研究，通过有限元分析验证了理论解的准确性，得出槽形梁的整体弯曲和桥面板的局部弯曲是引起槽形梁变形和应力的两个主要因素，同时由于剪力滞后效应，槽形梁的最大挠度可以放大到 1.0 倍至 1.2 倍。王淼和顾萍[34]为计算施工阶段和正常使用阶段槽形梁的力学特性，采用 SAP90 建立了槽形梁实体有限元模型，最终得出了道床板的有效宽度和剪滞系数。卫星等[35]采用有限元法分析了 W 形连续槽形梁在顶推过程中的剪力滞效应。孙大斌[36]通过建立连续槽形梁的实体单元模型进行剪力滞效应分析，并且计算出槽形梁的边支座截面、中支座截面和主跨跨中截面剪力滞系数分别为 1.29、1.30、1.14，所求结果均比箱形截面的规范值要大。

1.5.4 截面设计参数研究

槽形梁的边梁和道床板设计参数是影响槽形梁力学性能的关键因素之一，因此也有学者在这方面进行了分析研究。梁高的增加，会增加边梁的截面抗弯刚度，增大边梁承受纵向弯矩的能力，减小跨中截面道床板纵向拉应力、竖向位移[37]。同时，道床板厚度对槽形梁的力学特性的影响也不容忽视，道床板厚度的增加会使槽形梁的纵向压应力和竖向位移减小，相反会增大截面的横向应力[38]。可以看出，相比道床板厚度的增加，边梁高度的增加对力学性能的改变更为重要，但梁高受到建筑高度和建造成本的限制，还需要结合实际工程情况确定。

1.6 轨道交通槽形梁桥温度梯度

桥梁结构中的混凝土材料导热性能差，在日照、风速等外界环境的影响下，混凝土桥梁的温度场呈非线性分布，而其产生的温度应力和变形，会使得桥梁结构出现开裂的情况，影响桥梁结构的安全耐久[39-41]。桥梁截面形式以及日照时间和日照强度、风速等是造成桥梁温度场发生变化的重要因素。在日照辐射较强的地区，太阳照射下桥梁产生的温度应力甚至可能会超过活载应力，因此针对桥梁温度梯度的研究，就显得极为重要。

薛嵩等[42, 43]建立了考虑大气环境参数、桥梁方位走向、梁体遮挡作用的槽形梁斜拉桥热力学分析模型，得出了边梁高度、混凝土表面辐射吸收率、大气透明度系数等参数对槽形梁的竖向温差模式影响不大的结论；又以应力等效为原则，拟合出如图 1-5 所示的槽形梁箱室温差模式，槽形梁边梁上缘最大温差为 20 °C，边梁腹板内温差符合指数函数分布，而在边梁下缘，最大温差为 2.5 °C，在 0.2 m 范围内线性变化至 0 °C。董旭等[44]结合实际监测与有限元模型，得出 U 形梁的横向温度梯度在朝阳侧腹板中部较为明显，而在其他部位较小；对于竖向温度梯度，在腹板处为分段函数，在道床板处为指数函数。梁岩等[45]通过建立实体有限元模型发现槽形梁的竖向温度不是呈线性变化的，图 1-6 所示为结构所施加的第一种温度梯度工况，槽形梁的横纵应力和竖向位移都会受到竖向温度梯度的影响，系统温差的增大会导致槽形梁的横向、纵向位移增大。

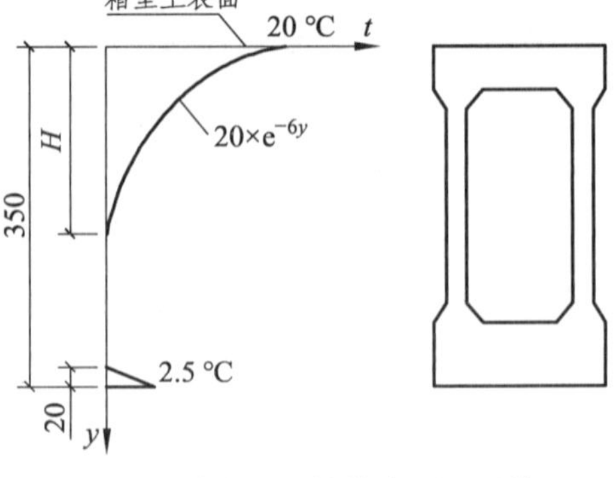

图 1-5　槽形梁箱室的温差模式[42]（单位：cm）

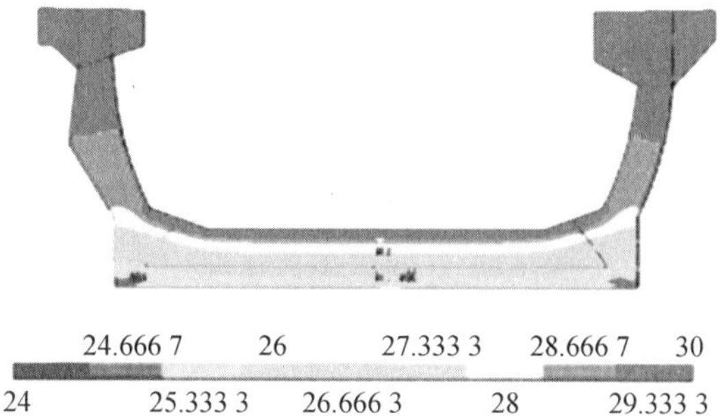

图 1-6　竖向温度梯度下的温度分布示意图[45]（单位：°C）

对于桥梁的温度梯度模式，国内外的研究和规范多针对普通 T 梁和箱梁。槽形梁不同于上述桥梁，它属于开口薄壁结构，本身受太阳辐射面积大，其温度梯度分布模式有很大不同。因此，对于槽形梁的温度梯度情况还需要进一步分析确定，以期能形成温度梯度模式标准。

1.7　轨道交通槽形梁桥振动与噪声研究

轨道交通槽形梁结构虽然可以有效减少轮轨噪声等传播，但对于桥梁本身结构噪声问题却没有得到很好的解决。桥梁结构噪声主要是以低频为主，具有较强的穿透力和传播力，危害着桥梁附近居民的身心健康。因此，对槽形梁结构噪声进行理论研究，同时探究减振降噪的相关措施有着重要意义。

当前对于槽形梁振动研究多采用车桥耦合模型，曾峰等[46]基于 ANSYS 和 SIMPACK 软件形成如图 1-7 所示的桥梁模型和车辆模型的计算系统，来计算轮轨激振力，并加载到耦合模型中，最终得出轨道交通槽形梁结构的振动响应。

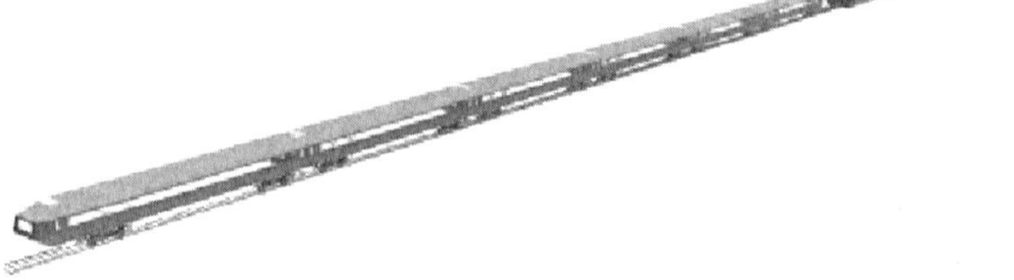

图 1-7　车桥耦合模型[46]

针对槽形梁的减振降噪研究，刘林芽等[47]研究发现槽形梁腹板横向、道床板垂向振动加速度以及槽形梁结构噪声的峰值频率均在 63 Hz 左右。同时他们分析了腹板、道床板以及翼缘板厚度和腹板半径等因素对槽形梁结构噪声的影响，认为腹板厚度的增大会使得远场点的噪声有一定程度的减小；翼缘板厚度对槽形梁结构噪声的影响较小，而道床板厚度增加，可以减少桥梁附近结构噪声，相反对远场点的结构噪声影响甚微[48]。

韩江龙等[49]也得出增加道床板厚度相比增加腹板厚度的降噪效果要好，槽形梁翼缘板的横向振动响应最大，最大振动加速度级为 107.2 dB。宋晓东和李奇[50, 51]为了对比声屏障、高弹性扣件和梯形轨枕 3 种措施的减振降噪效果，采用车-轨-桥模型以及声学有限元/无限元方法，得出声屏障可以有效控制钢轨噪声，而高弹性扣件和梯形轨枕可以有效降低 U 形梁结构噪声。李克冰等[52]采用车桥耦合动力理论和间接边界元法，对比槽形梁各构件的声压贡献系数，得到了图 1-8 所示的声压贡献系数等值线图，证明了地面附近的噪声基本由道床板产生。

综上可以看出道床板、腹板、翼缘板对远场点声压的贡献量依次减小。

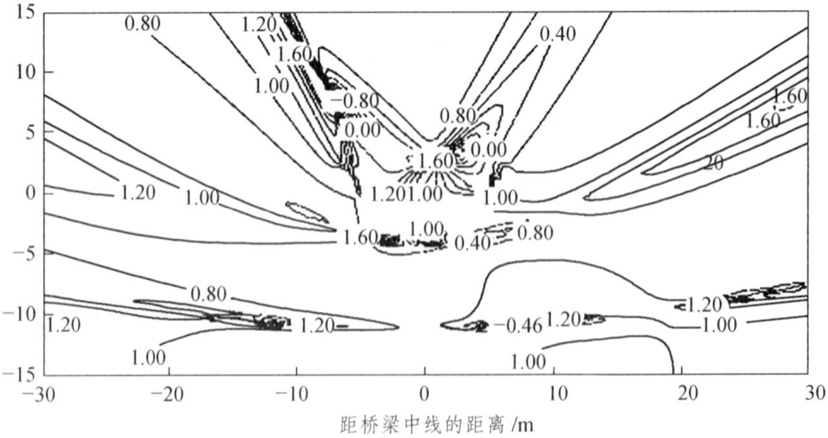

（a）道床板

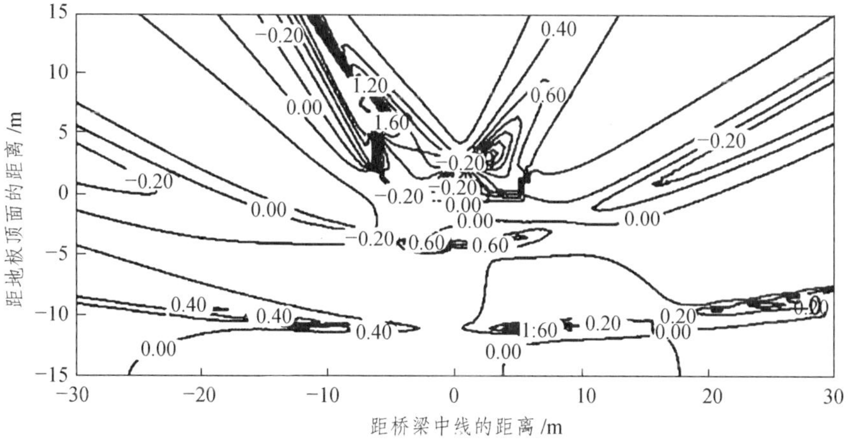

（b）腹板

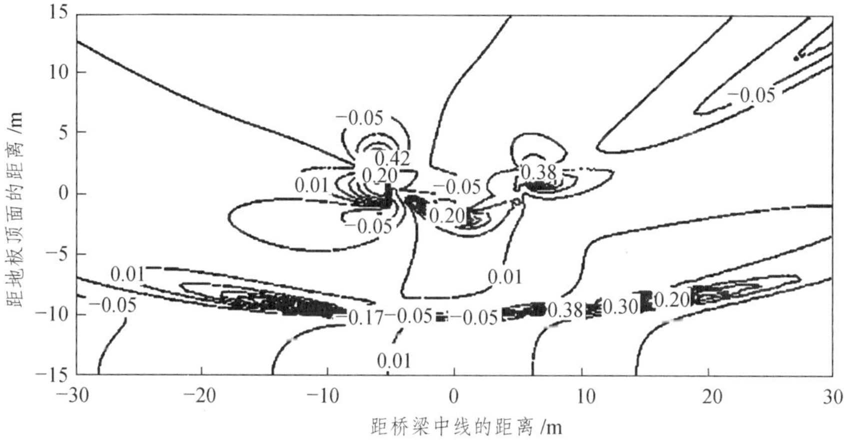

（c）翼缘板

图 1-8　声压贡献系数等值线图[52]（f= 25 Hz）

1.8　本章小结

本章对轨道交通槽形梁桥的应用和研究现状进行了总结分析。

（1）槽形梁简化计算模型中有效宽度的确定。槽形梁桥结构受力复杂，采用简单的梁单元模型不能得到准确的应力计算结果，建立精细的板单元或实体单元模型进行分析费时费力。因此，提出槽形梁桥简化计算模型有效宽度的通用计算方法，可使设计人员在确保有较高计算精度的前提下提高槽形梁受力分析计算效率。

（2）槽形梁温度梯度模式研究。我国现行铁路桥梁规范暂未规定槽形梁的温度梯度模式，槽形梁桥结构验算中只能参考箱梁温度梯度模式，而日照引起的槽形梁和箱梁截面升降温有显著不同，研究提出槽形梁温度梯度模式，对准确计算槽形梁桥温度应力具有重要意义。

（3）风-车-槽形梁桥耦合振动研究。对于大风频发的山区铁路和沿海铁路来说，槽形梁桥边梁承受纵向弯矩的同时，还能起到风屏障的作用，抑制横风对行车的不利影响。开展风-车-槽形梁桥耦合振动研究，给出不同风速下列车的安全行车速度限值，可为线路安全运营提供重要支撑。

参考文献

[1] CHEN Yuxiao，YAN Xiang，HU Xuhong，et al. Experimental study of airborne noise reduction of concrete channel girder bridge sections compared with box girder for high-speed trains[J]. Acta Acustica United with Acustica，2018，104（6）：970-983.

[2] 贺恩怀. 槽形梁在城市轨道交通工程中的应用[J]. 铁道工程学报，2003（2）：13-16.

[3] 张吉，陆元春，吴定俊. 槽形梁结构在轨道交通中的应用与发展[J]. 铁道标准设计，2013（10）：78-82.

[4] XIA H，ROECK G D，ZHANG N，et al. Experimental analysis of a high-speed railway bridge under Thalys trains[J]. Journal of Sound and Vibration，2003，268（1）：103-113.

[5] 李洪志. 珠三角城际铁路 32 m 双线简支槽形梁方案研究[J].铁道工程学报，2014，31（12）：62-66.

[6] WU Lili, NIE Jianguo, LU Jiangfeng, et al. A new type of steel-concrete composite channel girder and its preliminary experimental study[J]. Journal of Constructional Steel Research，2013，85（6）：163-177.

[7] 胡少伟，叶祥飞. 预应力连续组合梁负弯矩区抗弯承载力分析[J]. 工程力学，2013，30（11）：160-165.

[8] 陈卓异，李传习，黄侨，等. 波形钢腹板组合槽形梁抗扭性能试验研究[J]. 工程力学，2017，34（3）：108-114.

[9] YANG Ziye，YANG Ming，RONG Xueliang，et al. Theoretical and numerical study on dynamic characteristics of composite trough girder with corrugated steel webs[J]. Journal of Bridge Engineering，2021，26（3）：04021008

[10] 冯玉林，蒋丽忠，周旺保，等. 波纹钢腹板箱形梁的侧扭屈曲分析（英文）[J]. Journal of Central South University，2019，26（7）：1946-1957.

[11] 国家铁路局. 铁路桥涵混凝土结构设计规范：TB 10092—2017[S]. 北京：中国铁道出版社，2017.

[12] GRANATA M F，RECUPERO A. Evaluation of web reinforcements in prestressed concrete box girders through shear-transverse bending domains[J]. Advances in Structural Engineering，2020，24（8）：1554-1568.

[13] CHOI S，KIM Y Y. Higher-order Vlasov torsion theory for thin-walled box beams[J]. International Journal of Mechanical Sciences，2020，195（10）：106231.

[14] ZHUANG Haiyan，FANG Shujun，ZHOU Man，et al. Numerical study on the mechanical properties of the novel wide box girders stiffened by transverse ribs[J]. KSCE Journal of Civil Engineering，2021（6）：3448-3457.

[15] ZHANG Jianhua. Force analysis of variable cross-section continuous box girder bridge[J]. International Journal of Critical Infrastructures，2021，17（1）：38-53.

[16] 司万胜. 铁路混凝土槽形梁弯扭耦合效应分析与设计优化[J]. 铁道建筑，2018，58（4）：5-9.
[17] 欧阳辉来. 槽形梁三维实体有限元分析[J]. 铁道标准设计，2009（1）：45-47.
[18] 张文格，陈锋，刘占雷，等. 槽型轨道交通梁运输过程中的力学特性分析[J]. 交通科学与工程，2018，34（2）：1-6.
[19] 江新元，胡匡璋. 槽形梁竖荷载作用分析及常规计算原则[J]. 铁道工程学报，1985（3）：118-129.
[20] 周坚，涂令康. 再论槽型宽梁的剪力滞[J]. 工程力学，1994，11（2）：65-75.
[21] 陆光闾. 能量法解槽型宽梁的剪力滞问题[J]. 力学与实践，1984，6（1）：23-27.
[22] 陆光闾. 连续铁路槽形梁桥空间作用分析[J]. 铁道学报，2000（S1）：41-46.
[23] 李学斌，孟鑫，周文武，等.高速铁路槽形梁静动力性能试验研究[J]. 铁道工程学报，2022，39（1）：39-46.
[24] 马坤全，张阳，郭玉坤. 小半径曲线段铁路槽型梁力学性能及计算模型研究[J]. 桥梁建设，2017，47（6）：30-35.
[25] 何涛. 高速铁路分片式槽形梁设计研究[J]. 铁道建筑，2019，59（8）：24-28.
[26] 李强，王起才，张戎令，等. 兰新二线全预应力混凝土槽型梁的静载试验研究[J]. 铁道科学与工程学报，2018，15（2）：414-421.
[27] 田杨. 上跨津山铁路 PC 槽形梁的力学特性分析[J]. 铁道工程学报，2018，35（9）：26-30.
[28] 田杨，邓运清，黄胜前. 双线铁路曲线简支槽形梁的空间分析[J]. 铁道工程学报，2012，29（7）：24-28.
[29] 陈波，赵晓波. 轨道交通预应力混凝土槽型梁有限元分析[J]. 重庆交通大学学报（自然科学版），2011，30（S2）：1241-1245.

[30] LOU Da, ZHANG Zhongwen, LI Bing. Shear lag effect in steel-concrete composite beam in hogging moment[J]. Steel and Composite Structures, 2019，31（1）：27-41.

[31] 段敬民，钱永久. 槽形截面梁静力学特性的研究[J]. 工程力学，2010，27（9）：128-132.

[32] 韦成龙，李斌. 槽型宽翼梁剪滞效应分析的有限段法[J]. 公路交通科技，2009，26（1）：83-87.

[33] HU Hongsong，NIE Jianguo，WANG Yuhang. Theoretical analysis of simply supported channel girder bridges[J]. Structural Engineering and Mechanics，2015，56（2）：241-256.

[34] 王淼，顾萍. 预制主梁现浇道床板的槽形梁研究[J]. 同济大学学报（自然科学版），2003，31（7）：808-812.

[35] 卫星，古兴宇，戴李俊，等. 轨道交通 W 型槽梁在顶推施工中时变剪力滞效应[J]. 中国测试，2021，47（6）：91-94.

[36] 孙大斌. 济青客运专线铁路连续槽形梁拱桥设计研究[J]. 铁道工程学报，2019，36（10）：41-46.

[37] 梁岩，毛瑞敏，李杰，等. 城市轨道交通槽形梁设计参数优化研究[J].铁道标准设计，2018，62（3）：49-52.

[38] 王彬力. 城市轨道交通 U 型梁系统结构受力行为研究[D]. 成都：西南交通大学，2012.

[39] ABID S R，TAYI N，ZAKA M. Experimental analysis of temperature gradients in concrete box-girders[J]. Construction and Building Materials，2016，106（3）：523-532.

[40] JIA Peiliang. Refined calculation and demonstration for sunshine temperature difference effect of long span continuous beam[J]. IOP Conference Series Earth and Environmental Science，2021，791（1）：012131.

[41] GU B, ZHOU F Y, GAO W, et al. Temperature gradient and its effect on long-span prestressed concrete box girder bridge[J]. Advances in Civil Engineering，2020，2020（9）：1-18.

[42] 薛嵩，王文欣. 高速铁路槽形梁桥竖向温度分布模式研究[J]. 铁道标准设计，2014，58（12）：81-84.

[43] 薛嵩，戴公连，闫斌. 预应力混凝土槽型梁日照温度荷载模式研究[J]. 中国科学：技术科学，2016，46（3）：286-292.

[44] 董旭，李树忱，王鹏程，等. 轨道交通 U 形梁日照温度梯度效应分析[J]. 哈尔滨工程大学学报，2017，38（7）：1121-1128.

[45] 梁岩，毛瑞敏，张文格，等. 城市轻轨槽型梁温度效应及裂缝分析[J]. 铁道科学与工程学报，2018，15（3）：677-684.

[46] 曾峰，刘林芽，吴宇鹏，等. 基于车桥耦合的高架槽形梁结构噪声影响分析[J]. 噪声与振动控制，2016，36（6）：131-135.

[47] 刘林芽，秦佳良，刘全民，等. 轨道交通槽形梁结构低频噪声预测与优化[J].铁道学报，2018，40（8）：107-115.

[48] 刘林芽，秦佳良，宋瑞，等. 基于声学灵敏度的槽形梁结构参数影响分析[J]. 噪声与振动控制，2017，37（5）：88-91.

[49] 韩江龙，吴定俊，李奇. 板厚和加肋对槽型梁结构噪声的影响[J]. 振动工程学报，2012，25（5）：589-594.

[50] 宋晓东,李奇. 轨道交通混凝土 U 梁减振降噪措施数值分析[J]. 东南大学学报（自然科学版），2019，49（3）：460-466.

[51] SONG Xiaodong，LI Qi. Numerical and experimental study on noise reduction of concrete LRT bridges[J]. Science of the Total Environment，2018，643（6）：208-224.

[52] 李克冰，张楠，夏禾，等. 高速铁路 32 m 简支槽形梁桥结构噪声分析[J]. 中国铁道科学，2015，36（4）：52-59.

2

新建铁路槽形梁桥的应用

混凝土槽形梁桥是一种下承式桥梁结构形式，底板作为行车道板，腹板作为主要受力构件，能有效地降低结构线路的高度，在新建铁路线路中得到了较多的应用。本章主要介绍简支槽形梁桥、简支槽形梁系杆拱桥、连续槽形梁桥等在新建铁路线路中的应用情况。

2.1 简支槽形梁桥

2.1.1 简支槽形梁与箱梁经济性对比

高速铁路结构高度，在很大程度上取决于高架结构下方的道路交通净空要求。对于箱形梁来说，结构底面至轨顶面之间的高度约为 4 m，而对于槽形梁来说，这一高度约为 2 m。因此，采用槽形梁可以降低轨道高程约 2 m。这一差别为槽形梁带来以下几方面的优势[1]：

（1）结构受力水平降低。

作用在墩台顶部的水平作用力（制动力、风力、地震力等）作用高度有所降低，在结构的层面上降低了工程造价。

当采用焊接长轨时，活载作用下的结构弯矩通常会引起简支梁桥墩上方轨道的纵向拉应力。槽形结构断面重心与轨面之间的垂直距离将远小于传统的箱形梁，由此轨道应力也会明显降低。

与箱形梁相比，槽形结构的热力梯度几乎可以忽略不计。因此，由该现象引起的轨道应力十分微弱。

（2）有助于降低桥隧比。

槽形梁可以降低纵断面，为选线设计增加了更大的空间，有助于降低桥隧比例，在线路的层面上降低总体工程造价。

（3）与高架车站结构设计相融合。

在车站内，轨道的支撑结构可以采用与区间相同的结构断面。由此，槽形梁可以贯穿整个车站，而且这部分的结构施工可以独立于车站其他部分，因此全线的区间和车站尽最大可能采用标准结构断面。

（4）降低噪声辐射。

槽形梁的腹板靠近列车，可以有效地起到声屏障的作用，避免额外设置声屏障。由此，与带有声屏障的传统箱形梁相比，其结构高度将明显降低，更有利于高架结构与城市景观的融合。

从表 2-1 以及图 2-1 可以看出，槽形梁主要工程数量比箱梁多，在数量比例方面可以分为 5 类：

（1）梁体钢绞线以及桥墩普通钢筋，其比例在 2 以上，梁体工程量增加最显著的为预应力钢绞线，这主要与槽形梁下承式受力体系相关。桥墩钢筋增加主要是由于槽形梁较宽，与之相接的桥墩顶帽需要较大宽度，而由于顶帽承受较大的支座局部压力，其配筋率往往较高，所以桥墩钢筋增加较多，在加宽和加高墩顶帽的前提下，墩身所增加压应力在 1 MPa 以内，因此墩身可以保持与箱形梁一样的墩身尺寸和配筋。

（2）其次为梁体普通钢筋及桥墩混凝土，其比例接近 1.5。梁体普通钢筋的增加主要是混凝土用量多、主板位于梁截面受拉区以及存在局部三向拉应力超限区域这三方面的原因。桥墩混凝土工程数量增加主要是由于顶帽混凝土需要较宽的横向宽度。

（3）梁体和基础混凝土比例稍大于 1。下承式的槽形梁在受力性能方面不如箱梁需要更多的混凝土用量。在基础混凝土量中，由于墩身尺寸没有改变，因此承台不需要增加工程数量，所需增加的就是桩长，以现有常规的桩基配置形式即 8 根 $\phi=1$ m 的摩擦桩为例，基顶处由于其上部各种结构的竖向自重增加了 367.1 t，以常见的中砂地层为例，桩平均长增加约 3.5 m，桩身混凝土用量增加 22.1 m^3，比箱梁稍有增加。

（4）基础钢筋可以保持不变。由于桩身配筋长度与地基的比例系数 m 值、桩径和材料有关，因此桩身配筋不需增加。

（5）声屏障用量方面，槽形梁与箱形梁比例为 0.2：1。

表 2-1　主要工程数量对比

结构类型	种类	单位	箱梁	槽形梁	箱梁：槽形梁
主梁	混凝土	m^3	325.4	385.7	1：1.9
	钢绞线	t	9.56	22.66	1：2.37
	普通钢筋	t	56.90	84.09	1：1.48

续表

结构类型	种类	单位	箱梁	槽形梁	箱梁：槽形梁
主梁	波纹管	m	874.4	1 098.2	1：1.26
	锚具	套	54	92	1：1.70
	支座吨位	kN	5 000	6 000	1：1.20
	自重	kN	8 440	9 928	1：1.18
	最大支反力	kN	19 364	20 852	1：1.08
桥墩顶帽（箱梁顶帽 2 m 高，槽形梁顶帽高 5 m）	混凝土	m^3	31.5	118.8	1：3.8
	普通钢筋	t	2 317.6	8 740.7	1：3.8
桥墩墩身（箱梁墩身高 8 m，槽形梁墩身高 5 m）	混凝土	m^3	89.1	55.7	1：0.63
	普通钢筋	t	2 582.8	1 856.6	1：0.72
桥墩合计	混凝土	m^3	120.6	174.5	1：1.45
	普通钢筋	t	4 900.4	10 597.3	1：2.16
承台	混凝土	m^3	100	100	1：1
	普通钢筋	t	1.25	1.25	1：1
桩基础（20 m 桩长，8 根 $\phi=1$ m 的摩擦桩）	混凝土	m^3	125.7	147.7	1：1.18
	普通钢筋	t	5.3	5.3	1：1
声屏障	高度	m	2.5	0.5	1：0.2
基础合计	混凝土	m^3	225.7	247.7	1：1.1
	普通钢筋	t	6.55	6.55	1：1

综上所述，在既有线路等其他外部条件不变的情况下，槽形梁比箱形梁其上部结构梁体混凝土用量增加 60.3 m^3，钢绞线用量增加 13.1 t，普通钢筋用量增加 27.19 t，增加工程费约 21.2 万元；下部结构，桥墩混凝土用量增加 87.3 m^3，桥钢筋用量增加约 6.4 t，桩基混凝土用量增加 22.1 m^3。下部结构混凝土用量增加 109.4 m^3，钢筋用量增加 6.4 t，共增费用约 7 万元。考虑声屏障时，按照声屏障顶至轨顶距离相等（均为 2.5 m）的条件进行对比，槽形梁比箱形梁可节省声屏障高 2 m，工程费节省 19.56 万元。将上述费用折合成延米指标，则槽形梁比箱形梁每延米增加工程费用约 2 650 元。

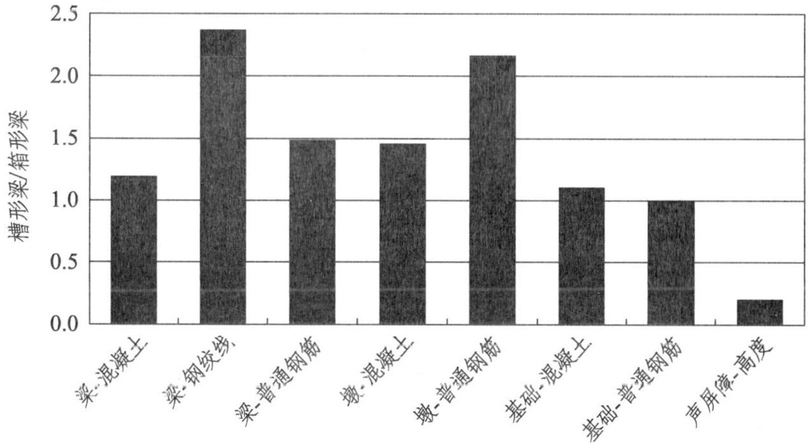

图 2-1　主要工程数量对比柱状图

上述经济性分析，仅仅考虑箱形梁和槽形梁梁体工程数量的对比，若考虑线路纵断面、声屏障后期养护维修和更换的费用等因素，槽形梁的经济性会进一步提升。可以预见，槽形梁在需要考虑设置声屏障的地段，具有较好的经济性。

2.1.2　京沈客运专线

京沈客运专线饶阳河特大桥和板石山 2 号中桥 32 m 简支槽形梁[1, 2]全长 32.6 m，计算跨径为 31.4 m，支座中心线至梁端 0.6 m，支座中心横向距离为 9.7 m。主梁为斜腹板截面，梁端高度为 3.4 m，梁顶宽 13.9 m，梁体底宽 10.80 m。翼板厚 0.72 ~ 0.92 m，腹板厚 0.85 ~ 0.55 m，底板厚度为 1.1 ~ 0.4 m，距梁端 0.4 m 设置 1.5 m 长过渡段，按折线变化。底板设置纵横梁，中横梁底面与纵梁底面平齐，纵梁宽度为 0.9 ~ 0.7 m。底板下设置 5 道横梁，间隔为 5 m，横梁的宽度为 0.5 m。桥面布置及主梁截面如图 2-2 所示，结构图如图 2-3 和图 2-4 所示。

现场测试表明，在 200 ~ 385 km/h 速度范围内，槽形梁的降噪效果为 4.4 ~ 5.4 dB（A）。

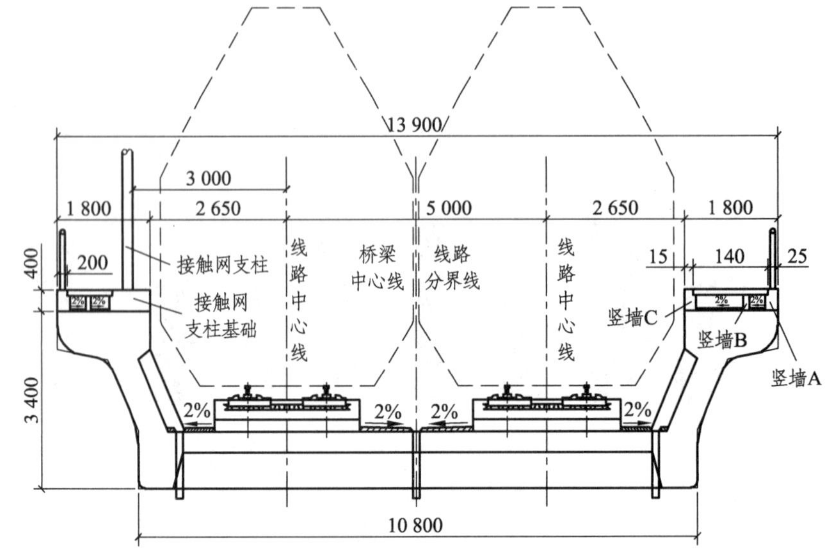

图 2-2　槽形梁桥面布置图（单位：mm）

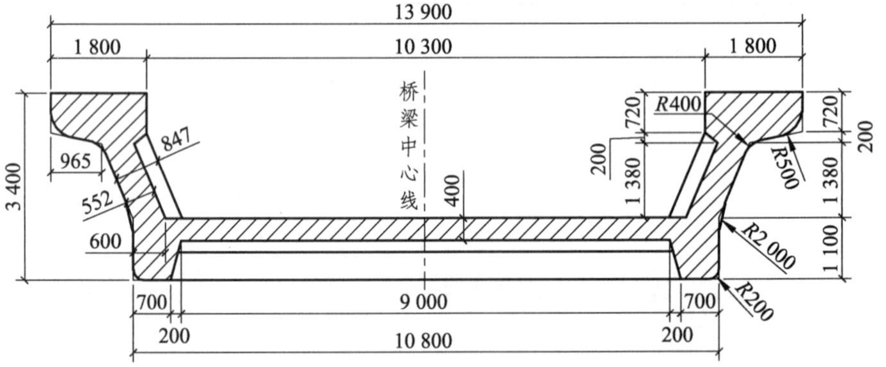

图 2-3　槽形梁一般截面图（单位：mm）

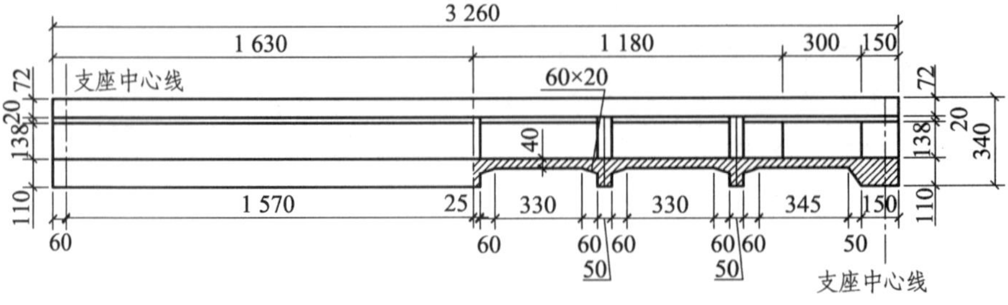

图 2-4　槽形梁整体结构图（单位：mm）

2.1.3 兰新二线

兰新二线百里风区内采用 16 m 全预应力混凝土等高度简支槽形梁[3]，桥梁全长 16.5 m，计算跨径为 15.9 m，宽度为 6.38 m，应用形式为双线分离式，横向为 2 片梁并排布置。每片槽形梁由 2 片腹板和道床板（底板）通过刚性节点联结在一起，构成一个整体，在联结部设置梁肋。支撑形式采用 4 点支撑，支座分别设在 2 片腹板两端下部。腹板为等截面实心矩形，高 2 m，宽 0.5 m，梁跨比为 0.125；底板跨中厚度为 0.45 m，考虑到支点处应力集中易开裂，在端部加厚至 0.8 m。设计静活载挠度值为 3.6 mm，跨中横向位移值为 1.76 mm，分别为跨度的 1/4 444 和 1/9 034，运营荷载作用下混凝土的最大压应力为 6.73 MPa，设计抗裂安全系数为 1.9，动力冲击系数为 1.2。其截面尺寸如图 2-5 所示。

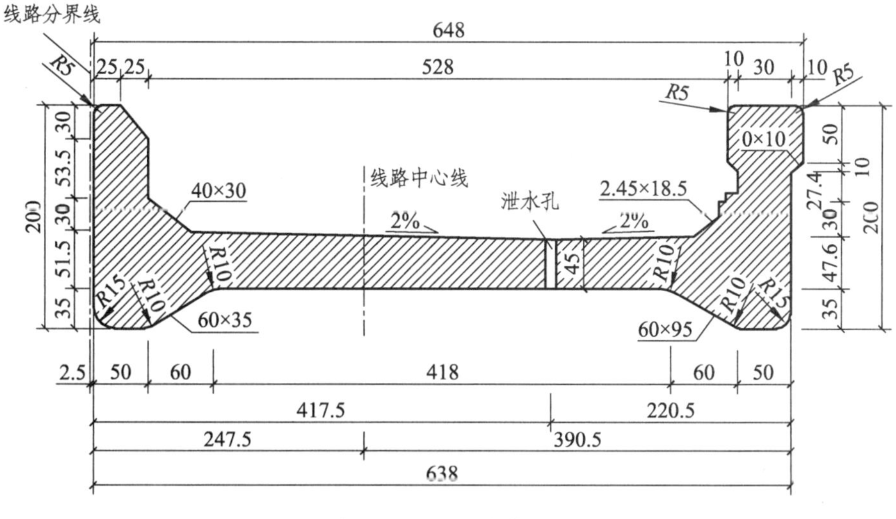

图 2-5 兰新二线简支槽形梁横截面图（单位：cm）

2.1.4 敦格铁路

敦格铁路在 DK58 + 348.7 处跨越涩宁兰天然气管道，在保证线路高度总体合理的前提下，线路与管道立交处填土高度约为 3.5 m。《铁路工程设计防火规范》(TB 10063—2007)要求新建桥梁梁底至埋置油气管道的天然地面净高不小于 2 m，为此于此处设置 1-32 m 简支槽形梁跨越涩宁兰天然气管道[4]。槽形梁跨中横截面如图 2-6 所示，主梁跨中梁高 3.2 m，支点梁高 3.7 m；上翼缘板宽度为 1.20 m，梁顶宽为 8.90 m，梁底宽为 8.10 m；道床板顶面设 2%的双面人字坡，板厚 0.45～0.95 m；跨中腹板厚度为 0.5 m，支点截面加厚至 0.80 m。

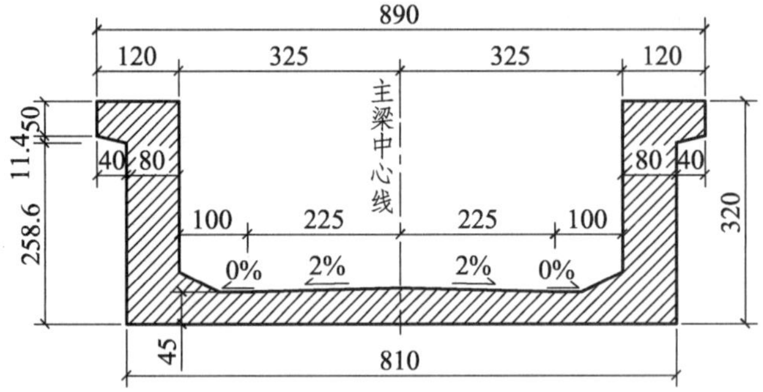

图 2-6　槽形梁跨中截面（单位：cm）

2.2　连续槽形梁桥

2.2.1　石济客运专线

新建石家庄至济南铁路客运专线在山东省德州市禹城市设置禹城东站，禹城东站在距离车站中心向小里程德州侧 800 m 处需要跨越禹王路和幸福河，受禹城东站站坪高度限制，需要研究可行的跨禹王路、幸福河桥式桥跨方案，确保禹城东站合理的填土高度，以节省土方，降低工程投资。桥位与禹王路的交叉角度为 50.2°，禹王路现状为沥青路面，是禹城市主干道之一，现状路面宽 12 m，桥下净高要求不小于 4.5 m。桥位与幸福河的交叉角度为 49°14′，设计百年一遇洪水位为 18.41 m，幸福河上口宽 49 m，河槽底宽 20 m，水利部门要求河堤迎水坡上不能设置桥墩。为满足跨越幸福河和禹王路公路限界要求，需要采用主跨 100 m 跨度且建筑高度较低的桥梁结构。经方案比选，结构采用 1 联（40 + 56 + 40）m 预应力混凝土双线连续槽形梁方案[5, 6]。桥梁立面布置如图 2-7 所示。

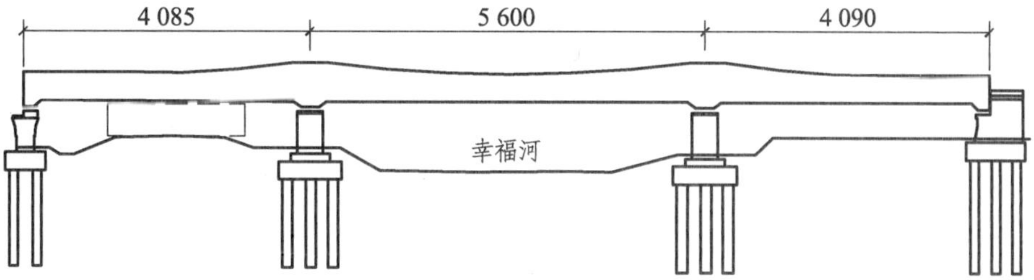

图 2-7 桥梁立面布置（单位：cm）

1. 主要技术标准

（1）铁路等级：客运专线。

（2）双线铁路桥，线间距为 4.6 m，位于直线地段。

（3）轨道类型：有砟轨道。

（4）速度目标值：250 km/h。

（5）建筑限界：满足《高速铁路设计规范》（TB 10621—2014）的规定。

（6）设计活载：ZK 活载及 ZK 特种活载。

（7）设计年限：主体结构设计使用年限为 100 年。

（8）动峰加速度值：桥址处地震动峰加速度值为 0.1g，相当于地震基本烈度Ⅶ度，地震动反应谱特征周期为 0.45 s。

（9）环境类别及作用等级：梁部结构环境类别为碳化环境，作用等级为 T2。

2. 主要建筑材料

（1）混凝土：C55 混凝土。

（2）预应力钢筋：主梁纵向预应力钢束采用 ϕ^S15.2 mm 高强度低松弛钢绞线，标准强度 f_{pk} = 1 860 MPa，张拉控制应力为 1 302 MPa；纵向预应力管道：预埋金属波纹管，管道摩阻系数为 0.23，管道偏差系数为 0.002 5；竖向 ϕ25 mm 预应力混凝土用精轧螺纹钢筋，抗拉强度标准值为 830 MPa。竖向预应力管道：内径为 35 mm 的铁皮管成孔。

（3）普通钢筋：HRB400 级钢筋及 HPB300 级钢筋。

本梁为（40 + 56 + 40）m 预应力混凝土双线连续槽形梁，梁全长 137.5 m。梁体为变高度、等宽的槽形结构，箱室结构腹板，梁底平齐，在中支点及边支点往下加高 0.8 m。跨中梁高 4 m，梁顶由跨中向中支点按圆曲线半径 149.153 m 变高，中支点梁高（5.5 + 0.8）m，边支点梁高（4 + 0.8）m。槽形梁总宽度为 16 m，内侧净宽 11.3 m。纵梁腹板宽度为 0.4 ~ 0.5 m，按折线变化；顶板厚 0.55 m，道床板厚 1 m，支点处设置横梁，边支点处宽度为 1.5 m，中支点处宽度为 2.4 m。主梁支点及跨中截面如图 2-8 所示。

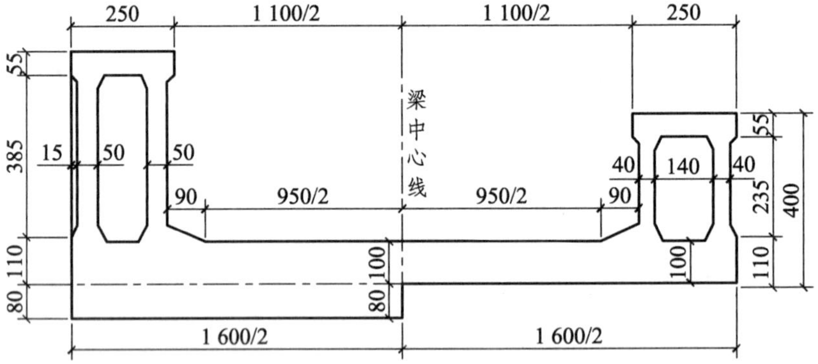

图 2-8 主梁支点及跨中截面（单位：cm）

2.2.2 京通疏解线特大桥

京通疏解线特大桥斜交上跨大郑线铁路，设计为单线预应力混凝土连续槽形梁，桥跨布置为（40 + 56 + 40）m[7]。边支座中心线距梁端 55 cm，中跨跨中梁高 3.5 m，槽形梁总宽度为 11.3 m，内侧净宽 6.6 m，如图 2-9 所示。挡墙高度为 0.46 m，底宽 0.25 m，顶宽 0.2 m。纵梁腹板宽度为 0.4 ~ 0.45 m，按折线变化。顶板厚度为 0.47 m，道床板厚度为 0.6 m。支点处设置横梁，高 1.4 m，边支点处宽度为 1.5 m，中支点处宽度为 2.0 m。全桥共分 9 个节段浇筑，第一段中支点处双悬臂各浇筑 12 m，第二段双悬臂各浇筑至 27 m，然后浇筑中跨 2 m 合龙段，最后浇筑两侧边跨现浇段 13.55 m。

本梁位于 $R = 800$ m 的圆曲线上，曲梁曲做，梁体沿横截面中心线对称布置，梁体纵向轮廓尺寸为沿桥梁中心线的展开尺寸。为减少桥跨结构施工对大郑线铁路行车安全的影响，该桥采用平衡转体的施工方法。转体段梁长 27 m + 27 m，转体体总质量约 3 500 t。

F0、F1、B1 ~ B4 采用 12-Φ15.24 mm 钢绞线，其余均采用 15-Φ15.24 mm 钢绞线，均为双向张拉，标准强度 f_{pk} = 1 860 MPa，梁体纵向钢束布置如图 2-10 所示。

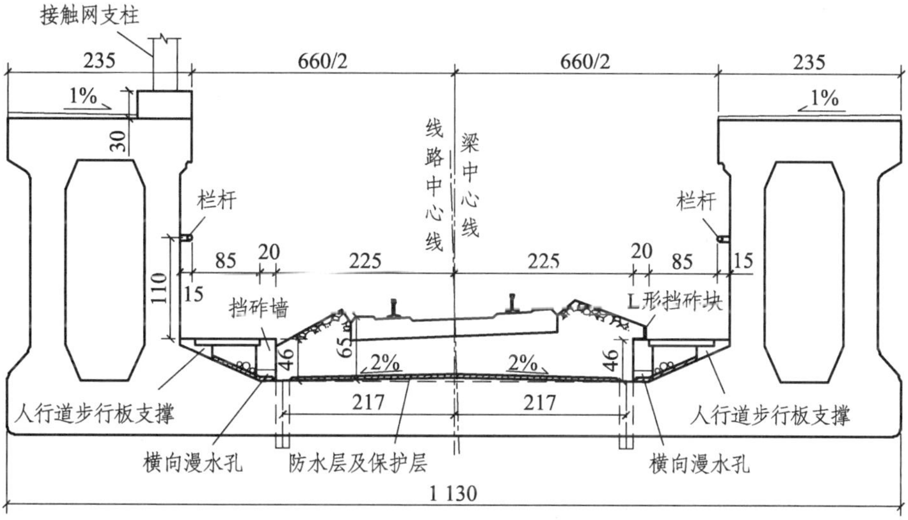

图 2-9　桥面布置图（单位：cm）

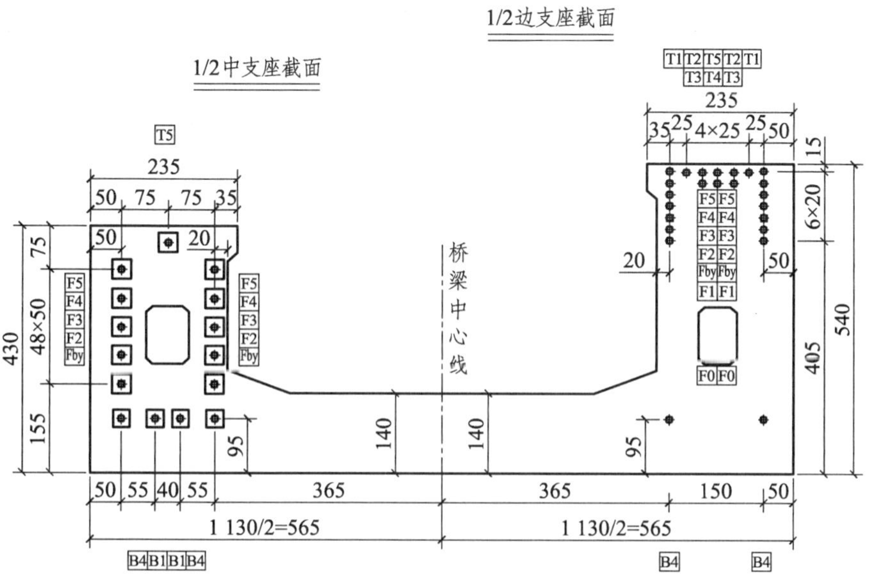

图 2-10　梁体纵向钢束布置图（单位：cm）

2.2.3 济青高速铁路

济青高速铁路设计时采用了（40 + 70 + 70 + 40）m 有砟轨道预应力混凝土槽形连续梁[8]。采用安全可靠的槽形连续梁方案，能最大限度地降低线路纵断面，减少投资。本梁两侧分别接 24 m、32 m 简支箱梁，箱梁顶宽 11.6 m，梁体中心线处高度为 2.784 m。为与两侧简支梁顺接，桥面布置如图 2-11 所示。这种桥面布置的缺点是：① 主梁截面全宽尺寸较大，横向配束困难，抗扭刚度较小；② 桥墩尺寸较大，造价较高；③ 横向尺寸与相邻简支梁变化突兀，景观效果差；④ 两个边箱受太阳直射，非线性温差对结构受力影响较大，对边箱上缘压应力的影响达 7 MPa。

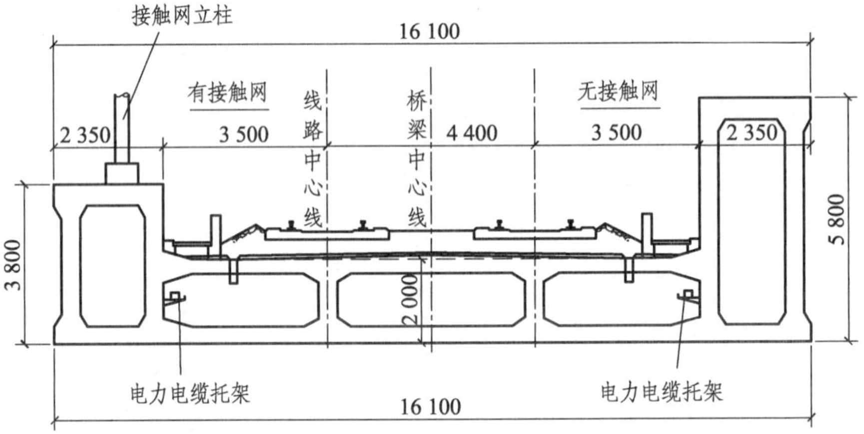

图 2-11 人行道放在中箱顶桥面布置方案示意图（单位：mm）

通过把人行道放在边箱顶对桥面布置进行优化，优化后的桥面布置如图 2-12 所示。这种桥面布置的优点是：① 大大减小了主梁、主墩的横向尺寸；② 人行道对边箱顶起到隔热层的作用，大大降低了非线性温差对结构受力的影响；③ 行车道梁高从 2.0 m 优化到 1.6 m（相应跨度普通连续梁中支点处梁高 5.89 m，中跨跨中及边跨直线段梁高为 3.59 m），进一步优化了线路纵断面。

优化后主要构造尺寸：支座中心线至梁端 0.7 m，梁长（40.7 + 70 + 70 + 40.7）m，全长 221.4 m。主梁（边箱）梁高 3.5 ~ 5.5 m，梁顶由支点向跨中按圆曲线变化，曲线半径为 207.64 m。行车道梁（中箱）高 1.6 m。腹板宽度由跨中（或边支点）的 40 cm 变化至中支点的 45 cm（仅在腹板变化段按线性形式变化）。梁顶全宽 14.5 m，底板宽 13.8 m。边箱两侧腹板与顶底板相交处均采用圆弧倒角过渡。边箱顶板标准厚度为 0.6 m，在支点倒角位置线性变化至 0.7 m，中箱顶板厚度为 0.3 m，在支点倒角位置线性变化至 0.4 m，底板厚度为 0.35 m，在支点倒角位置线性变化至 0.45 m。

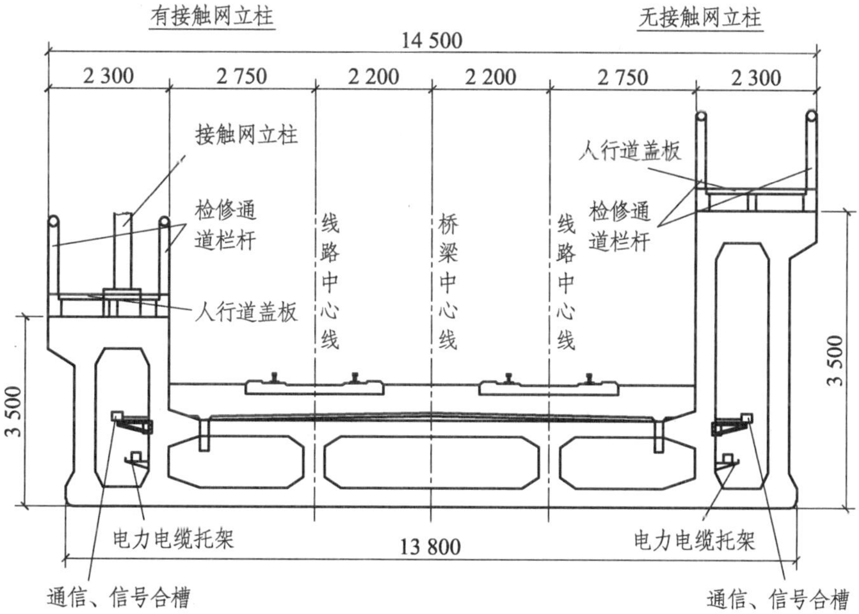

图 2-12　人行道放在边箱顶桥面布置方案示意图（单位：mm）

2.3　镂空腹板槽形梁桥

2.3.1　沪通铁路赵家沟特大桥

沪通铁路赵家沟特大桥[9]处于上海市浦东新区，桥址处为密集居民区，从杨园新村小区边通过需采用半封闭式声屏障，依次跨越赵高路、高桥港、新龙路。高桥港为上海市一级河道，河面宽 44.5 m、河底宽 20 m、河底高程为 – 1.5 m，与铁路交角为 21°，要求桥墩不得进入河道底宽范围。河道两岸分别为赵高路和新龙路。赵高路正宽 9.5 m，与铁路交角为 18°。新龙路红线宽 12 m，与铁路交角为 23°。受通航净空和线路高度的影响，结构高度受到限制，设计拟采用（80 + 108 + 80）m 连续槽形梁方案，两个边跨分别跨越赵高路和新龙路，中跨跨越高桥港，轨道设置在槽形梁的底板上，结构高度小，既可以满足结构高度的要求，槽形梁的腹板又可以兼作声屏障，具有良好的景观效果，如图 2-13 所示。

图 2-13 槽形梁效果

主要技术标准：

（1）设计速度：设计最高运行速度 200 km/h。

（2）线路情况：双线，曲线，正线线间距为 5.1 m，曲线半径为 1 960 m。

（3）环境类别及作用等级：一般大气条件下无防护措施的地面结构，环境类别为碳化环境，作用等级为 T2 级。

（4）设计使用年限：正常使用条件下梁体结构设计使用寿命为 100 年。

（5）轨道：桥上采用有砟轨道。

（6）列车活载：采用“中—活载”；温度荷载：设计合龙温度取 15 ~ 25 °C，均匀温差按升降温 20 °C 计取；基础不均匀沉降：相邻两支点不均匀沉降差不大于 2.0 cm。

桥梁孔跨布置为（80 + 108 + 80）m，预应力混凝土槽形连续梁，全长 269.6 m（含两侧梁端至边支座中心各 0.8 m）。桥面横向布置：1.8 m（人行道板）+ 0.25 m（挡砟墙）+ 2.2 m + 5.1 m（线间距）+ 2.2 m + 0.25 m（挡砟墙）+ 1.8 m（人行道），如图 2-14 所示。挡砟墙内侧净宽 8.8 m；单侧人行道宽度为 1.8 m，中支座处为 0.8 m，边支座和中跨中处为 1.3 m。

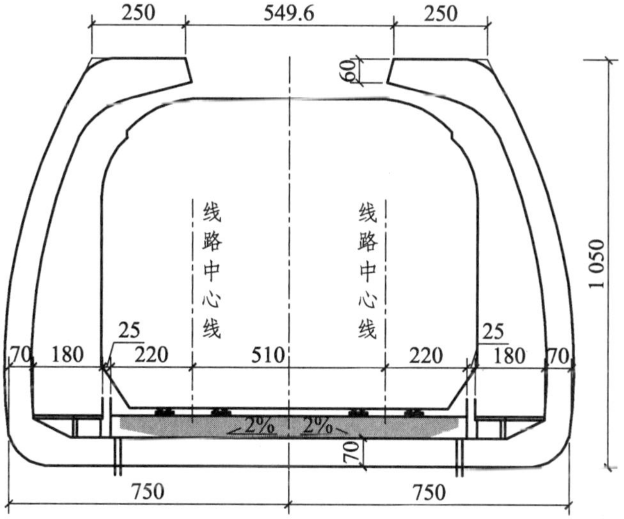

图 2-14　桥面横向布置（单位：cm）

梁体采用 C55 混凝土，$f_c = 37.0$ MPa，$f_{ct} = 3.30$ MPa，$E_c = 3.60 \times 10^4$ MPa，梁体为等高度槽形梁，腹板带有大圆孔，总高 11 m。梁截面内、外轮廓为圆弧形，其上方最大宽 10.496 m，下方为 14.7 m，梁体中间最宽处为 15.12 m。圆孔直径为 4 m，中心距为 8 m。腹板厚度一般为 0.7 m，中支座处加厚为 1.7 m，边支座和中跨中处加厚为 1.2 m；底板厚度一般为 0.7 m，边支座和中支座处均加厚为 1.2 m；上部翼缘厚度为 0.6 ~ 1.545 m。顶部设有横撑，横撑一般宽 1.0 m、高 0.6 m，中心距为 8 m；支座处横撑宽 2 m、高 0.8 m，边支座处相邻的两个横撑净距为 8.3 m，中支座处相邻的两个横撑净距为 5 m。主梁混凝土用量为 8 769 m^3，纵向预应力筋用量为 356.5 t。梁体立面布置如图 2-15 所示。

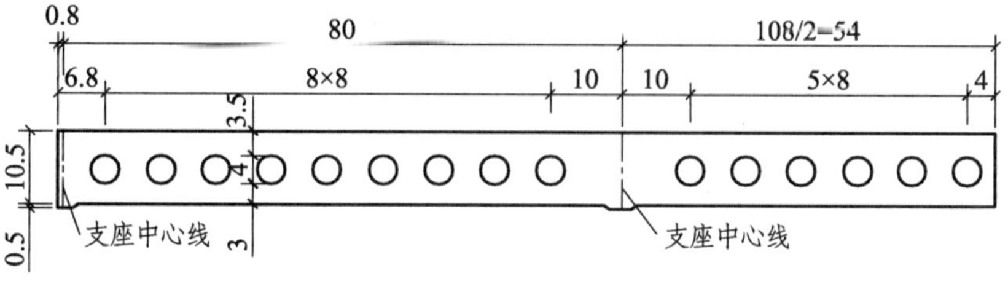

图 2-15　1/2 梁体立面布置（单位：m）

主梁采用三向预应力，纵向、横向预应力采用低松弛高强度钢绞线，产品符合《预应力混凝土用钢绞线》（GB/T 5224—2003）的标准，标准强度 $f_{pk} = 1\,860$ MPa，公称直径为 15.2 mm，公称截面积为 140 mm^2；$E_p = 1.95 \times 10^5$ MPa；采用夹片锚锚固体系，制孔采用金属波纹管。竖向预应力采用 ϕ32 mm 预应力混凝土用螺纹钢筋，型号为 PSB830，产品符合《预应力混凝土用螺纹钢筋》（GB/T 20065—2006）标准。

2.3.2　东胜—鄂尔多斯机场城际铁路乌兰木伦河特大桥

东胜—鄂尔多斯机场城际铁路乌兰木伦河特大桥跨阳光瀑布工程位于乌兰木伦河南岸，为鄂尔多斯市重点打造的景观工程之一，位于柳沟河桥南侧，距离柳沟河桥约 18 m。拟采用跨度（50 + 80 + 50）m 预应力混凝土连续梁桥跨越乌兰木伦河阳光瀑布[10]。选定桥型为镂空腹板槽形梁桥，其效果如图 2-16 所示。梁全长为 190 m，计算跨度为（49.25 + 80 + 49.25）m，边支座中心距离梁端 0.75 m，梁体主体结构之外设 5 m 长变高段，使得桥梁整体线条流畅，动感性强。

图 2-16　镂空腹板槽形梁桥效果图

变高段与顶板用 $R=5$ m 圆弧过渡，与底板夹角为 48°。梁体截面等高设置，边支点处底板局部加高。梁体两侧腹板上设蒙古包样镂空，纵向间距为 5 m，沿梁体中心线对称布置，全梁共设镂空 32 个。镂空距底板 2.5 m，镂空处纵向长 6 m、高 1.5 m，顶部圆弧半径为 3.497 m。顶部横向连接肋每隔 5 m 设置 1 道，宽度为 0.7 m，中支点处局部加宽为 3 m。全梁设 8 个支座，每个支点处对应两个支座，边支点支座横向中心距为 6 m，中支点支座横向中心距为 5.4 m。

结构截面高 10 m，桥面以上梁高 8.15 m，桥面以下箱梁梁高 1.85 m，梁体腹板下部最小宽度为 12.355 m。跨中段腹板厚 0.45 m，中支点两侧各 9 m 范围内，加宽为 0.75 m。内侧腹板与顶板用 $R=2$ m 的圆弧倒角，外侧腹板与顶板采用 $R=1.2$ m 圆弧过渡，顶板厚度为 0.55 m。在梁端腹板沿斜向切角并用半径 $R=5$ m 的圆弧过渡，如图 2-17 所示。梁体下部箱梁顶板厚 0.25 m，底板厚 0.32 m，在中支点两侧各 9 m 范围内底板厚度为 0.5 m。箱梁腹板厚度与梁体上部腹板厚度保持一致。底板和腹板相接处设置 300 mm × 300 mm 的倒角，顶板和腹板相接处设置 200 mm × 200 mm 的倒角，中支点和边支点处设置横隔板。

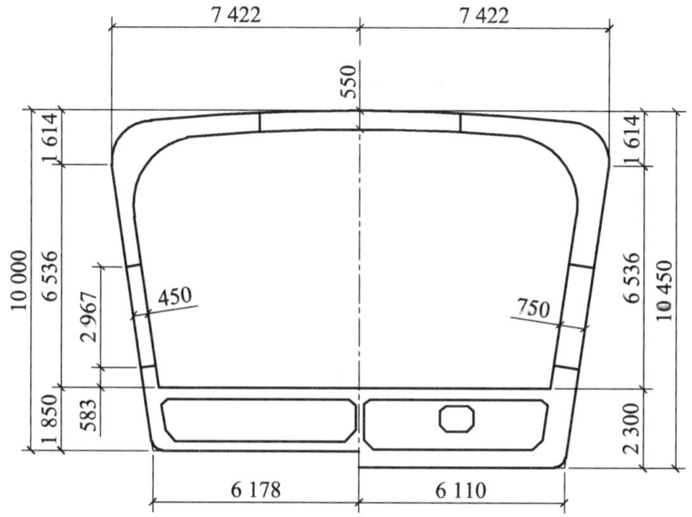

图 2-17　跨中断面/支点断面（单位：mm）

2.4 简支槽形梁系杆拱桥

2.4.1 工程概况

新建宁启铁路南京至南通段西起南京铁路枢纽林场站，途经六合、仪征、扬州、江都、泰州、姜堰至海安，过海安经如皋，东至南通，全长约 268.3 km，设计速度 200 km/h、Ⅰ级铁路。

宁启线右线自平东站引出，至 YDK255 + 600 与沪通铁路并行，而后以半径 $R = 1\ 600$ m 曲线右绕，于 YDK256 + 769 以 62°交角上跨沪通铁路，需采用 64 m 跨度方可跨越，同时，交叉点处，下穿的沪通铁路轨顶标高 6.0 m，限界净高需 8 m，最低控制标高为 14 m，而宁启线以 11.4‰限坡上拉纵断面，最高轨顶标高只能满足 16.6 m，扣除轨道结构高度和安全储备高度后，上跨桥梁结构的建筑高度不能大于 1.5 m。

2.4.2 技术经济综合比较

对跨越能力大、结构高度低的几种常用结构如简支槽形梁拱桥、钢-混组合构架、简支槽形梁、连续槽形梁、钢梁、系杆拱等桥式技术指标统计见表 2-2。

表 2-2 各种桥式技术经济指标比较

序号	桥式	线别	跨度/m	梁长/m	跨中梁高/m	混凝土体积/m（m³）	预应力筋/m（t）	普通钢筋/m(t)	钢材/m(t)	静活载挠跨比	梁端转角/‰
1	简支槽形梁拱桥	单线	64	65.5	0.5	10.6	0.4	2	1.6	1/4 706	1.6
			80	81.5	0.5	10.9	0.4	2.4	1.8	1/4 497	2.1
			96	97.5	0.5	11.9	0.5	2.7	1.9	1/4 103	2
2	钢混组合桁架	单线	64	67	0.4	6.8	0.3	1.4	3.2	1/5 390	0.43
			80	82	0.45	8	0.3	1.6	3.6	1/4 284	0.9
			96	98.5	0.5	9.2	0.3	1.8	3.6	1/4 285	1

续表

序号	桥式	线别	跨度/m	梁长/m	跨中梁高/m	混凝土体积/m（m^3）	预应力筋/m（t）	普通钢筋/m（t）	钢材/m（t）	静活载挠跨比	梁端转角/‰
3	简支槽型梁	单线	64	65	0.6	19.7	0.9	4.3	0	1/2 750	0.57
			80	81.5	0.75	23	0.9	5.1	0	1/2 851	0.7
			96	97.5	0.9	25.5	0.9	5.6	0	1/2 782	0.8
4	连续槽型梁	单线	40 + 64 + 40	64	0.6	30.3	2.5	4.1	0	1/6 510	1.47
			48 + 80 + 48	80	0.8	49.5	4.5	8.8	0	1/8 438	0.18
			65 + 96 + 65	96	1	74.3	6.7	13.2	0	1/8 755	0.25
5	钢桁梁	单线	64	65.5	1.59	0	0	0	6.7	1/2 783	1.98
		双线	64	65.5	2.01	0	0	0	10.7	1/2 758	1.6
		双线	80	82	2.13	0	0	0	12.1	1/2 063	2.6
		双线	96	98.5	2.13	0	0	0	13.5	1/1 786	2.4
6	系杆拱	双线	64	67	2.2	25.2	1	2.8	2.9	1/6 038	0.565
			80	82	2.1	26.0	1	2.8	11.9	1/2 083	2.05
			96	98.5	2.2	26.8	1	2.9	13.3	1/1 829	2.07

注：梁高一项中槽形梁为道床板厚度，钢桁梁及系杆拱为建筑高度。

宁启复线电化跨沪通特大桥针对 64 m 跨对简支槽形梁拱桥、钢混组合架简支槽形梁、连续槽形梁桥、钢架等 5 种桥式进行了综合比较，详见表 2-3。

表 2-3　主桥方案比选

桥式方案	线路条件	立交条件	技术条件	经济条件
64 m 简支槽形梁拱	梁高低，可较好地适应竖曲线	一跨跨越沪通铁路，净空满足铁路限界要求	梁、拱技术均较成熟，施工方案采用满堂支架施工梁部，后成拱	拱肋用钢量为 102.7 t，混凝土梁 693.6 m³，预应力筋 52.1 t，造价适中，建安费 541.6 万元
64 m 钢-混凝土组合桁梁	梁高低，通过调整道砟厚度适应竖曲线	一跨跨越沪通铁路，净空满足铁路限界要求	钢桁梁技术较成熟，桥面结合有待研究，施工方案采用膺架法架设钢梁	全桥用钢量 212 t，混凝土梁 458.9 m³，预应力筋 59.8 t，造价较贵，建安费 737.1 万元
64 m 简支槽形梁	梁高较高，可较好适应竖曲线	一跨跨越沪通铁路，净空满足铁路限界要求	技术条件成熟，施工方案采用满堂支架	混凝土梁 1 283.4 m³，预应力筋 59.8 t，造价较低，建安费 477.8 万元，但梁高较高，刚度偏小，美观性较差
（40＋64＋40）m 连续弯槽形梁	梁高较低，可较好适应竖曲线	一跨跨越沪通铁路，净空满足铁路限界要求	近于连续梁，有同类型工程实例，施工较为简单	采用预应力混凝土结构，混凝土梁 1 941.6 m³，预应力筋 137.9 t，造价较为经济，建安费 792.0 万元，但主跨长度较长
64 m 钢桁梁	梁高低，通过调整道砟厚度适应竖曲线	一跨跨越沪通铁路，净空满足铁路限界要求	钢桁梁技术较成熟，施工方案采用膺架法架设梁	全桥用钢量为 284.1 t，造价较贵，建安费 806.6 万元

曲线上要满足跨度 64 m、梁高小于 1.5 m 的桥梁结构，可选用简支槽形梁、简支槽形梁-拱组合桥、钢-混凝土组合桁梁、连续槽形梁、简支钢桁梁。各梁的经济造价递增，分别为 477.8 万元、541.6 万元、737.1 万元、792.0 万元、806.6 万元，简支槽形梁和槽形梁-拱组合桥相当。

简支槽形梁的主梁高 5.6 m/4.2 m（支点/跨中）、混凝土用量为 1 283.4 m³、预应力筋用量为 59.8 t、自重 3 337 t；槽形梁-拱的主梁高 2.4 m/1.9 m（支点/跨中）、混凝土用量为 693.6 m³（含拱脚）、上部拱肋为

95 t、钢管混凝土为 220 t、预应力筋为 52.1 t、自重为 1 875 t。槽形梁的主梁高、混凝土用量和自重大，对基础的要求高；而槽形梁-拱组合桥型更轻巧、美观，更适合本工程的需要。

2.4.3 结构设计

铁路工程经常采用的低高度桥梁结构形式主要有系杆拱、钢桁梁、槽形梁等。其中，系杆拱桥具有建筑高度低、结构刚度大、轻巧美观等特点。当采用槽形梁作为系梁时，其建筑高度可进一步减小。简支槽形梁系杆拱桥是由槽形梁与系杆拱形成的组合结构（图 2-18），由系梁、道床板、拱肋、吊杆、横撑等组成。槽形梁与拱肋和横撑构成部分封闭截面。槽形梁的建筑高度主要取决于道床板的厚度。道床板厚度与梁的横向跨度有关，与纵向跨度无关。槽形梁拱组合桥在承受列车荷载时，荷载直接作用在道床板上，然后通过道床板→系梁→吊杆→拱肋→拱座→支座的路径进行传递。列车荷载由拱、梁共同承担，其分担的比例与拱、梁相对刚度有关。

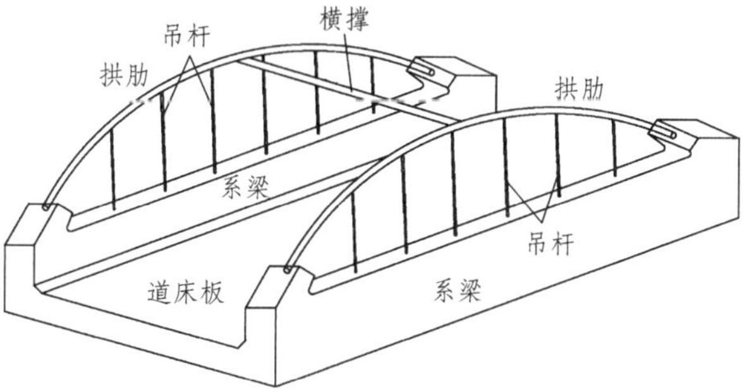

图 2-18 简支槽形梁拱组合桥结构体系示意图

宁启复线跨沪通铁路特大桥主跨采用简支 64 m 槽形梁拱组合结构[11]，引桥采用简支 T 梁结构，全桥总布置图如图 2-19 所示。槽形梁全长 65.5 m，计算跨度为 64 m，矢跨比 $f = 1/5$，拱肋矢高 12.8 m，拱肋采用二次抛物线线型，槽形梁拱桥总布置图详见图 2-20、图 2-21。本桥为刚性系梁刚性拱。

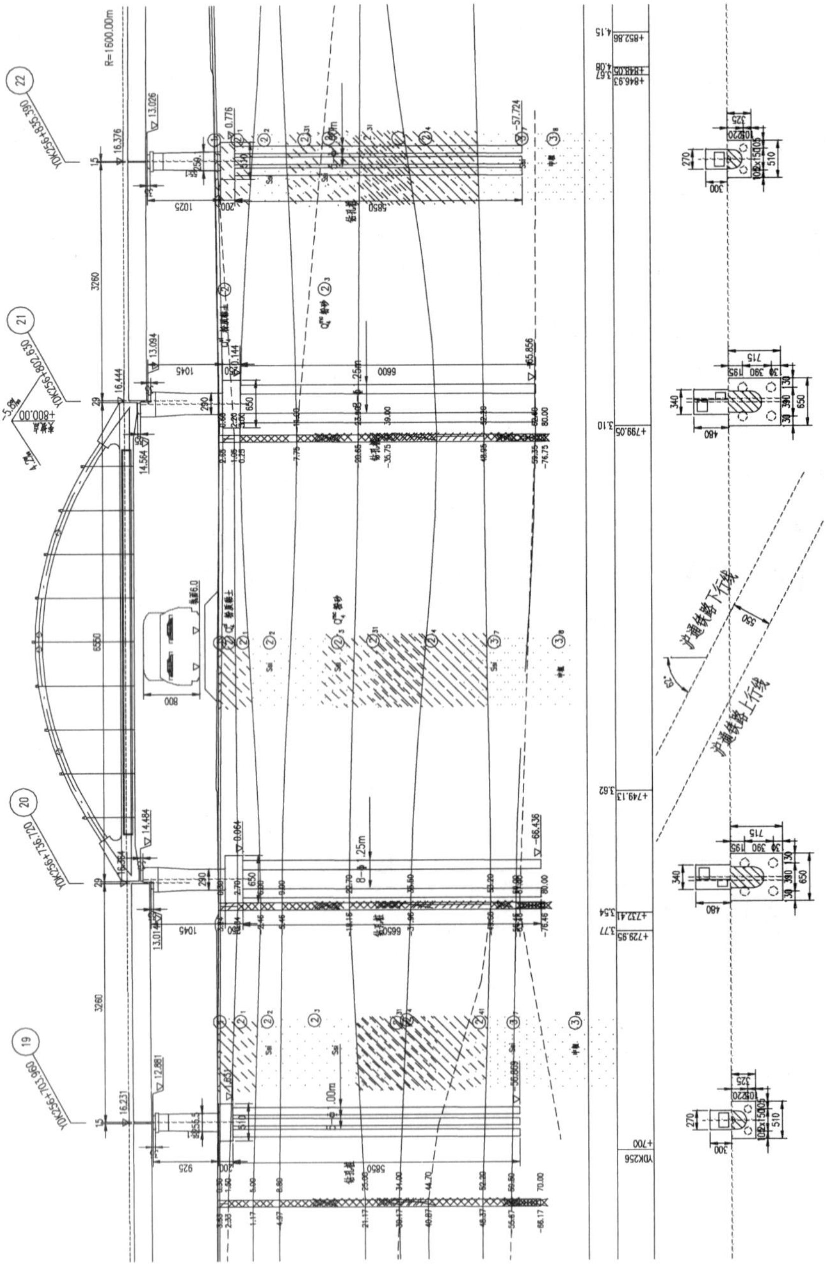

图 2-19　主桥布置图（单位：cm）

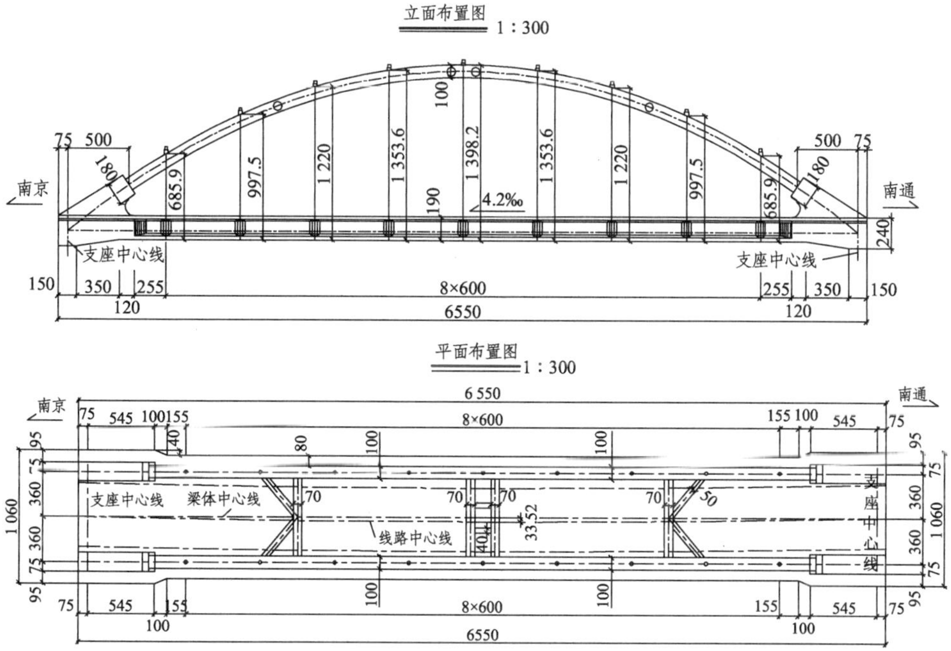

图 2-20 槽形梁拱桥总体布置图（单位：cm）

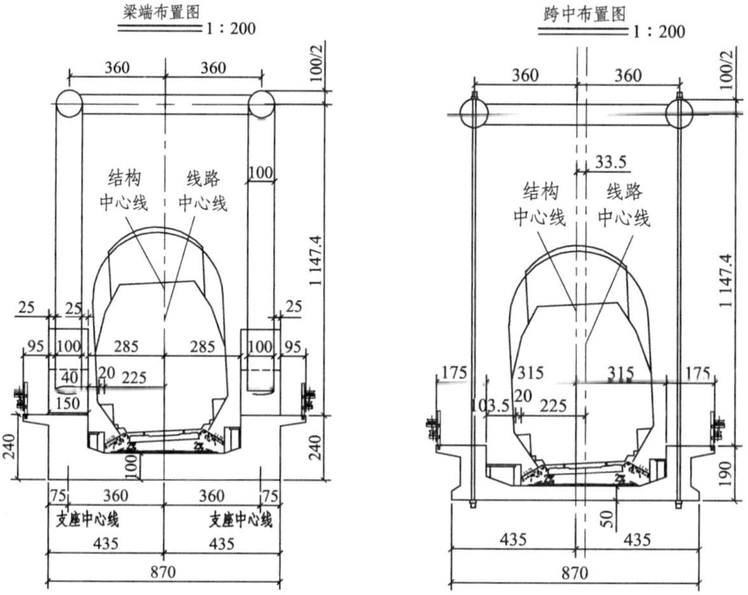

图 2-21 槽形梁拱桥横断面图（单位：cm）

系梁为槽形梁，其截面形式主要有 I 形、Γ 形、箱形。I 形截面抗扭刚度小，跨度不大时适宜采用这种形式。Γ 形根据腹板的布置可分为直墙式和斜墙式。箱形截面抗扭性能好，适合于双线铁路。Γ 形与 I 形相比是把主梁上翼缘的大部分移到外侧，这样两主梁间有更多的空间，也便于将附属设施放置在上翼缘板上。该工程为单线铁路，系梁采用直墙式 Γ 形槽形梁。人行道布置在槽外，以减小系梁横向宽度。该桥位于平面曲线半径为 1 600 m 的圆曲线上，系梁采用以直代曲的设计，槽形梁横向净宽由拱脚位置控制。为减小系梁横向宽度，将系梁按弦线布置，在梁端处线路中心和系梁中心重合。系梁全长 65.5 m，计算跨度为 64 m。系梁仅在纵向设预应力，横向和竖向不设预应力。

主梁采用预应力混凝土结构，混凝土强度等级为 C50，截面为槽形断面，梁高 1.9 m，梁底宽 8.7 m，两侧挡砟墙内侧宽度为 4.5 m，挡砟墙宽度为 0.2 m，跨中腹板厚为 90 cm，支点处加厚到 150 cm；顶板厚度为 25 cm，跨中底板厚度为 50 cm，支点处加厚到 100 cm，在两支点截面处分别设 1 道长度为 5.0 m 的端横梁，吊点处均设一道厚度为 0.8 m 的吊点横梁。主梁构造图详见图 2-22。

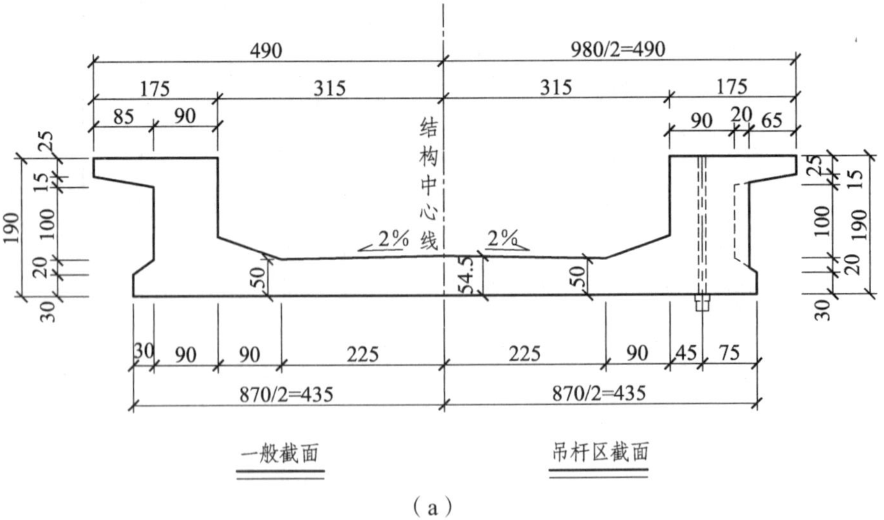

（a）

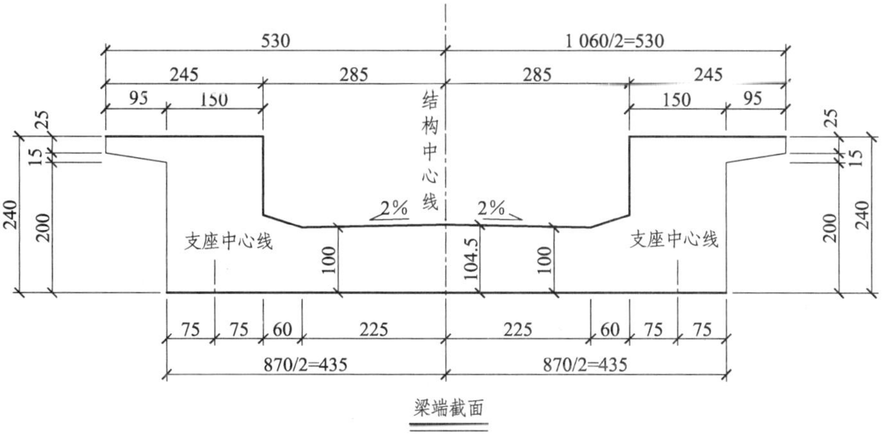

（b）

图 2-22　主梁构造图（单位：cm）

铁路系杆拱桥的拱肋通常采用钢管混凝土拱或钢箱拱。考虑施工的便利性和经济性，该工程拱肋采用单圆管钢管混凝土拱肋。拱肋截面尺寸决定了拱肋与系梁的刚度比。研究表明，两者刚度比的变化对拱肋及系梁的轴力影响较小。随着刚度比增大拱肋所承受的弯矩随之增大，系梁承受的跨中弯矩随之减小。拱肋和系梁的竖向位移随着刚度比的增大而减小。因此，可根据系梁的竖向变形容许值和自身的极限承载力选取合适的刚度比，从而确定拱肋的刚度及截面尺寸。该工程拱肋采用等截面单肢钢管混凝土截面，钢管直径为 1 000 mm，全跨板厚 16～24 mm，钢管内灌注 C50 无收缩混凝土。

选择拱轴线形式的基本原则是使拱轴线与荷载压力线吻合，尽量减小荷载弯矩。一般采用恒载的压力线作为拱轴线。拱轴线的选择应满足两个方面的要求：① 尽量减小拱肋截面的弯矩，使主拱肋在荷载作用下主要截面的应力相差不大；② 计算方法简便，易于施工制造。系杆拱桥的桥面荷载通过吊杆传递给拱肋，竖向荷载沿拱肋分布比较均匀，拱轴线宜选用抛物线或拱轴系数较小的悬链线，其活载位移相差较小。采用二次抛物线时拱脚截面弯矩较小，因此拱轴线采用二次抛物线。

拱脚顺桥向 5.0 m 范围内设成实体段，截面渐变处设倒角，横桥向宽度为 1.5 m。为保证钢管混凝土拱肋与拱脚连接可靠，形成一个整体，采用以下措施：① 拱肋钢管埋入拱座 2.5 m，钢管外壁设剪力栓钉；② 拱脚下设承压钢板，拱肋与承压钢板焊接，承压钢板下再设 4 层钢筋网，避免拱肋巨大的轴压力引起应力集中。拱脚混凝土一次浇筑成形，在现浇混凝土前，将拱肋钢管、加劲钢材等安放到位。

横撑将 2 片拱肋连成整体，对拱肋整体稳定有较大的影响。横撑常用形式有一字撑和 K 撑。与一字撑相比，K 撑能显著提高整体稳定性。本桥两拱肋之间共设 4 道横撑，横撑纵向间距为 16 m，中间两道为一字撑，两侧各为一个 K 撑。横撑钢箱内部不填混凝土，其外表面作防腐处理。

吊杆通常有单吊杆和双吊杆两种形式。单吊杆构造简单，施工方便，但单根吊杆受力较大；双吊杆构造复杂，但单根吊杆受力减小，便于运营阶段吊杆更换。本桥为单线铁路，吊杆受力较双线铁路小，因此采用单吊杆。吊杆纵向间距为 6.0 m，采用较小的吊杆间距可以减小系梁弯矩和剪力。吊杆采用 61 根 ϕ7 mm 高强低松弛镀锌平行钢丝束，冷铸镦头锚，索体采用 PES（FD）低应力防腐索体，并外包不锈钢防护。吊杆上端锚固在拱肋外部，方便吊杆锚头的检查、养护与吊杆更换。

在静活载作用下系梁最大挠度为 – 17.0 mm，挠跨比为 1/3760；梁端转角为 1.16‰。挠跨比和梁端转角均小于规范限值，结构具有较大的刚度。

济青高速铁路跨越改移青兰高速公路时采用了（66.5 + 142 + 66.5）m 双线有砟轨道预应力混凝土连续槽形梁拱组合结构[12]（图 2-23），梁体采用变高度槽形箱梁截面，由两个边箱（主纵梁）和中箱（行车道）组成，拱肋采用哑铃形钢管混凝土截面。主桥位于曲线半径为 2 200 m 的圆曲线和缓和曲线上。槽形连续梁拱中支点为拱肋拱脚、主梁腹板、横隔板等主要受力构件交汇处，此处剪力、弯矩绝对值达到最大，且预应力管道密集，竖弯钢束最为集中，截面削弱最大，该位置受力状态复杂，准确把握中支点处拱梁固结段的应力状态关系到桥梁整体的使用安全。

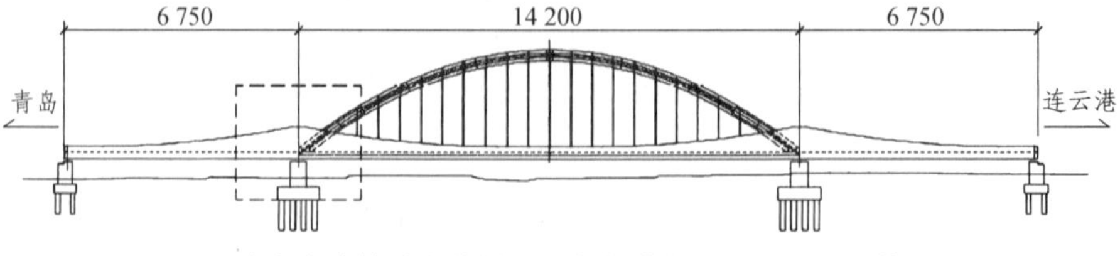

图 2-23　济青高速铁路连续槽形梁拱组合桥梁立面图（单位：cm）

2.4.4 施工方法

设计采用先梁后拱的方法施工，系梁采用少支架施工，拱肋钢管在系梁上搭设支架安装。具体施工步骤如下：

（1）主孔基础及墩身施工。

（2）对地面进行硬化处理，搭设支架，安装拱脚段预埋钢拱肋及其定位钢构件，混凝土浇筑前支架需预压。

（3）支架现浇系梁及拱脚混凝土，混凝土需养护 15 d 且强度达到设计强度的 95%后，张拉第一批纵向预应力索。

（4）在桥面架设拼装拱肋的临时支架，安装钢管拱肋和横撑就位，自拱脚至拱顶调整拱肋线型及标高，临时焊接固定各拱肋及横撑，逐一将临时固定焊接成永久固定；灌注钢管内混凝土。

（5）拆除桥面临时支架，安装吊杆，吊杆进行初张拉，张拉系梁剩余预应力束。

（6）施工桥面铺装，检测并调整吊杆力至设计值，拱肋钢箱外表面涂装，施工完成，验收，准备运营。

2.5 连续槽形梁斜拉桥

沪昆客运专线杭长段长沙地区跨越武广高铁处，采用预应力混凝土转体斜拉桥方案[13-15]，塔高 51.8 m，孔跨布置为（32 + 80 + 112）m，为单塔双索面半漂浮体系（图 2-24）。

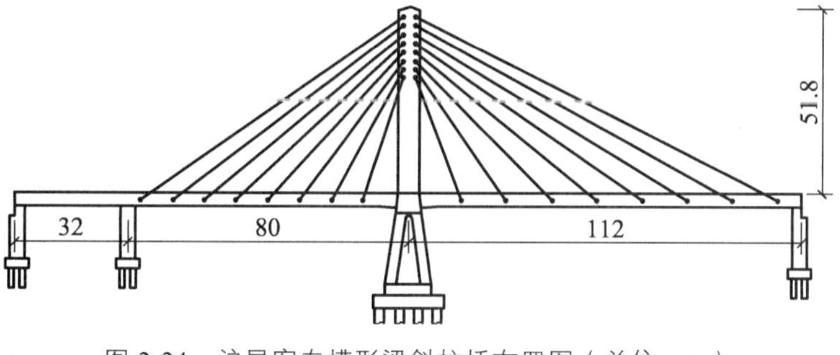

图 2-24 沪昆客专槽形梁斜拉桥布置图（单位：m）

主梁采用槽形截面，该截面形式有利于提高主梁抗扭刚度并可防止道砟掉落至桥下既有线。主梁全宽 10.8 m，底板宽 6.6 m，小跨侧梁高 3.7 m，大跨侧梁高 3.5 m，道砟厚度为 0.5 m。断面布置如图 2-25 所示，截面参数见表 2-4。

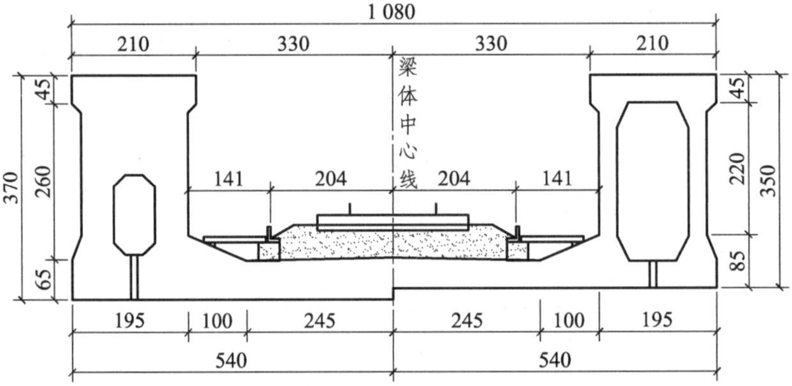

图 2-25　槽形梁断面布置图（单位：cm）

表 2-4　槽形梁截面参数

截面	名称	符号	单位	数值
大跨截面	惯性矩	I_x	m^4	24.733
		I_y	m^4	259.47
	面积	A	m^2	17.235
	梁高	H	m	3.5
	中性轴距下缘距离	H_1	m	1.272 5
小跨截面	惯性矩	I_x	m^4	16.441
		I_y	m^4	157.266
	横截面面积	A	m^2	10.815
	梁高	H	m	3.7
	中性轴距下缘距离	H_1	m	1.471 5

2.6 槽形梁桁架桥

新建西安至平凉铁路后河村特大桥、马屋泾河特大桥、太峪大桥 3 座桥梁跨越福银高速公路。福银高速公路设计为双向 4 车道，路肩跨度为 30 m，由于建筑高度受立交净空和线路高度控制，经多方案比较后，立交方案采用 1-80 m 钢-混凝土组合桁架。该钢-混凝土组合桁梁，计算跨径为 80 m，梁长 82 m。桁式采用无竖杆三角桁，桁高为 9 m，节间距为 10 m，主桁中心距为 6.7 m。上弦杆由 2 根 1.1 m × 1.2 m 的矩形混凝土构件组成，左右分置，两上弦杆之间的间距为 6.6 m。下弦采用高 1.5 m 的槽形截面，梁端高 2.0 m，道床板为厚 40 ~ 45 cm 的钢筋混凝板，梁端板厚 90 ~ 95 cm，梁底宽 7.8 m，顶宽 9.4 m，如图 2-26 所示。下弦纵向为全预应力结构，横向受力为钢筋混凝土结构。上下弦之间的腹杆都为 650 mm × 550 mm 的矩形钢箱杆，材质为 Q345qE。端横撑为高 1.0 m、宽 0.8 m 的混凝土截面，中横撑为宽 0.35 m、高 0.6 m 工字钢。其成桥后的实景如图 2-27 所示。

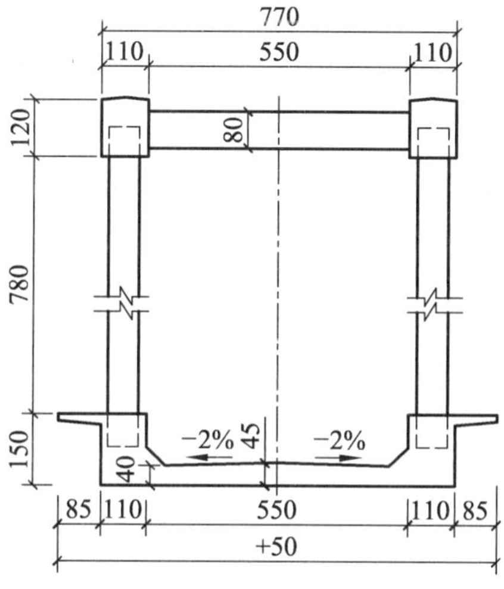

图 2-26 钢 – 混凝土组合桁梁桥横断面图（单位：cm）

图 2-27　钢－混凝土组合桁梁桥实景

钢-混凝土组合桁架实际为桁梁与槽形梁的组合结构[16]，上弦杆采用钢筋混凝土结构，下弦杆采用预应力混凝土槽形梁，腹杆采用钢质杆件。腹杆之间通过与钢桁梁类似的节点板进行连接，节点板与混凝土构件之间通过 PBL 键进行连接。由于组合桁架具有建筑高度低、刚度大、动力特性好、后期养护维修的工作量小等优点，近年来在国内外都得到了重视与发展。

外接式节点采用两块节点板用肋板焊接成 H 形，节点板一部分埋设在混凝土弦杆中，外露部分通过高强螺栓与腹杆连接形成整体，为增强钢构件与混凝土的连接，节点板上开孔并设置贯通钢筋。

本桥设计的关键和技术难点是节点的构造设计，钢腹杆与上、下弦杆的连接是结构设计的关键，其受力性能对全桥承载能力和跨越能力至关重要。从受力方面来讲，节点除承受弦杆传来的轴力外，还承受节点偏心引起的弯矩和钢腹杆自身的弯矩及剪力。节点处内力、应力分布复杂，呈明显的非线性。

简支钢-混凝土组合桁架梁桥是一种新型的桥梁结构形式，它能充分发挥不同材料的优点，具有重量轻和跨越能力强等特点。钢结构部分只有腹杆、节点、横撑，施工难度大。腹杆、节点板的加工精度、平整度、拼装精度要求高。在钢结构安装过程中，需要设计临时附属杆件以保证线形和稳定。在施工过程中，由于桥梁结构的空间位置随着施工进度不断变化，钢混结构在安装温度、不同施工阶段的受力大小方面产生的变形协调问题极为复杂，再考虑到施工过程中结构自重、施工荷载以及混凝土材料的收缩徐变，材质特性的不稳定性和周边环境温度变化等因素影响，所有这些都使施工过程中桥梁结构各个施工阶段的内力和应力不断发生变化，结果可能出现结构体系与预期值的偏离。

简支钢-混组合桁梁桥原设计采用原位现浇或平行转体施工。采用原位现浇施工，其施工工艺成熟，技术风险比较小，施工成本相对比较低。但该工艺占用高速公路的时间较长，增加了施工安全风险。同时，由于线路与高速公路的斜交角度大，为了保证高速公路的通行要求，跨越高速公路的支架跨度达到了 18 m，这对支架的设计提出了更高的要求。平行转体施工占用高速公路的时间短，施工对通行的影响小，风险较低；而且可平行施工，对工期的影响较小。但其缺点是：施工工艺新颖，施工技术含金量高，对专业技术人员及施工队伍的要求较高；由于采用的是简支转体，对转动体系的要求较高；梁体的自重超过了 2 200 t，对转动支架的要求较高，同时施工风险较大。考虑到施工实际情况，采用转体施工风险较大；而且采用该工艺施工时必须配备两套支架，转体支架必须采用拼装梁才能满足施工荷载的要求，增加了施工成本。

为降低施工风险，减小施工成本，不影响桥下的正常通车运行以及施工安全可靠等，简支钢-混组合桁梁桥采用膺架法进行原位现浇施工[17]。钢结构加工委托具有加工生产资质的专业制造厂进行，为确保现场顺利拼装，在工厂先进行试拼装。试拼装时，保证板层密贴，螺栓用量为总螺栓数的 1/3，并且用试孔器检查所有螺栓孔（即节点处螺栓孔应 100%通过较设计孔径小 1.0 mm 的试孔器，横梁的螺栓孔应 100%自由通过较设计孔径小 1.5 mm 的试孔器方可认为合格），检查拼接处有无相抵触情况，有无不易施拧螺栓处，检查完后方可试装。桥梁跨越高速公路，与高速公路斜交，桥墩身紧挨公路边坡，施工场地受到限制，施工条件差。另外，高速公路车流量大，跨公路施工，安全防护需得到有效保障，综合考虑采用架设龙门吊吊装方案。钢桁架腹杆在支架平台上拼成“人”字形后，通过 20 t 门吊吊置于支撑上横梁规定的位置。支撑上横梁支承钢桁架腹杆处设有竖向、横桥向、纵桥向调整机构，便于钢桁架线形调整。在浇筑下弦混凝土槽形梁之前，应先对桁架梁进行检查、调整，然后安装并拧紧高强螺栓。下弦混凝土槽形梁浇筑形成后，因混凝土的收缩变形，在混凝土的初凝期内对钢桁架进行精调。

在上述槽形梁桁架桥中，槽形梁与桁架腹杆构成钢-混组合结构，槽形梁与桁架共同受力。在大跨钢桁梁桥中，预应力混凝土槽形梁的另一种应用形式是作为道砟梁。新建铁路福厦线站前工程Ⅰ标段闽江特大桥钢桁（拱）梁桥跨形式为（99＋198＋99）m 连续钢桁梁柔性拱结构[18,19]，采用有竖杆 N 型三角桁式，节间长度为 11 m。其中，边跨 9 个节间，中跨 18 个节间。槽形梁支承在横梁上，全桥共分为 36 片，单片质量约 160 t。槽形梁梁体采用纵向三斜腹板式槽形梁，边腹板高度为 1.35 m，中腹板高度为 1.05 m，底板厚为 35 cm，梁体全宽 11.2 m，梁体底宽 8.35 m，支座处底板加宽至 9.2 m。

沪通长江大桥横港沙水域桥[20]有 21 孔，在平面布置上，除与主航道桥及专用航道桥近接段为直线段外，其余均处于圆曲线或缓和曲线上。由于曲线段钢轨不适合设置伸缩调节器，因此，该段桥梁均设计为简支梁桥。该区段主梁均为跨度 112 m 的钢桁梁，3 片主桁结构，桁宽 29 m，节间距为 11 m，桁高 16 m，如图 2-28 所示。上层公路桥面采用混凝土桥面板，与主桁结合形成组合结构共同受力；下层铁路梁采用钢筋混凝土槽形梁结构，槽形梁按桁梁节间预制，在安装就位后现浇湿接缝，通过剪力钉与主桁的横梁连接。跨北岸大堤 2 孔和跨南岸大堤 3 孔跨度 112 m 钢桁梁结构与跨横港沙区段相同。

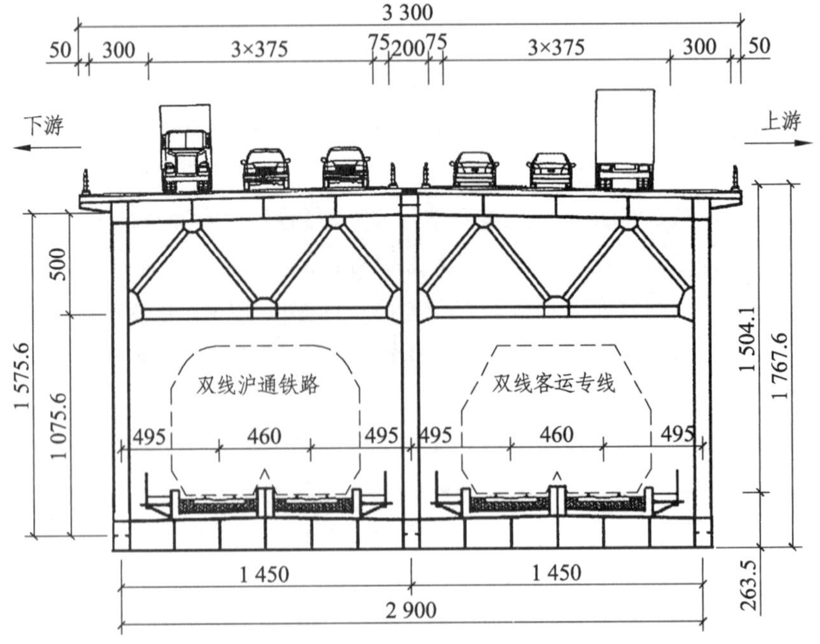

图 2-28　横港沙区段桥梁横断面布置（单位：cm）

2.7 本章小结

本章比较了混凝土槽形梁桥与混凝土箱形梁桥的技术经济指标，总结了简支槽形梁桥和连续槽形梁桥在我国普速铁路和高速铁路中的应用案例。镂空腹板槽形梁桥具有较高的景观价值，在城市区域和景区可推广应用。槽形梁可以作为斜拉桥、系杆拱桥等的主梁，综合效益显著，可作为一种有竞争力的选择方案。钢桁梁桥混凝土槽形构件中的槽形梁既扮演偏心受拉的钢桁梁下弦杆或主梁角色，又扮演道砟槽的角色。由于这种槽形构件处于拉弯扭受力状态，其几何刚度增大，在一定程度上克服了单纯受弯的独立槽形梁抗扭和抗弯刚度较弱的缺点，并很好地解决了钢桁梁上采用明桥面带来的一系列技术难题，为混凝土槽形梁的应用提供了新的发展方向。

参考文献

[1] 胡叙洪，等. 高速铁路减振降噪技术研究与应用[M]. 北京：中国铁道出版社，2018.

[2] 李克冰. 高速铁路简支槽形梁动力及降噪性能理论分析与试验研究[D]. 北京：北京交通大学，2019.

[3] 李强，王起才，张戎令，等. 兰新二线全预应力混凝土槽型梁的静载试验研究[J]. 铁道科学与工程学报，2018，15（2）：414-421.

[4] 王文博. 铁路简支槽形梁结构设计与动力仿真分析[J]. 铁道标准设计，2015，59（5）：97-99.

[5] 李战胜. 石济客运专线预应力混凝土槽形梁设计研究[J]. 铁道标准设计，2017，61（7）：76-79.

[6] 董振升，杨宜谦，张高翔.（40 + 56 + 40）m 预应力混凝土连续槽形梁动力性能试验研究[J]. 铁道建筑，2018，58（8）：10-13.

[7] 敖登. 预应力混凝土连续槽型梁转体施工技术研究[D]. 兰州：兰州交通大学，2018.

[8] 吴大宏. 济青高速铁路（40 + 70 + 70 + 40）m 槽型连续梁设计研究[J]. 高速铁路技术，2018，9（2）：53-56.

[9] 李喜平，严爱国，张池权，等. 沪通铁路（80 + 108 + 80）m 连续槽形梁方案研究[J]. 铁道标准设计，2013（5）：44-47.

[10] 张付宾，宋元印. 镂空腹板铁路槽形梁设计研究[J]. 铁道标准设计，2021，65（11）：160-165.

[11] 王法武. 铁路简支槽形梁系杆拱组合桥设计研究[J]. 铁道建筑，2019，59（9）：1-4.

[12] 邓江涛. 高速铁路槽形连续梁拱桥拱脚局部应力分析与验证[J]. 铁道标准设计，2019，63（7）：92-96.

[13] 薛嵩，戴公连，闫斌. 预应力混凝土槽型梁日照温度荷载模式研究[J]. 中国科学：技术科学，2016，46（3）：286-292.

[14] 薛嵩. 槽型断面斜拉桥日照温差模式及效应研究[D]. 长沙：中南大学，2013.

[15] LIU W，DAI G，RAO S. Numerical calculation on solar temperature field of a cable-stayed bridge with U-shaped section on high-speed railway[J]. Journal of Central South University，2014，21（8）：3345-3352.

[16] 蔡正，周友权. 铁路钢-混凝土组合桁架外接式节点力学特性研究[J]. 铁道标准设计，2016，60（2）：62-66.

[17] 秦瑞耀，张晟，朱晓强. 铁路新型 80 m 钢-混凝土组合桁梁桥施工技术[J]. 铁道建筑，2012（8）：8-10.

[18] 汪金辉. 道砟桥面槽型梁结构受力性能研究[D]. 长沙：中南大学，2009.

[19] 杨顺民. 闽江特大桥槽形梁原位现浇施工技术[J]. 铁道建筑，2009（8）：28-30.

[20] 高宗余，梅新咏，徐伟，等. 沪通长江大桥总体设计[J]. 桥梁建设，2015，45（6）：1-6.

3

改建铁路槽形梁桥的应用

随着时间的推移，山区铁路桥梁面临较高的水害风险，部分铁路跨线桥受下穿公路加宽的影响，同时我国许多铁路桥梁已进入垂暮之年，铁路既有桥梁改建需求越来越大。桥梁改建应深入了解老桥的历史和运营现状，分析老桥存在的问题，合理选择桥跨布置、结构类型及材料工艺，以老桥产生的问题为戒，避免类似病害的重复出现。槽形梁桥面至梁底的高度小，能同时满足线路高程和桥下净空的要求，在既有铁路桥梁改建中具有较高的推广价值。

3.1 连续槽形梁桥在水害桥梁整治中的应用

山区普速铁路桥梁易发生墩台基础冲刷、淤积堵塞、水淹梁体、漂浮物撞击桥梁等水害问题。为保证铁路运输安全，对既有桥梁存在的水害病害进行调研和分析,进而提出维修和加固等整治措施是我们当前面临的紧迫任务。

3.1.1 山区普速铁路桥梁水害特点

截至 2022 年年底，我国铁路营运里程已达 15.49 万千米[1]，其中大部分为普速铁路。普速铁路为我国的经济社会发展作出了巨大的贡献，并仍承担着重要的运输任务，特别是在脱贫攻坚中发挥了重要作用。我国是一个多山地的国家，普速铁路中存在大量山区铁路。山区地形起伏较大，桥梁在山区铁路中有广泛的应用。

为了节约建设成本，早期的铁路桥梁多采用中小跨度桥梁，常常在河道中设有桥墩。山区岩石裸露、降雨入渗少，坡度陡、雨水汇流速度快。山区河流水流湍急，易形成洪水，破坏力极强，经常引起山区铁路桥梁水害问题，如冲刷墩台基础、冲毁桥台护坡护岸、淤积堵塞桥涵、水淹梁体、漂浮物冲击桥梁结构，甚至冲毁桥梁墩台，造成断道，中断铁路运输等。2011 年 7 月 25 日，集通铁路宝木吐至巴彦塔拉间一座 8 孔桥东侧的第一桥墩被洪水冲毁（图 3-1），5 趟列车被迫停运，3 800 余名乘客被滞留。2013 年 7 月 10 日，四川盆地西部连续强降雨，绵堰河水位暴涨，湍急的水流冲毁宝成铁路上行线绵堰河大桥桥台护坡（图 3-2），上行线中断运输，经过铁路干部职工近 33h 的连续奋战，绵堰河大桥才恢复通行。

图 3-1 集通铁路——桥墩被洪水冲毁

图 3-2 宝成铁路绵堰河大桥桥台护坡冲毁

如果对已经发生水害的桥梁不及时处理，将危及列车运行安全，带来巨大危险与财产损失[2]。为保证铁路运输安全，对既有桥梁存在的水害进行调研和分析，进而提出维修和加固等改造整治措施是我们当前面临的紧迫任务。因此，研究山区铁路水害桥梁整治措施具有重要意义和推广应用价值。

山区河流由于其特殊的水文地质条件，极易形成暴雨中心。同时，山区由于岩石裸露、入渗少、坡度陡、沟谷深、河流汇流时间短、洪水涨落变化大等因素，最终导致山区洪水水流湍急，破坏力极强。湍急的河水剧烈冲刷桥梁基础，造成基础承台外露、基底局部脱空；冲刷桥台护坡、护岸，甚至引起坍塌；洪水冲刷桥梁墩台下部结构，导致桥墩受冲倾斜，以至墩身产生裂纹；湍急的水流也会发生壅水现象，导致河水漫上桥梁，对轨道造成损害，影响列车的行车安全。此外，如果桥梁跨径过小，桥孔还可能会被泥沙淤积堵塞。河流冲刷长期作用还会引起河床下切，导致桥梁基础埋深减小。

如果在河道内进行大量的挖沙采石活动，或者在铁路桥梁上游修建水电站，也会改变河床的天然状态，使得河床面下降，减小了基础的埋置深度，洪水来临时，局部会出现跌水或急弯，造成局部河床冲刷和水害的发生。山区铁路桥梁普遍受到水害的威胁，山区铁路桥梁水害类型主要有：

（1）冲刷破坏：冲刷桥台护坡、铺砌、护岸等附属构造物，造成坍塌；严重冲刷桥梁基础，造成基础裸露或基底局部冲空，甚至冲毁桥墩。

（2）淤积堵塞：由于洪水中夹杂着大量的漂浮物及泥沙，桥涵跨径过小，不足以通畅排洪与输沙，造成淤积堵塞。

（3）桥前壅水：来水过大，或者桥孔被泥沙淤塞，造成桥前大量壅水，甚至导致河水漫上桥梁，对轨道造成损害，影响列车的行车安全。

（4）地质灾害破坏：由于边坡的不稳定，导致降雨时会形成滑坡、落石、泥石流，冲击桥梁，严重危及桥梁结构的安全。

（5）漂流物撞击：洪水中树木等漂浮物随水流撞击桥梁，有可能毁坏桥梁结构。

山区铁路桥梁水害主要特征如下：

（1）桥梁水害主要发生在汛期。因为汛期降水量最多，而且降雨强度大，历时又长，河水暴涨，河水水流速度快、冲刷能力强，冲毁桥涵及其防护设施，导致桥梁水害发生。

（2）受水害影响的区域往往地质条件差且植被覆盖率低。在各种松散软岩风化强烈地区，岩石破碎，河床冲刷严重，桥梁基础易发生水害。在植被稀少的地区，水土流失严重，河水中挟带大量泥沙，易堵塞淤积桥孔。

（3）中小跨径桥梁易发生水害。跨径为 16 m、24 m 和 32 m 的中小桥梁在水害铁路桥梁中占很大比重[3]。中小跨径桥梁在河道中往往设有桥墩，桥下净空受限，排洪输沙不畅，易发生桥梁水害。

3.1.2 山区普速铁路水害桥梁整治措施

山区铁路桥梁水害主要以冲刷病害为主，因此，本章主要针对山区铁路桥梁冲刷水害的整治进行研究，一般有以下几种措施：

（1）加固墩台基础：桥梁墩台基础埋深不足、流水冲蚀严重等因素，使桥墩和桥台的基础暴露、开裂，或表面大面积侵蚀、风化和剥落。① 对于冲刷外露的墩台基础，可在基础周围抛填片石（石笼）、修建钻孔桩（板桩）帷幕防护基础不被冲刷。② 桩基磨蚀损伤可采用钢护筒加固（图 3-3），对于冲刷病害严重的桩基，可采用桩基托换进行加固。③ 对于承载能力不足的墩台基础，可通过加桩或扩大承台承载面积的方式，增强承载能力。④ 对于桥梁墩台存在裂缝、破损的情况，可采用围绕墩台设置钢筋混凝土护套的方法加固。桥墩护套加固法会降低桥下行洪能力，加剧桥墩冲刷、桥梁壅水。

（2）新建主桥：对于维修加固成本过高的水害桥梁，可通过新建大跨桥梁替换原来的主桥、拆除原来位于河道中的桥墩的方式，增大桥下行洪能力，从根本上解决桥梁基础冲刷问题。对于发生水害的涵洞可采用框架桥扩孔改造方案进行整治[4]。

（3）建设调治构造物：结合水文地质条件，同时根据实际需要，合理地布置必要的调治设施。例如，上游修建导流堤和大坝，这样水流可以均匀顺畅地通过桥孔，防止桥梁附近河床下切以及河岸产生过大冲刷；在下游河床设置拦沙坝（回淤坝）抬高桥下河床（图 3-4），保证桥梁墩台基础有足够的埋深[5]。

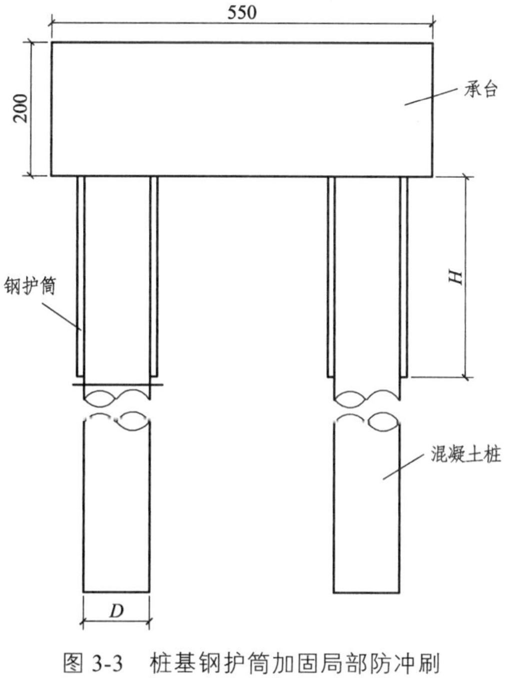

图 3-3　桩基钢护筒加固局部防冲刷

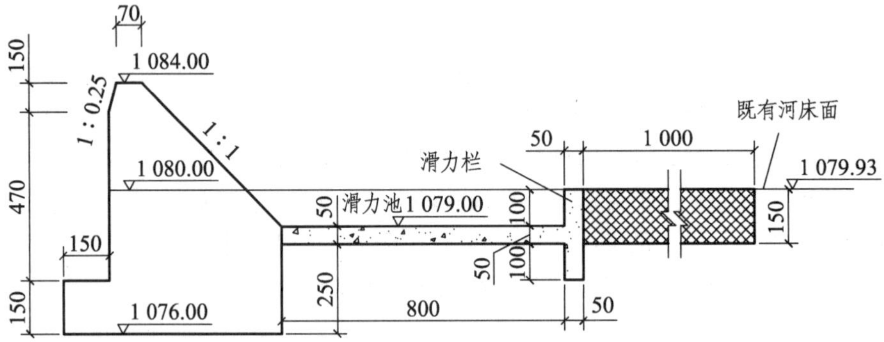

图 3-4　拦沙坝示意图

3.1.3　大目溪桥水害整治方案

江西、福建两省雨量充沛，地形复杂，自然灾害发生频繁[6]。受灾害性天气影响，浙赣铁路、鹰厦铁路、峰福铁路、外南铁路、赣龙铁路等地处东南山区，由于其所处地势陡峭，地表坡度大，地表径流快，水蚀能力强，是水害的多发区和重灾区[7]。2010 年 6 月 13 日至 20 日，沪昆、鹰厦、峰福、外南、赣龙等既有铁路多处塌方、断道，导致行车中断，正是由于江西、福建连续多日暴雨造成；受灾最严重的鹰厦、峰福、外南、赣龙铁路共计 935 处发生水害，其中 280 处中断行车。此外，鹰厦、外福线约 289 km 线路濒临库区[8]，汛期由于电站水库影响，也会造成水淹铁路、冲毁路基、桥梁倒塌等水害。桥梁水害在铁路水害中比重高[9]、危害大、整治困难。

本节主要以南昌铁路局管内典型山区铁路水害桥梁——峰福线大目溪桥为对象，重点探讨山区铁路常用跨径桥梁的典型水害病害整治措施。

1. 大目溪桥水害历史

每年 4 月至 9 月为大目溪的汛期，洪水的多发季节为 5 月至 6 月，有时也会发生早汛和秋汛。流量受季节影响较大，平时水流平稳，雨季时水位暴涨，并引起支流倒灌。大目溪上游建有小型水力发电站及多座小跨度桥梁，闽江上游建有水力发电站，经调查大目溪暂无正式航道规划。大目溪河水受闽江水口水电站及上游水库蓄、放水的影响，每天涨落较大，每日涨落水位差约 2.0 m。年降水量为 1 200 ~ 2 100 mm，多年平均降水量为 1 673.9 mm。

50 年一遇洪水位为 13.56 m，100 年一遇洪水位为 14.30 m。

大目溪大桥位于峰福线大日埕—白沙镇区间，大目溪支流与闽江干流交汇口处，下游约 100 m 即为闽江，如图 3-5 所示。桥梁中心里程为 K368 + 309 m，1957 年建成。原设两台三墩共 4 孔梁桥长 89.56 m，墩身为块石砌体结构，木桩基础，见表 3-1。1976 年整治改设 4#墩和新建福州端桥台后，桥长延展至 124.5 m。第 1 孔为 16 m 钢筋混凝土π梁，第 2 ~ 5 孔为 4 × 24 m 上承钢板梁。除第 1 孔桥上为有砟线路钢筋混凝土轨枕外，第 2 ~ 5 孔桥上为木桥枕，桥上线路为 – 1.1‰纵坡、直线。竣工图资料表明本桥原设计最大流量 1 215 m^3/s。

图 3-5　大目溪桥平面位置示意图

该桥位处降雨量丰富，极端气象条件发生的可能性较大，河床冲刷及下切较严重。该桥自建成以来，陆续出现墩台冲刷下沉、梁端顶死等病害，历年来安排大维修计划进行整治达 19 次，大目溪桥历年病害及整治措施见表 3-2。据统计，峰福线大目溪桥近 20 年来维修养护成本合计约 2 016 万元，其中桥墩大修整治费用约 988 万元，钢板梁养护人工成本约 800 万元，抢险加固及桥梁维修费用约 228 万元。

2019 年 12 月 12 日，检查发现大目溪大桥 2#桥墩承台底部桩基露出水面长约 1.62 m，3#墩临水防冲刷挡墙底部桩基露出水面长约 1.57 m，1#墩临水防冲刷挡墙底部桩基裸露 0.51 m；2#桥墩承台周边河床下切最深达 4.875 m，3#桥墩临水防冲刷挡墙处下切最深达 2.83 m。因桥址处冲刷严重，河床下切桩基外露，承台有效高度增加，桩基弯矩增大，易造成桩基失稳和断桩，严重危及铁路行车安全，列车临时限速 45 km/h 运行。后经临时抢险加固处理，于 2020 年 1 月 9 日 18 时恢复常速运营。桥梁和基础现状如图 3-6、图 3-7 所示。

为彻底解决大目溪桥墩冲刷病害和桥梁维修养护成本费用高等问题，有必要对峰福线既有大目溪病害桥梁采用改线新建大目溪桥方案从根本上进行整治。

表 3-1　大目溪大桥墩台基础形式

墩台	基础形式	备注
横峰端桥台	扩大基础，置于基岩上	—
1#桥墩	木桩基础，打入 88 根ϕ26×7 m 木桩，桩打入到流纹岩细状带	—
2#桥墩	高桩承台，木桩基础，共打入ϕ28×11 m 垂直木桩 24 根，ϕ30×18 m 纵向斜桩内排 16 根，外排 20 根，桩打入细砂层	—
3#桥墩	木桩基础，打入 108 根ϕ26×14.5 m 木桩，桩打入到中砂层	—
原福州端桥台	木桩基础，打入ϕ26×10.5 m 木桩 91 根，桩打入粉砂层	1976 年大修报废
4#桥墩	钻孔桩	1976 年大修新建
新福州端桥台	钻孔桩	1976 年大修新建

表 3-2　大目溪大桥历年病害及整治措施

时间	主要病害	整治措施
1957 年 8 月	福州端桥台前倾，后又下沉，累计下沉 210 mm	台帽及道砟槽边墙加高 15 cm
1958 年 7 月	因溪水暴涨，2#桥墩基础冲刷至标高 0.15 m，低于局部冲刷线 1 m	在 2#桥墩基础周围抛填片石至标高 3 m

续表

时间	主要病害	整治措施
1960 年	2#墩周围原护基片石冲失	2#墩周围抛填柴排片石 520 m^3
1965 年	3#墩及福州端桥台持续下沉	对峰端方向护岸及墩基进行防护，抛柴排 9 个，片石 1 525 m^3
1970 年 1 月	2#墩迎水面即福州侧冲刷至标高 0.43 m，高桩承台露出河床最大高度为 4.86 m，木桩露出河床最大高度为 3.36 m，冲刷最深点超过局部冲刷线 0.39 m，福州侧抛填片石被冲走	抛填柴排片石防护 2#墩 660 m^3
1973 年 11 月	2#墩福州侧抛填片石与河床有 1.8 m 落差，河床中部无片石覆盖，洪水冲刷时抛填片石将下滑，2#墩木桩基础将暴露。3#墩受冲刷靠外洋侧(板桩外)冲刷至标高 0.55 m，低于承台底 1.49 m，低于局部冲刷线 3.0 m，覆盖片石全冲走；板桩露出河床 0.6～1.7 m，倾斜约 45°，靠河侧片石被冲走	抛填片石 3 060 m^3，其中 2、3#墩向河床抛填片石 2 686 m^3。1976 年大修，原福州台、第四孔圬工梁报废；扩孔增设两孔 24 m 钢板梁，钻孔桩新建福州台和 4#墩
1994 年 2 月	因闽江水口电站蓄水，闽江主河道水位下降，大目溪上游暴雨无闽江水顶托，对 2#墩冲刷加剧，枯水季节 2#墩承台顶已露出水面，此墩已不符合木桩顶至少在水面以下 0.5 m 的规定	采用双层木桩草袋填土围堰，钢筋片石笼铺填
2008 年 8 月	雨后检查发现，2#桥墩承台以下砂石被冲空，1#、3#桥墩基础临水侧防冲刷混凝土平台，因底部地基下沉，裙角开裂崩塌	抛填片石临时加固，后对 2#桥墩基础增设 ϕ219 mm 微型桩，对扩大基础下与水面空洞封堵
2012 年 5 月	雨后检查发现，1#、3#桥墩木桩呈现裸露状态	墩台基础增设 ϕ219 mm 微型桩、承台底面填充注浆
2019 年 10 月	2#桥墩南平端河床较 2014 年冲刷下降 1.49 m	加强观测
2019 年 12 月	因闽江河床下切造成支流大目溪在汇流处附近一定范围内河床也随之下切，2#桥墩加宽承台下部掏空，微型桩裸露，承台底部桩基露出水面 1.62 m，3#桥墩下游临水防冲刷挡墙底部桩基露出水面 1.57 m，1#桥墩临水防冲刷挡墙底部桩基裸露 0.51 m	2#墩承台底压浆加固，承台周围浇筑混凝土加固

图 3-6 峰福线大目溪大桥现状

图 3-7 2 # 桥墩基础冲刷病害

2. 大目溪桥改造方案

大目溪大桥下游约 100 m 即为闽江，闽江水口水电站泄洪常造成大目溪支流倒灌，因此不具备修建拦沙坝的条件，结合桥梁实际情况，主要考虑桥墩基础加固和新建主桥方案。

第一跨混凝土π型梁经长时间使用有多处裂纹，梁体表面混凝土剥落导致钢筋外露锈蚀，钢板梁有轻微锈蚀现象。原设计除2#墩以外的墩台基础顶面均埋于原河床以下，3#桥墩基顶覆土为0～0.5 m，2#桥墩基顶露出原河床约1.5 m。目前2#、3#墩基础承台均有不同程度的外露，部分承台及木桩基础露出河床面，2#桥墩木桩顶高出测试时水面0.63 m，3#桥墩木桩顶仅低于测试时水面0.07 m，不满足《铁路桥隧建筑物修理规则》的要求。枯水期木桩处于干湿交替状态，并有发展趋势，存在较大的安全隐患。考虑到本桥病害较多、加固维护成本高，局部改线方案另建新桥的方案纳入本次设计。

通过现场踏勘，收集竣工资料，结合国家及铁路现行技术规范，提出了3项改造方案进行比较，见表3-3。

方案Ⅰ：对冲刷严重的2#、3#桥墩进行加固处理，解决冲刷隐患。

方案Ⅱ：加固墩台彻底解决冲刷基础的隐患，用混凝土梁更换老旧的π梁及钢板梁，减少后期梁体养护成本。

方案Ⅲ：对峰福铁路局部改线，新建大目溪大桥。

方案Ⅰ采用新建框架墩及桩基础置换冲刷严重的2#、3#桥墩，投资少，可提升桥梁的抗冲刷能力，但不能从根本上解决该桥的冲刷问题，仍然存在水害隐患，且桥下净空减小，会加剧冲刷和壅水。此外，该方案桥墩置换工序多，施工难度大。

方案Ⅱ考虑到原有的π梁使用时间接近设计年限、钢板梁涂装养护支持成本较大，将0#台、1#墩、2#墩、3#墩均采用框架墩及桩基础置换，梁体更换为预应力钢筋混凝土槽形梁，可提升桥梁的抗冲刷能力，解决混凝土π梁的开裂问题，免除钢板梁的涂装养护，但投资大，墩台、梁体置换工序更复杂，施工难度更大，风险高，且仍然存在水害隐患。

方案Ⅲ新建大目溪桥，利用主跨一跨过河，但受线路标高和桥下净空限制。连续槽形梁桥面至梁底的高度小，可同时满足主跨一跨过河、线路高程和桥下净空的要求，从根本上解决桥梁水害问题。下游侧改线方案较上游侧改线方案不存在房屋拆迁、工程实施难度较小、节省投资180.24万元等优点，因此下游侧改线方案更优。

综合考虑整治效果和施工影响等因素，同时考虑到桥梁建成年代较早，桥梁屡修屡坏，分析认为方案Ⅲ下游侧改线方案最优。

表 3-3 大目溪大桥水害整治方案比选

<table>
<tr><th>方案名称</th><th>实施内容</th><th>优点</th><th>缺点</th><th>投资规模</th></tr>
<tr><td>方案Ⅰ：2#、3#桥墩置换方案</td><td>在原有2#、3#桥墩承台两侧新建两个门式框架墩对原桥墩进行置换，置换桥墩采用桩基础</td><td>① 针对有隐患的2#、3#桥墩改造置换，防冲刷能力较强；
② 对铁路运营干扰较小，线路封锁次数较少；
③ 工程规模较小，投资节省</td><td>① 1#墩仍有冲刷风险；
② 桥下施工空间狭小，施工时受季节水位影响，施工难度大；
③ 桥墩置换工序较多，工期较长</td><td>1 534.6 万元</td></tr>
<tr><td>方案Ⅱ：墩台、梁体置换方案</td><td>将峰福铁路最初建设的0#台、1#墩、2#墩、3#墩均采用框架墩及桩基础置换，梁体更换为预应力钢筋混凝土槽形梁</td><td>① 混凝土梁替换接近使用寿命π梁，解决梁体存在的安全隐患；
② 混凝土梁替换养护成本较高的钢板梁，节约维护成本；
③ 对有隐患的2#、3#桥墩改造置换，防冲刷能力较强；
④ 对0#台、1#墩改造置换以适应新梁型，1#墩置换后可解决冲刷隐患</td><td>① 一次性投资较大；
② 槽形混凝土梁替换老梁施工工序复杂，线路封锁次数较多，对铁路运营干扰较大；
③ 采用槽形梁需满堂支架现浇施工，受季节水位等因素影响大，施工周期长</td><td>3 991.33 万元</td></tr>
<tr><td rowspan="2">方案Ⅲ：局部改线，新建大目溪桥</td><td>与既有线并行，于原大目溪桥上游侧约15 m处新建桥梁跨越大目溪，全长约1.0 km</td><td rowspan="2">① 采用（40 + 64 + 40）m槽形连续梁跨越大目溪，河道内不设桥墩，解决冲刷隐患；
② 新建桥梁结构安全性高，节约维护成本；
③ 改线及新建桥梁施工对铁路运营干扰较小</td><td rowspan="2">① 一次性投资较大；
② 占用部分地方土地</td><td>4 150.08 万元</td></tr>
<tr><td>与既有线并行，于原大目溪桥下游侧约15 m处新建桥梁跨越大目溪，全长约0.9 km</td><td>3 969.84 万元</td></tr>
</table>

3.1.4 新建大目溪桥设计与分析

在改线区间内 K368 + 219.5 ~ K368 + 369 直线段内，下游距原桥 15 m 位置，新建单线（40 + 64 + 40）m 预应力混凝土槽形连续梁桥跨越大目溪[10]，桥梁采用悬臂浇筑法施工。桥梁全长 149.5 m，河道中不立墩，梁底净高高于既有大目溪桥，如图 3-8 所示。

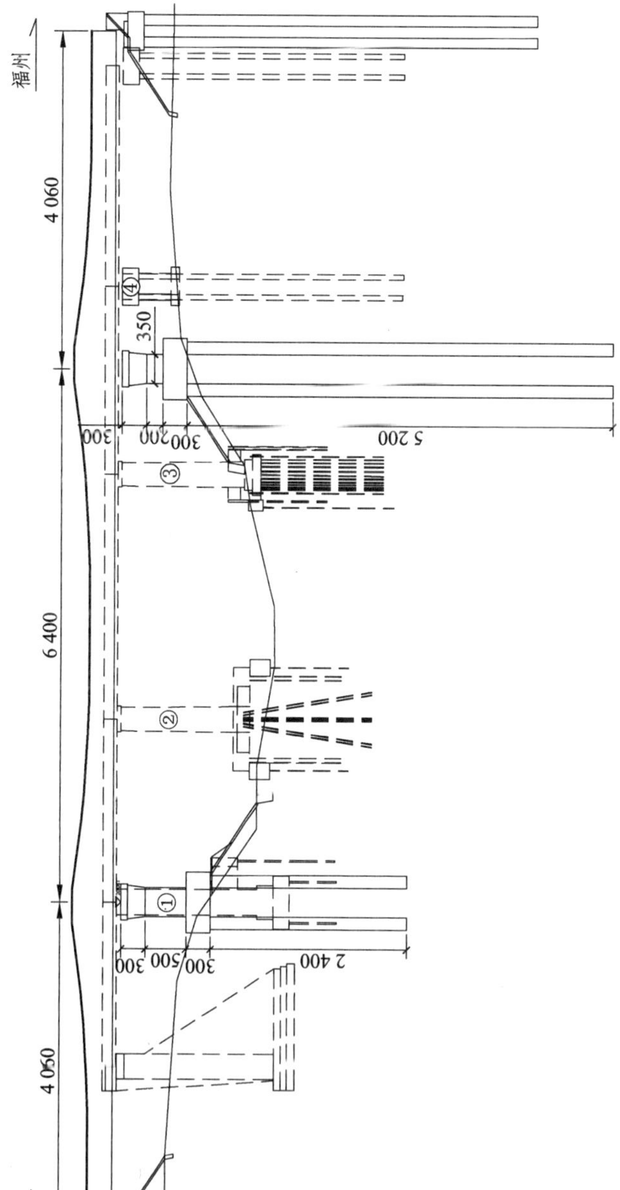

图 3-8 大目溪桥改造方案（实线为新桥立面图，虚线为旧桥立面图，单位：cm）

1. 主梁构造

主梁采用预应力混凝土连续槽形梁结构，跨中和边支点处梁高均为 3 m，中支点处梁高 5 m。梁顶由支点向跨中按二次抛物线变化，其变化长度为 26 m，高度为 2 m。桥梁总宽 11.3 m，内侧净宽 7 m。挡砟墙高度为 0.7 m，底部宽为 0.25 m，墙顶宽为 0.2 m。纵梁腹板宽度从 0.35 m 至 0.4 m 按折线变化；顶板厚度为 0.5 m，道床板厚度为 0.35 m。横梁在支点处设置，高度为 1.5 m，在边支点处的宽度为 1.2 m，中支点处的宽度为 2 m。全桥的支点处隔墙设置 8 处 1 m 高进人孔。全桥悬臂浇筑部分为 9 个梁段，支点处托架浇筑 0 号梁段长度为 10 m，桥梁边跨有一长度为 7.6 m 的现浇段，长 2 m 的合龙段位于边跨及跨中。主梁梁体采用 C55 混凝土，主梁横截面如图 3-9 所示。

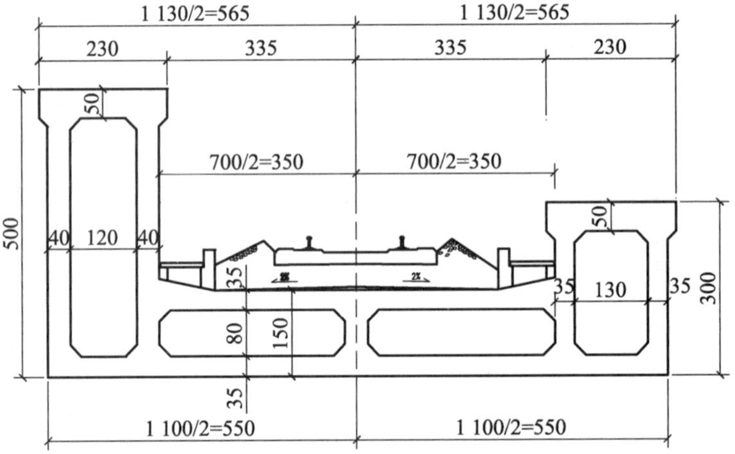

图 3-9　主梁横截面（左为半中支点截面，右为半跨中截面，单位：cm）

2. 主梁受力分析

桥梁设计速度客车 120 km/h、货车 80 km/h，列车活载采用 ZKH 活载，二期恒载为 83 kN/m。采用有限元软件对主梁施工阶段和运营阶段的受力情况进行分析，根据主梁悬臂浇筑施工工序，整个施工过程被划分为 33 个施工阶段。计算荷载包括桥梁自重、预应力、二期恒载、支座不均匀沉降、列车活载、温度变化、风载、混凝土收缩徐变、列车制动力、临时施工荷载等，并按规范进行荷载组合，对最不利工况下主梁的受力进行检算，计算结果见表 3-4。计算结果表明，主梁各截面应力均满足相应规范的要求。

表 3-4 主梁检算结果

荷载	上缘正应力/MPa		下缘正应力/MPa		最大剪应力/MPa	主应力/MPa		抗裂安全系数		正截面强度安全系数
	最大值	最小值	最大值	最小值		最大值	最小值	上翼缘	下翼缘	
主力	12.59	1.01	7.84	0.46	2.13	9.50	−0.89	1.66	1.91	2.28
主力＋附加力	19.06	1.00	7.85	0.15	2.13	9.50	−1.27	1.66	1.60	2.19

截取顺桥向单位长度的梁段进行箱梁横向受力分析。跨中梁段计算模型简化为支承于腹板中心线下缘的封闭框架结构，支点梁段简化为支座支承的伸臂梁。计算荷载包括桥梁自重、列车荷载、二期恒载、温度变化和混凝土收缩徐变。检算结果表明，主梁横向强度和应力满足规范要求。

3. 主梁刚度

采用影响线加载，在列车静活载与 0.5 倍温度作用下跨中最大挠度值为 15.559 mm，在 0.63 倍列车竖向静活载与全部温度引起的挠度值为 12.231 mm，最大挠跨比为 1/4 113，其竖向刚度满足规范要求。

4. 下部结构设计

新建桥台、桥墩分别采用单线 T 形实体台、圆端形实体墩，基础采用摩擦桩。1、2#桥墩墩高分别为 8 m、5 m，其中 1#墩为固定墩。1、2#桥墩桩长分别为 24 m、52 m，均采用ϕ1.5 m 钻孔桩。0#和 3#桥台桩长分别为 20 m、48 m，采用ϕ1.0 m 钻孔桩。桥墩承台和桩基分别采用的是 C35、C30 混凝土。

3.2 简支槽形梁桥在改建铁路跨线桥中的应用

沪昆高速昌傅至金鱼石段近年来交通量增长迅速，现有通行能力已接近最佳扩建时机，相邻的湖南省也提出了其境内湘赣界段扩容的需求。为提高该段高速公路通行能力，策应江西省对接“一带一路”倡议和长江经济带的发展战略，深化和拓展“大十字”生产力布局，推动赣湘交通走廊沿线协调发展，开展昌傅至金鱼石段扩容项目工程十分必要。

全线采用设计速度为 100 km/h 的高速公路标准，扩容改建段的范围为路线起点至宜春东枢纽段（AK815＋000～AK888＋338）和宜春西枢纽至终点段（AK926＋916～AK990＋063），总长 136.486 km，采用双向 8 车道标准，路基宽度为 41 m。拟扩建沪昆高速公路桥面功能划分：41 m = 0.75 m 土路肩 + 3.0 m 硬路肩 + 4 × 3.75 m 行车道 + 0.75 m 路缘带 + 2.0 m 中央分隔带 + 0.75 m 路缘带 + 4 × 3.75 m 行车道 + 3.0 m 硬路肩 + 0.75 m 土路肩。

根据总体设计要求，改扩建工程需要下穿南碴专用线工程，下穿处铁路里程为 K3 + 211，对应于高速公路里程 K880 + 002。南碴专用线铁路是由分宜采石场至分宜站的一条矿业专用线，起于分宜采石场，终至分宜县分宜站。既有南碴专用线铁路为单线、P50 钢轨、内燃机牵引铁路。本工程位于分宜采石场—分宜站区间，公路路线与南碴专用线铁路交叉里程为 K3 + 211。

既有沪昆高速工程下穿南碴专用线框架桥，其结构形式为 2-14.2 m（斜长）独立式，顶板厚 0.8 m，净高约 6.0 m，拟扩建沪昆高速公路路面至南碴专用线轨面高度约 8.3 m，公路线位与既有铁路线位交角为 70°。因既有框架桥净宽已不能满足现阶段及日益增长的交通量需求，故高速公路改扩建工程需拆除既有框架桥。

桥址地貌主要为丘间谷地，稍有起伏，既有沪昆高铁以桥梁形式通过，既有沪昆高速以路堑形式通过，堑坡高 6 ~ 7 m，现场地标高为 93.5 ~ 104.0 m。

根据《中国地震动参数区划图》（GB 18306—2015），场地地震动峰值加速度为 0.05g，相应于抗震设防烈度为 6 度。场地土的类型为中软土 ~ 岩石，场地类别为Ⅱ类，设计地震分组为第一组，地震特征周期值为 0.35 s，划分为建筑抗震一般地段，桥梁抗震设防类别为 B 类。

框架桥基底设计标高约为 92.m，基底地层主要为④中风化炭质灰岩，为良好的地基持力层；建议便梁支墩采用桩基础，以④中风化炭质灰岩为桩端持力层。

下穿南碴专用线工程考虑拆除既有框架桥上方铁路线路长 120 m，清除道砟、开挖铁路路基进行路基边坡防护后，逐步拆除既有 2-14.2 m 独立式框架桥，就地现浇 1-56 m 简支槽形梁，新建简支槽形梁桥完成后回填铁路路基及道砟并恢复铁路线路。

新建 1-56 m 简支槽形梁结构尺寸：简支槽形梁跨中底板厚 0.65 m，边支点底板厚 1.45 m，简支槽形梁底板顶面距南碴专用线铁路轨面线约为 0.7 m，简支槽形梁底板总宽 9.5 m，顶板总宽 10.8 m，结构总长 69.2 m，拟扩建公路与铁路交角为 70°。梁高 4.8 ~ 5.6 m，桥梁底宽 9.5 m。梁底至公路最小净高为 6.08 m > 5.5 m，如图 3-10、图 3-11 所示。施工方案为支架现浇。

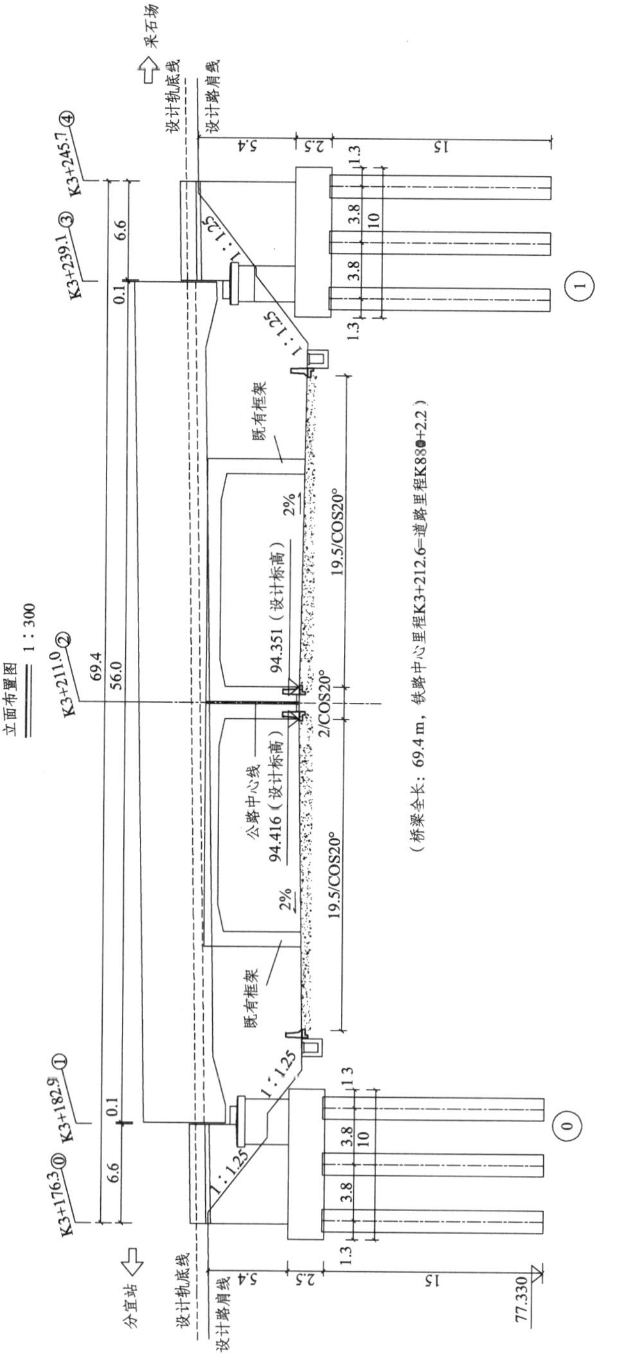

图 3-10 桥梁立面图（单位：m）

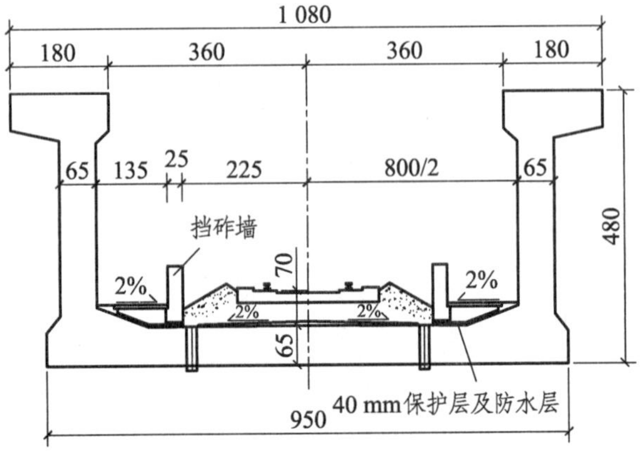

图 3-11 桥梁横断面图（单位：cm）

下部结构桥台采用 T 台，承台桩基础，承台高 2.5 m，桩径为 1.5 m。基桩均按端承桩设计，以中风化炭质灰岩作为桩端持力层。主梁采用 C60 混凝土，承台采用 C35 混凝土；桩基础采用 C30 水下混凝土。

3.3 简支槽形箱梁桥在改建铁路中的应用

涟源钢铁厂铁水运输专线改扩建工程位于娄底市西南，东起娄底市区湖南省煤化新能源有限公司，西止涟钢高溪加油站，全长约 1.0 km。由于全线经过地区周围各种生产设备密布，厂房林立，道路众多，用地受限，因此新建铁水运输线全线采用高架桥形式通过。铁水运输线全桥孔跨布置为 1-36 m + 1-64 m + 1-24 m + 1-36 m 简支箱梁 + 7.5 m 中间台 + 10-3 × 12 m 框架 + 6.5 m 中间台 + 3-24 m + 1-64 m 简支箱梁，桥梁全长为 716.45 m[11]。其中主跨桥孔方案为：在铁水线跨既有冷水坑站西咽喉区（4 股道）处采用 64 m 简支梁一孔跨过。由于铁水线跨越既有 4 股道铁路线，彼此之间线间距为 5 m 左右且与新建线夹角约为 27°，因此受既有线行车净宽的要求，须采用 64 m 的桥跨方案。

简支槽形箱梁全长 64 m，计算跨径为 62.38 m。行车桥面宽度为 7.2 m，箱梁高度为 3.4 m，跨中腹板厚 0.6 m，梁端边腹板变厚至 1 m，中板变厚至 0.8 m。翼墙高 2.3 m，厚 0.6 m，梁端各设置 1.5 m 长的横梁，截面布置如图

3-12 所示。由于该桥活载和跨度都很大，经过多次优化后采用槽形箱梁的创新截面形式。

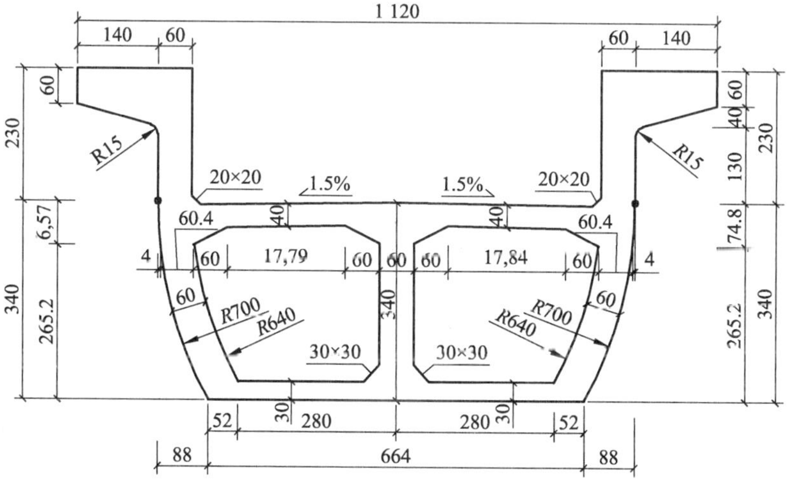

图 3-12 桥梁跨中横截面图（单位：cm）

该桥是铁水运输专线，设计竖向活载采用 220 t 铁水罐车活载，满载时铁水和罐车总质量为 335 t，铁水车自重 115.5 t，因此每辆车体满载时总质量为 450 t，车体总长 18.8 m，满载时轴重为 37.5 t，因此铁水罐车重量大约是中活载的 3 倍。正常出铁时，每次采用 4 辆罐车的编组方式，设计速度为 10 km/h。罐车体外温度理论计算为 296 °C，通常实际上会小于 200 °C。

该桥采用搭设支架分层浇筑的施工方法，即搭设支架先浇筑箱梁混凝土，然后拆除支架，在箱梁上后浇筑翼墙混凝土，施工模板采用预制钢模，支架采用军用贝雷梁。箱梁采用 C50 高性能混凝土，纵向预力筋采用 7Φ5 mm 预应力钢绞线，锚固体系采用 OVM 体系，管道形成采用塑料波纹管，普通钢筋采用 HRB335 钢筋。本桥处在铁水车通过的高温环境下，隔热措施采用耐火混凝土，其厚度不宜大于 0.1 m。

3.4 本章小结

本章总结了山区普速铁路桥梁水害类型，包括冲刷破坏、淤积堵塞、桥前壅水、地质灾害破坏、漂流物撞击等，并针对这些病害提出了相应的整治措施。然后以峰福线大目溪桥为例，重点分析了该桥的水害情况，提出了桥墩置换、墩台梁体置换以及局部改线 3 种改造方案，并通过分析和对比认为在下游侧新建一座（40 + 64 + 40）m 单线预应力混凝土槽形连续梁桥的局部改线方案最优。最后对该桥进行了详细设计和检算，计算结果表明该桥的各项指标均满足规范要求。而后列举了简支槽形梁桥在改建铁路桥梁中的成功应用案例。主要结论如下：

（1）在峰福线大目溪桥水害整治中，本章的（40 + 64 + 40）m 连续槽形梁桥可从根本上解决该桥历年存在的水害问题，综合效益较高。本章分析认为新建槽形梁桥主跨一跨过河，可显著提升桥梁抗水害能力。

（2）槽形梁桥面至梁底的高度小，能同时满足线路高程和桥下净空的要求，在山区铁路桥梁水害问题整治中具有较高的推广价值。

（3）建议对目前的水害桥梁进行全面调研和统计，并提出相应的整治措施与分阶段实施计划，保障铁路运输安全。

参考文献

[1] 中国国家铁路集团有限公司. 中国国家铁路集团有限公司 2022 年统计公报[N/OL].（2023-03-17）[2023-09-27]. https：//www.mot.gov.cn/fenxigongbao/hangyegongbao/202305/P020230530535262349964.pdf.

[2] 申文军. 北京铁路局辖内既有铁路水害及其防治对策[J]. 铁道标准设计，2015，59（9）：68-72.

[3] 杨国静，游励晖，郑晓龙. 西南山区铁路桥涵水害分析与防治对策[J]. 高速铁路技术，2016，7（6）：56-59.

[4] 申文军. 石太铁路山区段涵洞水害成因分析及防治[J]. 铁道勘察，2021，47（1）：86-90.

[5] 冯超. 既有铁路桥梁水害、病害分析与整治办法[C]//2018 年建筑科技与管理学术交流会论文集. 2018.

[6] 易雪婷，傅文兵，吴凡. 南昌铁路局管内铁路水害分析及致灾阈值判定[C]//第 33 届中国气象学会年会. 2016.

[7] 刘府生. 东南山区铁路水害的体会与反思[J]. 交通科技，2011（3）：145-147.

[8] 林文腾. 汛期库区铁路水害防范措施浅见[J]. 铁道工程学报，2001（2）：67-69.

[9] 张大伟. 铁路桥梁水害分析及其对策[J]. 铁道建筑，1995（5）：2-6.

[10] 饶露，朱华中，吴天群，等. 山区普速铁路桥梁冲刷水害整治方案研究[J]. 铁道建筑，2021，61（10）：65-68.

[11] 肖祥南. 64 米简支槽形箱梁的温度场及效应研究[D]. 长沙：中南大学，2010.

4

城市轨道交通 U 形梁桥

U 形梁是单线槽形梁经过截面优化后产生的结构形式（图 4-1），属于一种下承式开口薄壁结构，梁体由底板、两侧的腹板和腹板顶部的翼缘板连成 U 字形横截面的通道，底板的上表面连接承轨台，列车行驶在 U 形梁内，U 形梁的常用跨度为 25 m、30 m。U 形梁高和腹板厚度均可采用较小值，底板厚度也可以适当减小，不布置横梁及横向的预应力筋。但是，这种结构具有使用费材、施工工艺复杂、安全防护性较差等缺陷，制约了 U 形梁的进一步推广和应用。在城市轨道交通领域，U 形梁的实际运用案例相对较少，并正处于试验研究与推广应用阶段。作为新产物，U 形梁值得大力加以研究和推广。

图 4-1　城市轨道交通 U 形梁

国内 U 形梁首先在广州地铁 2 号线得到应用，继而在上海、南京、重庆等城市轨道交通高架线中得到推广应用，见表 4-1。广州地铁设计院与法国 SYSTRA 公司于 1999 年开展合作，在广州地铁高架梁进行了 U 形梁试验，该梁为大型预应力混凝土 U 形梁，全长 24.9 m，上宽 5.29 m，下宽 4.71 m，梁高 1.7 m，各部分板件厚度均为 0.25 m。2009 年，上海地铁 8 号线建成通车，该线高架段采用简支 U 形梁结构，标准跨径为 30 m，为国内第一次应用该类 U 形断面。U 形梁在重庆轨道交通中也得到了应用，深圳地铁 6 号线也使用了 30 m 跨的 U 形梁，U 形梁的这两次大规模应用也预示着 U 形梁在国内轨道交通高架梁中逐步得到青睐。

表 4-1　轨道交通高架线中 U 形梁的应用

序号	工程名称	建成年份
1	上海地铁 6 号线	2007 年
2	上海地铁 8 号线南延线	2009 年
3	南京地铁 2 号线	2010 年

续表

序号	工程名称	建成年份
4	重庆轨道交通 1 号线	2011 年
5	台湾木栅线延伸段	2011 年
6	上海地铁 16 号线	2013 年
7	长春轨道交通 8 号线（一期）	2018 年
8	济南轨道交通 1 号线	2019 年
9	深圳地铁 6 号线	2020 年

4.1 城市轨道交通 U 形梁的特点

城市轨道交通 U 形梁是槽形梁在城市轨道交通中演化出的一种新产物。两侧的腹板不对称，其中一侧腹板顶部连接的翼缘板仅有向内侧的凸缘，外观上为“7”字形的弯弧形等壁厚腹板；另一侧侧腹板顶部连接的翼缘板为 T 形翼缘板，从外观上看有内、外两个凸缘，为中上段外面隆鼓、平滑加厚的弯弧形不等壁厚腹板，如图 4-2 所示。

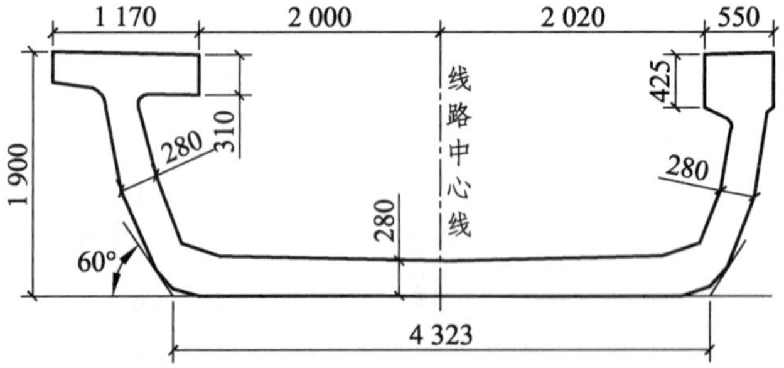

图 4-2　城市轨道交通 U 形梁横截面示意图（单位：mm）

它不仅具有一般槽形梁的结构特征和力学特性，还具有自身的特点：

（1）环境友好。车辆在 U 形梁内行走时，两侧腹板可以有效阻隔车辆轮轨噪声，模拟计算表明，与传统箱形梁相比，U 形梁能有效降低轮轨噪声。

（2）建筑景观适应性好。U 形梁系统的建筑高度低，大约是箱形梁系统的 1/3，梁体采用带折线的外形，在视觉上减小了体量。

（3）全寿命建设和运营成本低。由于结构本身具有阻隔车辆轮轨噪声的功能，因此减少了声屏障的用量。声屏障使用寿命一般约为15年，在结构使用寿命100年内需多次更换，采用U形梁系统大大降低了建设和运营的成本。

（4）系统高效率集成。传统箱梁桥面有栏杆、电缆桥架、中央疏散平台和声屏障基础等附属结构，需要特殊的设计和施工环节。而在U形梁系统中，这些附属结构已被整合到预制结构中，从而提高了附属结构的技术质量水平，使附属结构达到了主体结构的使用寿命，缩短了设计和施工周期。

4.2 城市轨道交通U形梁的应用

U形梁在我国属于一种较为新型的结构，设计经验在不断积累。随着该结构在城市轨道交通高架桥中的不断推广，相关设计也应在参考先例的基础上不断完善。已建城市轨道交通槽形梁的设计资料见表4-2、表4-3。

表4-2 国内城市轨道交通槽形梁设计资料概览

线路名		标准跨度/m	计算跨度/m	支座外伸端悬臂长度/m	混凝土强度等级	单片梁质量/t	动力系数	竖向挠度/mm	动挠度的挠跨比
上海	6号线	30	28.9	0.52	C50	—	1.24	5.01	1/5 768
	8号线	30	28.8	0.57	C55	155	1.01	7.59	1/3 794
	16号线	30	—	—	C55	172.5	—	—	—
南京	2号线	25	23.8	0.55	C55	155	1.18	12.32	1/2 338
广州	2号线	25	24.4	0.25	C50	134	—	16.5	1/1 479

表4-3 国内城市轨道交通槽形梁设计资料概览（续）

线路名		设计车速/（km/h）	梁高/m	顶部宽度/m	底部宽度/m	底板厚度/cm	腹板厚度/cm	上翼缘宽度/m	上翼缘厚度/cm
上海	6号线	80	2.5	10.4	9.044	24	35～65	1.5	35～45
	8号线	80	1.8	5.224	3.634	24	24	0.5/0.7	39.7/24.7
	16号线	120	1.8	5.54	4.45	25	25	0.87/0.52	—
南京	2号线	80	1.8	5.205	4.005	26～28	—	0.7/0.5	24.3/39.5
广州	2号线	80	1.75	5.29	4.71	25	25	0.51	—

4.2.1　广州地铁 2 号线

广州地铁 2 号线南起于广州南站，途经番禺区、海珠区、越秀区和白云区，贯穿广州南站、广州火车站、白云新区，北止于嘉禾望岗站，大致呈 S 形南北走向，于 2002 年 12 月 29 日开通试运营。广州地铁 2 号线高架段梁体基本外形尺寸如图 4-3 所示。梁全长 24.9 m，计算跨径为 24.4 m，混凝土强度等级为 C50。单片主梁下设 4 个支座，沿梁横向支座中心距为 4.3 m。纵向预应力钢束均为直线束，选用 74 束ϕ5 mm 低松弛钢绞线，极限抗拉强度为 1 860 MPa，单端张拉，张拉锚下控制应力为 1 395 MPa。最高运营速度为 80 km/h；地铁列车轴重为 160 kN，按 6 节车辆编组；二期恒载取为 21.5 kN/m；结构自重 1 340 kN；地震力按 7 度设防；设计时按 10%的列车垂直荷载水平纵向均布于全梁设计。试验所得的跨中最大挠度为 16.5 mm，支座最大转角为 0.000 716 rad；ANSYS 软件计算所得的跨中最大挠度为 11.00 mm，支座最大转角为 0.000 814 rad。

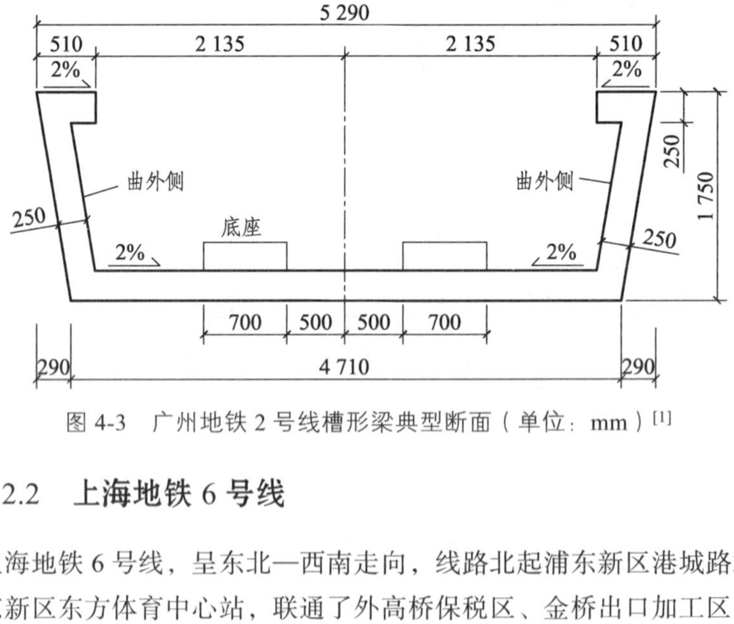

图 4-3　广州地铁 2 号线槽形梁典型断面（单位：mm）[1]

4.2.2　上海地铁 6 号线

上海地铁 6 号线，呈东北—西南走向，线路北起浦东新区港城路站，南至浦东新区东方体育中心站，联通了外高桥保税区、金桥出口加工区、陆家嘴金融贸易区、六里现代生活园区、三林居住区，港城路站至灵岩南路站段于 2007 年 12 月 29 日开通运营。上海地铁 6 号线高架段主梁断面如图 4-4 所示。结构按全预应力混凝土构件进行设计，在施工过程中一次落架，无体系转换。桥墩采用双柱式矩形柱，顶部设联系梁，两柱顶分别直接设支座。采用后张法对槽形梁施加纵横向双向预应力。二期恒载考虑为 89.6 kN/m；设计车速为 80 km/h；地铁车辆采用轨道交通 C 型车，4 辆编组，重车时轴重 140 kN，空车时按 70 kN 计算；冲击系数取 1.24，同时需要对线路通过的重型设备运输车辆荷载进行验算。查阅相关资料可知，桥跨结构跨中腹板竖向挠度（考虑列车冲击效应）理论计算值为 5.37 mm，实测最大值为 5.01 mm，动挠跨比为 1/5 768。为满足构造和强度的要求，在底板下方设置横梁。后续研究表明，该横梁对减噪有明显的效果。

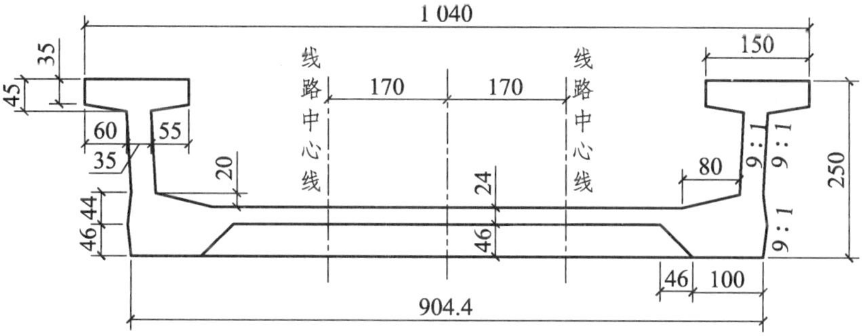

图 4-4　上海地铁 6 号线槽形梁典型断面（单位：mm）

4.2.3　上海地铁 8 号线

上海地铁 8 号线呈东北—西南走向，线路东北起自杨浦区市光路站，途经虹口区、静安区、黄浦区、浦东新区，终点止于闵行区沈杜公路站，于 2009 年 7 月 5 日开通运营二期工程（耀华路站至沈杜公路站）。该线高架段主梁断面如图 4-5 所示。该槽形梁最大特色是将腹板设计成弧面，厚度仅为 24 cm，腹板与道床板相交处也作了平滑过渡处理，采用预制架设法施工。标准梁段跨度为 30 m（梁段长 29.94 m），计算跨度为 28.8 m。梁体采用 C55 混凝土，单片梁质量为 155 t。

桥墩为 T 形墩，墩帽上双线，每线下 2 排支座，共 4 排。采用后张法施加预应力，预应力钢筋为高强钢绞线。二期恒载考虑为 27.85 kN/m；设计车速为 80 km/h；抗震设防烈度为 7 度，基本地震加速度为 0.10g。实测桥跨结构跨中道床板中心竖向最大挠度为 7.91 mm。梁跨结构腹板竖向挠度最大值为 7.59 mm，动挠跨比为 1/3 794。桥梁结构竖向基频为 3.2 Hz，横向基频为 2.2 Hz。应力动力系数为 1.08，位移动力系数为 1.01。

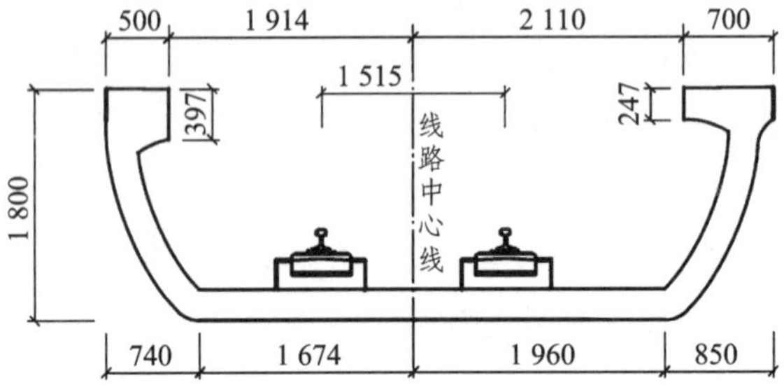

图 4-5　上海地铁 8 号线槽形梁典型断面（单位：mm）

4.2.4　上海地铁 16 号线

上海地铁 16 线西北起自浦东新区龙阳路站，东南至浦东新区滴水湖站，线路全程位于上海市浦东新区境内，北连浦东中心区域，南接南汇新城，串联康桥镇、周浦镇、航头镇、新场镇以及惠南镇城区，于 2013 年 12 月 29 日开通运营首通段。该线高架段主要采用预制简支 U 形梁，均为法国 SYSTRA 公司设计，是国内首次采用大吨位预应力先张法预制的轻型薄壁结构槽形梁，主梁截面如图 4-6 所示。采用整孔预制，梁上运梁，整体吊装的方法施工。标准预制梁跨径分为 25 m、30 m、35 m 三种，以 30 m 为主，采用 C55 混凝土，其各自的单片梁质量分别为 143 t、172.5 t、204.7 t。下部结构为独柱隐形盖梁式桥墩。列车采用舒适型 A 型车，定员 204 人/列，最高运营速度为 120 km/h。

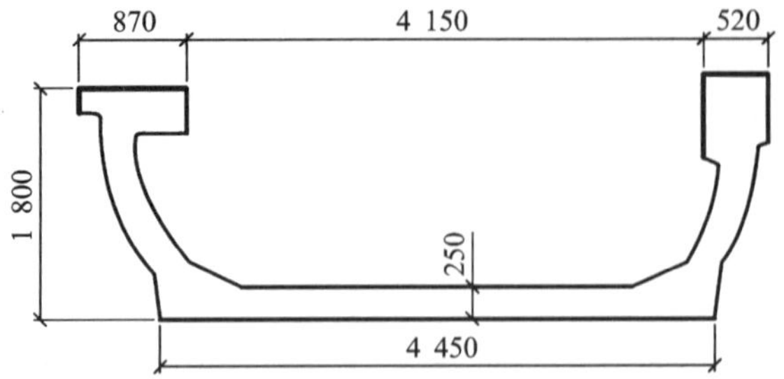

图 4-6　上海地铁 16 号线 U 形梁典型断面（单位：mm）

4.2.5 南京地铁2号线

南京地铁2号线途经建邺区、鼓楼区、秦淮区、玄武区和栖霞区，线路西起鱼嘴站，北上经河西新城中心区域后，沿南京市主城东西中轴线一路向东，南绕紫金山，进入仙林大学城，东至经天路站，于2010年5月28日正式运营。东延高架段主要有3段线路采用U形梁截面，均采用单线小U形梁结构，每跨下设4个支座。梁体基本外形尺寸如图4-7所示，两侧腹板采用一侧为圆弧、一侧为直线折斜腹式的不对称结构，其横向、竖向均为普通钢筋混凝土结构，纵向为单向预应力结构。采用整孔预制吊装的施工方法。跨径有 18 m、25 m、26 m 三种，其中还包括变截面梁、加宽梁和渐宽梁等各种非标准梁。对于跨度为25 m的梁段，梁长度为24.9 m，计算跨径为23.8 m。各段线路混凝土强度等级均为C55，25 m跨单片梁质量155 t。

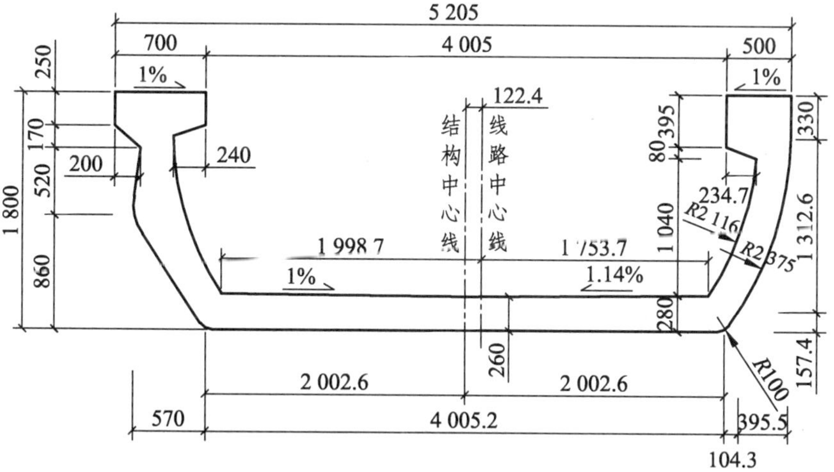

图4-7 南京地铁2号线U形梁典型断面（单位：mm）[2]

下部结构标准桥墩采用T形桥墩，钻孔桩基础，并设置双支座。纵向预应力钢筋采用钢绞线，用自锚式拉丝体系锚固，采用夹片式锚具。预应力钢筋选用74束 $7\times\phi5$ mm 的钢绞线，极限抗拉强度为1 860 MPa，直线配筋，采用后张法施加预应力。二期恒载按33.7 kN/m的情况设计；地铁列车荷载根据四动两拖车编组设计，并考虑动力系数的影响，冲击系数取 1.18。最高行车速度按 80 km/h 计。梁体跨中竖向挠度为 16.21 mm，扣除二期恒载引起的挠度 3.89 mm 后为 12.32 mm，动挠跨比为 1/2 338。活载冲击系数为 1.18，由静活载引起的挠度为 12.32/1.18 = 10.45 mm。

4.2.6 重庆轨道交通 1 号线

重庆轨道交通 1 号线（沙坪坝—大学城段）为重庆市轨道交通线网中的一条骨干线路，线路整体呈东西走向，起始于沙坪坝，穿过中梁山后，沿着科技大道北线至终点大学城车站，沙坪坝至大学城段于 2012 年 12 月 20 日开通试运营。线路设计最大速度为 100 km/h，最小平曲线半径为 800 m，最小竖曲线半径为 1 000 m，最大纵坡坡度为 5%。线路全长约 20.18 km，其中地下段长度为 6.37 km，高架段长度为 13.81 km。

2008 年，重庆市轨道交通集团有限公司和北京城建设计研究总院联合国内科研院校，经过几年的设计、计算分析和试验研究，研发出了具有自主知识产权的 U 形梁系统。在设计计算 U 形梁的方案时，他们在系统思考了其他应用形式的基础上经过自主创新，取得了自己独特的研究成果，选用了新的 U 形梁方案，并将其建造在重庆市轨道交通 1 号线大学城高架段。这种 U 形梁的梁体由底板、腹板和翼缘板连成 U 字形横截面，底板的上表面连接承轨台，如图 4-8 所示。与箱梁、T 梁、板梁相比，U 形梁具有建筑高度低、降噪效果好、断面空间利用率高、系统高效集成、行车安全等优点。

在该设计方案中，U 形梁截面按照顶底板间距为 1.8 m、梁顶和梁底宽度分别为 5 m 和 3.8 m、底板厚度为 0.26 m 施工。U 形梁混凝土设计强度为 C55，梁体底板为行车面，腹板内侧预埋有通信、信号、隔音等预埋件。U 形梁的类型根据线路的线形变化主要分直线梁、曲线梁两种，梁长在 15.621 ~ 30 m 范围内。直线梁采用标准跨径为 30 m 的单线小 U 形梁结构，该结构为后张法预应力混凝土 U 形简支梁[3-5]。单线 U 形梁高为 1.94 m，宽为 5 m，自重为 1 780 kN。高架简支 U 形梁有 404 跨，长为 7.33 km。

图 4-8 重庆轨道交通 1 号线 U 形梁

4.2.7 郑州地铁城郊线

郑州地铁城郊线（Zhengzhou Metro Suburban Line）起于南四环站，途经管城回族区、新郑市、郑州航空港区，止于郑州航空港站。该线是郑州第三条建成运营的地铁线路，于 2017 年 1 月 12 日开通运营一期工程（南四环站至新郑机场站段），2022 年 6 月 20 日，郑州地铁城郊线二期工程开通运营，现暂由郑州地铁 2 号线大交路贯通运营。

郑州地铁城郊线一期全长 31.7 km，二期工程全长约 8.98 km，线路全长约 40.68 km，其中高架线长约 16.03 km，地下线长约 23.86 km，过渡段长约 1.27 km；共设 19 座车站，其中 12 座地下车站、7 座高架车站，平均站间距为 2.27 km；拥有孟庄车辆段 1 个车辆段；列车采用 6 节编组 B 型列车。高架采用预制 U 形梁[6-9]，共 1 055 片，跨度有 18 m、19 m、20 m、22 m、25 m、26.44 m、28 m、30 m，共分为 23 种梁型，主要以 30 m、25 m 跨度为主，其中 30 m 跨度 588 片，25 m 跨度 325 片。

外观整体呈 U 字形，为开口薄壁结构，腹板为弧形设计，如图 4-9 所示。梁体结构简单，具有降噪效果好、外形美观、断面利用率高、造价低等优点。该 U 形梁为整孔预制后张法预应力混凝土简支梁，梁场预制梁体，梁上运梁，架桥机、汽车吊和龙门吊架设，梁体最大运架质量 191 t。U 形梁底板腹板厚度仅 26 cm。U 形梁的结构特殊且梁型繁多，在梁场建设和预制方面比传统预制梁要求更高，施工难度较大。

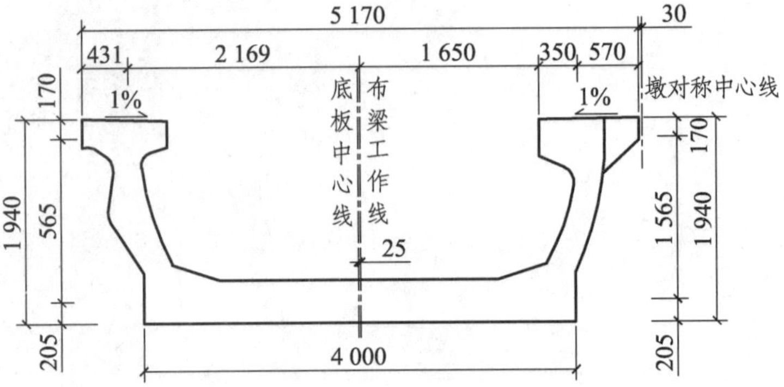

（a）支点截面

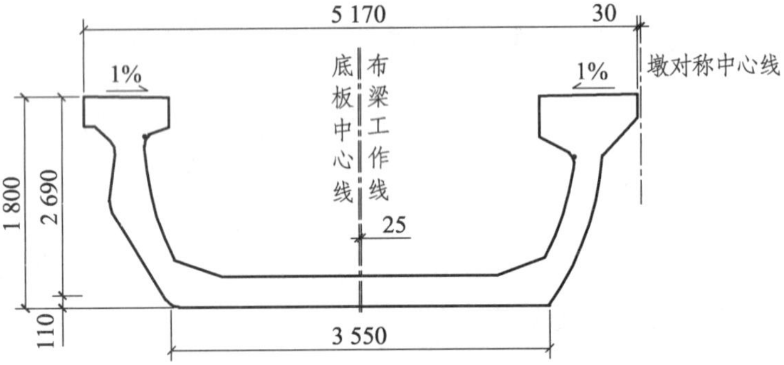

（b）跨中截面

图 4-9　郑州地铁城郊线 U 形梁截面（单位：mm）

4.2.8　深圳地铁 6 号线

深圳地铁 6 号线主线大致呈 7 字形走向，西北起于松岗站，途经宝安区、光明区、龙华区、罗湖区、福田区，东南止于科学馆站。主线全长 49.514 km，共设 27 座车站，其中 12 座地下站，15 座高架站，列车设计速度为 100 km/h，采用 6 节编组 A 型列车。该线正线钢轨采用 60 kg/m 钢轨，扣件采用 DT-Ⅲ型常/小阻力扣件，轨枕采用钢桁架双块式轨枕或普通短轨枕，区间焊接成无缝线路，铺轨作业采用 CP Ⅲ精确测量技术。

该工程高架段长 24.616 km（约占线路全长的 2/3），高架以轻质 U 形梁结构为主，高架段轨道类型包括减振扣件整体道床、预制隔振垫浮置板道床、预制橡胶支座浮置板道床及预制钢弹簧浮置板道床[10]。U 形梁按跨度主要包括 25 m、30 m 以及 35 m 这 3 种，其典型的截面尺寸设计如图 4-10 所示。

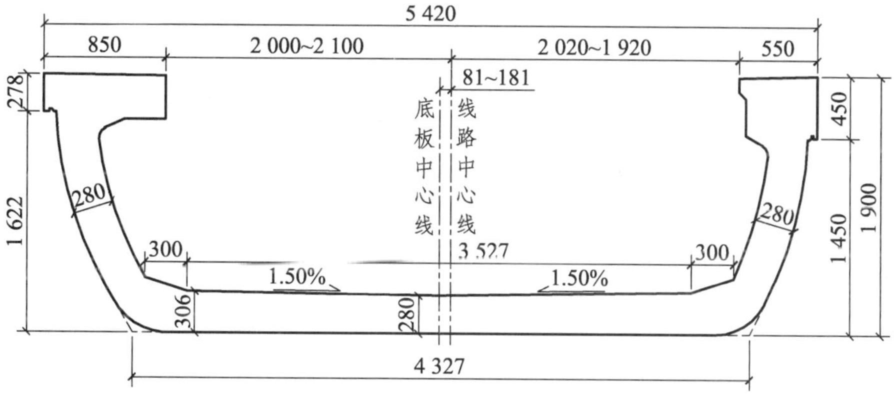

图 4-10　深圳地铁 6 号线 U 形梁截面（单位：mm）

4.2.9　青岛地铁 13 号线

青岛地铁 13 号线起于嘉陵江西路站，经由青岛西海岸新区东部城区、西部城区与董家口经济区，止于董家口火车站，大致呈东北至西南走向，于 2018 年 12 月 26 日开通运营，如图 4-11 所示。线路全长 70 km，共设置 23 座车站，其中地下站 9 座、高架站 14 座，采用 4 节编组 B 型列车。全线高架区间标准梁采用整孔预制后张法预应力混凝土单线 U 形梁并置方案。跨越人民路时，受道路宽度、行车视距等因素影响，需采用 40 m 跨度的桥梁结构跨越。考虑与简支 U 形梁衔接过渡的流畅性及美观性要求，跨越人民路节点桥采用（30 + 40 + 30.95）m 双线连续 U 形梁结构[11]。

该结构由底板、腹板和翼缘板组成 U 字形薄壁开口断面。梁跨为 30 m，如图 4-12 所示，跨中附近梁高 1.8 m，梁上宽 5.32 m，下宽 3.98 m，腹板、底板均厚 0.26 m。梁体采用添加量为 0.9 kg/m^3、强度等级为 C55 的聚丙纤维混凝土。预应力采用直径 Φ15.2 mm 高强度低松弛预应力钢绞线，标准抗拉强度 f_{pk} = 1 860 MPa。

图 4-11　青岛地铁 13 号线

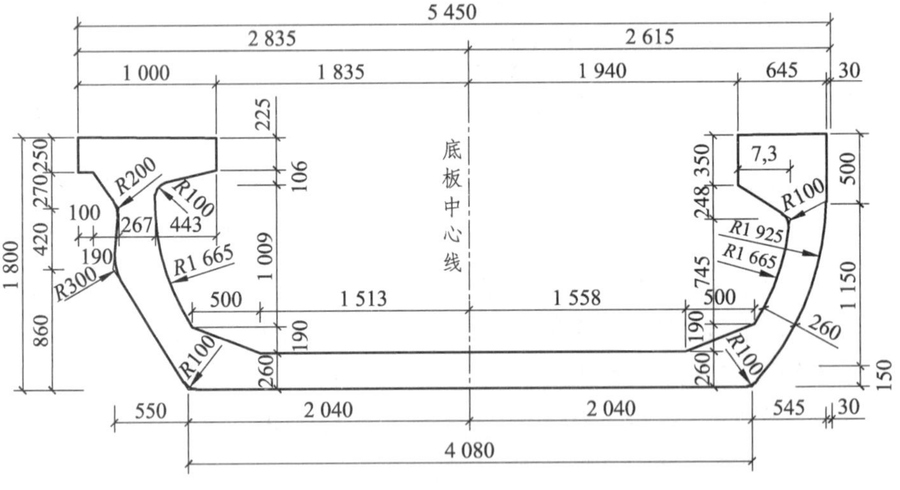

图 4-12　青岛地铁 13 号线 U 形梁跨中截面尺寸（单位：mm）[12]

4.2.10　迪拜地铁轻轨高架段

迪拜地铁轻轨高架段主梁采用预制节段后张预应力混凝土槽形梁。其断面如图 4-13 所示，梁高 2.04 m，直线段宽 10.18 m，曲线段宽 10.5 m；由边缘到中心，底板厚度由 24 cm 渐变到 32 cm；上翼缘宽 1.7 m，厚 0.2 ~ 0.4 m。

该桥采用架桥机拼装、整孔架设，标准跨径有 28 m、32 m、36 m 三种。标准段、车站跨段、44 m 跨采用不同级别的混凝土，分别为 50 MPa、60 MPa、70 MPa。4 m 的标准节段重 60 t，单片 36 m 跨径的梁重 540 t。

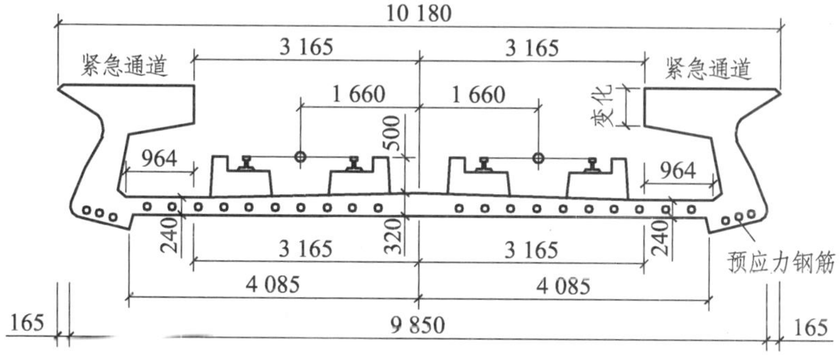

图 4-13　迪拜地铁槽形梁典型断面（单位：mm）

该桥大部分桥墩为圆柱形钢筋混凝土独柱墩配以悬臂墩帽，顶部设置 2 个支座。一些特殊位置的桥墩采用门式墩。在桥面板内设置纵向预应力束，预应力束采用 12Φ15.2 mm 的钢绞线，单端张拉。由于主梁采用槽形截面，在受力时具有受扭性能较差、桥面板弯矩受纵梁扭转刚度影响较大、纵梁腹板下端承受垂直方向吊拉力影响较大等特点。

4.3　城市轨道交通 U 形梁施工方法

4.3.1　现浇法施工

U 形梁采用搭设支架后就地浇筑的施工方法，其施工支架体系需结合设计特点和现场实际情况后确定，一般路段采用满堂钢管脚手支架，跨越现有道路处采用型钢门式支架。双线槽形梁采用纵横双向预应力、后张法施工。为确保薄壁结构施工质量，梁体混凝土采用特殊配合比设计。由于现浇施工方法工期较长，施工质量难以保证，现在城市轨道交通 U 形梁建造已较少采用。

4.3.2　预制架设法施工

简支 U 形梁一般采用整孔吊装，但 U 形梁腹板和道床板的结合部位受力复杂，从模板的架设、钢筋笼的吊装、预应力筋的铺设到混凝土的浇筑，每一道施工工序都关乎梁体的预制质量。简支U形梁预制架设法施工具有以下特点[13]：

（1）利用城市轨道交通线路沿线的空地设置预制场，所有单线U形梁均在预制场内集中预制。预制场内设置专门的施工台座，U形梁在台座上进行模板、钢筋、波纹管、预埋件、混凝土及预应力施工。

（2）每标预制U形梁在两端各设2个吊点。吊点由预埋螺栓及槽钢吊架组成。预制U形梁在预制场内以单层形式存梁，场内移梁及预制梁装车采用门式起重机同步进行。预制简支U形梁自重约150 t，最大运输宽度为5.2 m，因此场外运梁采用“组合式多轴液压平衡平板挂车＋200 t重载卡车牵引车”形式。平板挂车轴重满足沿线道路桥梁的结构承载能力，并设有纵横向液压自动补偿系统等装置，以确保U形梁在运输过程中的产品质量。

（3）预制U形梁运至现场后，一般陆上桥跨采用2部履带式起重机进行双机抬吊。其中中跨采用“一机跨内、一机跨外”的吊装方案，端跨采用“两机跨内”的吊装方案。

（4）对于跨河特殊桥跨，可通过设置在河中的铁驳承载预制U形梁的一侧梁端并带其穿越河道到达对岸，最后分布在两岸的2台履带式起重机跨外抬吊U形梁就位。

U形梁属于开口薄壁结构，抗扭性能差，且U形梁吊装过程又是预制U形梁施工过程中的关键步骤，因此无论是把初张拉后的U形梁从制梁场起吊运输至存梁场，还是把U形梁从存梁场提运至场外牵引汽车或平板挂车，每个过程都必须严格按照技术要求和标准作业。预制梁在制梁场内运输、存梁及出场装运过程中，吊点和支点距梁端的距离必须满足下列要求：

（1）槽形梁的吊点设在梁端腹板内侧，采用钢棒插入吊装孔吊装的方式。

（2）在吊梁过程中应保证各吊点受力均匀，梁体4个支点应位于同一平面内，误差不应大于2 mm。

（3）槽形梁起顶、吊运、存放时的最大悬臂长度为 0.9 m。工程施工时采用的主要吊装设备是DLM300型轮胎式提梁机，主要分为承载结构、起升系统、液压行走系统和动力系统等。承载结构由台车立支腿、主梁、端梁、起重小车、卷扬机组成，实际结构呈箱形大梁形状。起升卷扬机采用液压马达驱动，遵循“四点起吊，三点平衡”原理，确保吊具平衡系统三点稳定作业。该起吊方式可避免槽形梁在吊装过程中发生扭转，对槽形梁起到了最佳保护作用。在吊点测量控制系统中，应确保每个吊点实际容重和 4 支点的反作用力平均值不超过 5%。

两组吊具都固定在吊梁小车上，每个液压卷扬机均装有机械常闭式制动器，混凝土梁吊装到位后，同时关闭液压马达和制动器，保证运梁机行车时梁体不下落。起升机构安装了质量传感器，用于起升机构的超载保护。吊梁工艺如下[14]：

（1）提梁机在存梁区完成试运行后，调整就位；将吊具缓慢放下，调整纵、横向的位置，使吊具中心和吊孔中心完全重合；吊具上的高强螺栓对准吊装孔后，慢慢下降到位，下降过程中轻微晃动吊具，避免螺栓卡住。

（2）吊轴穿入梁体吊孔中，垫上圆形垫圈，上紧螺帽、挂钩后，慢慢起升至钢丝绳处于微拉紧状态，后逐渐调试至完全对中，避免由于对中不精确造成梁体横向、纵向偏移。

（3）对中后，两端起吊系统应保持点动渐进加载；当钢丝绳处于绷紧状态后，要把钢丝绳卡环重新拧紧，并确保绳夹的螺母、丝杆、鞍座等处于完好状态；然后逐次递进加载，直到梁体刚离开梁座。

（4）起吊离开存梁台座时提梁机先提升，下降至存梁台时再降落到位，保证梁体始终处于四点静定起吊或支撑状态。梁体完全脱离台座后，使其底面距台座顶面 2 cm 的位置，保持 2 min 的静止状态，在此期间详细检查提梁机的各项指标，确保一切正常。

在平衡吊装的过程中，U 形梁受自重及预应力荷载的作用，有必要对吊装过程中的结构安全进行验算。梁腹板和底板结合处的受力比较复杂，属于薄弱位置，设计及施工过程中需要严格执行标准。U 形梁在实际的施工过程中，吊装点附近易出现局部应力集中的现象，但吊装位置附近都有预埋的钢板，分散了集中力。因此，要严格按照施工标准，保证吊装过程中各吊索的位置准确、受力均匀，保证吊装安全。

工程中无论是采用 DLM300 型轮胎式提梁机还是汽车吊和履带吊配合起

吊槽形梁，工作原理都是通过“四点起吊、三点平衡”使 U 形梁始终处于静定平衡状态。其中，为避免梁体受扭，在履带吊的吊具上架设平衡梁，通过销轴与吊具梁连接，使 U 形梁处于静定支撑状态。但是，当出现吊索不等长或销轴与吊具梁连接失效时，有可能出现 4 个起吊点不在同一平面上的情况。这时需要通过分析槽形梁被不平衡起吊时的力学性能，验算其过程中的安全性。

4.3.3 现浇法与预制架设法比较

1. 施工条件比较

现浇槽形梁施工支架需完全占用高架桥下全部的投影面积，同时支架搭设区域内需进行数量大、要求严、费用高的地基加固工作。而预制槽形梁架设时，仅需占用盖梁边上及桥墩之间的局部小块区域，而且地基加固只需采用快速、廉价的临时加固方式以满足架梁起重机械的作业及移位要求即可，地基加固工作量很小且费用较低。

在同等桥跨数量和不影响施工进度的前提下，通过科学合理的安排，槽形梁集中预制场地的地基加固总面积可做到小于现浇槽形梁所有桥跨地基加固面积的总和。相比较而言，槽形梁预制架设法施工占地少，对地基加固要求低，更适用于场地狭小，地基软弱的城市轨道交通工程施工。

现浇槽形梁施工时对沿线便道的宽度及荷载要求较低，在实际施工中通常直接利用工程沿线及周边现有路网，而不再另行单独修筑沿线便道，故施工便道数量少、占地少、修筑速度快。

采用预制架设法施工时，为将预制槽形梁运至架设现场，轨道交通线路沿线必须设置宽度、荷载等级满足要求的高等级施工便道。在周边没有现有道路可以利用的情况下，如需新建这样的施工便道，不但耗资巨大，也会影响工期，还会带来增加征地等新问题，对工程十分不利。

为解决槽形梁预制架设法施工对沿线便道的依赖性问题，国内外的施工企业提出了很多新型的施工方法。其中比较成熟的就是在国内高速铁路施工中普遍采用的“线上运梁 + 架桥机架设”方法。其预制槽形梁由特制的运梁车从后方桥跨输送至前方架桥机，并由架桥机完成架设，如图 4-14 所示。

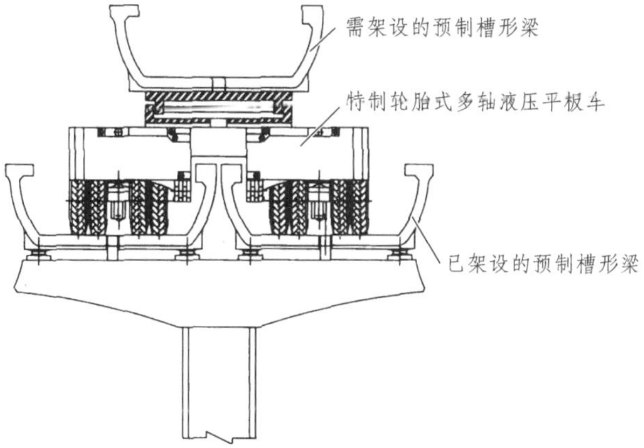

图 4-14 预制槽形梁“线上运梁”示意图[13]

参照一些新型施工机械也可以解决预制槽形梁运架对沿线高等级便道的依赖问题。如我国台湾地区在高速铁路槽形梁施工中就采用了一种自行式运架梁一体机。该机可以直接从预制场带梁开行，从后方已经架设好的梁跨上运梁至待架桥跨，然后自行完成架梁施工。

2. 施工难度比较

（1）钢筋施工。同为薄壁构件，单线预制槽形梁与双线现浇槽形梁相比，具有底部计算跨度小、受力小且无偏载等复杂受力的优点，因此配筋率较低且仅为单向预应力体系，大大降低了钢筋施工难度；同时预制场采取的统一进料、加工及制作的方式也有利于钢筋施工质量的控制。

（2）模板施工。单线预制槽形梁外侧模和内模均采用钢结构组合模板，在模板加工精度、连接牢固度、拆装速度及周转率方面均优于双线现浇槽形梁的模板系统，模板系统变形值也相对较小，有利于槽形梁整体外形尺寸的精确控制。

（3）混凝土施工。现浇槽形梁施工中容易产生支架沉降及变形使梁体混凝土出现非结构裂缝，因此混凝土通常需进行特殊配合比设计。如上海地铁 6 号线施工中就采用了在梁体 C50 混凝土中掺入适量 TB-20C 聚丙烯纤维的措施。梁体内密集的钢筋、波纹管及预埋件也使振捣变得困难，且现场养护条件差。这些都会对混凝土施工产生较大的不利影响。

而预制槽形梁所采用的高强度等级混凝土通常无须进行特殊配合比设计，梁体的低配筋率及单向预应力体系也便于混凝土插入式振捣施工，且预制台座还可安装附着式振捣装置进行辅助振捣，集中预制的槽形梁还可以采取先进的蒸汽养护方式。因此，其梁体混凝土施工质量较高。

（4）预应力施工。预制槽形梁为单向预应力体系，与双线现浇槽形梁复杂的双向预应力体系相比，预制槽形梁的预应力张拉顺序、张拉工艺及张拉端选择更为简单、明确。预制场内的预应力施工空间也比施工现场更为宽裕，张拉及压浆设备可以避免高空作业及频繁移动，同时预制场内还可以方便地采用真空压浆设备。因此，预制槽形梁的预应力施工质量比现浇槽形梁更高，施工速度也比较理想。

3. 施工速度及工期比较

槽形梁预制架设法比现浇法施工速度快、工期短。原因在于：首先，槽形梁预制可以和桥梁下部结构同步施工，而现浇槽形梁施工只能在桥梁下部结构完成后才能进行；其次，预制槽形梁配筋率低、预应力束少且张拉简单，因此梁体结构施工时间短；再次，预制槽形梁可较容易地在短期内实现大规模生产；此外，单跨预制槽形梁架设速度远快于单跨现浇法施工。由此看来，槽形梁预制架设法的施工速度要远快于现浇法，这对规模大、桥跨多的轨道交通线路的建设来说是非常关键的。

4. 经济性比较

（1）槽形梁预制架设法在预制场便道建设及大型起重设备上的费用投入较大，但也避免了槽形梁现浇法施工每跨都必须进行地基加固的高昂费用，还可以节约支架搭设及使用的费用。因此，在桥跨数量比较多的情况下，槽形梁采用预制架设法施工更趋于经济合理。

（2）槽形梁预制架设法施工的机械化程度高，可以节约大量的劳动力成本，且施工速度快、工期短，能在最大程度上保证项目按期甚至提早竣工通车，从而为建设单位创造更多的经济及社会效益。

（3）同跨径预制槽形梁与现浇槽形梁相比可节约大量主材，有利于工程投资的控制。以相同 30 m 跨径的槽形梁为例，预制法及现浇法主材用量对照表见表 4-4。

表 4-4 30 m 跨径现浇及预制槽形梁主材用量对照表

结构形式	混凝土/m^3	钢筋/t	钢绞线/t	备注
现浇槽形梁	196	45	10	双线一体式
预制槽形梁	122	24	5.6	单线分离式（双线总量）

5. 交通影响

现浇槽形梁施工时，搭设满堂脚手架区域基本为全封闭状态，人车无法通行。采用门式支架处虽允许横桥向通行，但对原有道路的通行宽度及高度有一定压缩，高空作业时对车辆及行人也会造成安全隐患，且这些影响都将随着现浇槽形梁的施工进程长期存在。而预制槽形梁仅在架梁时需临时、短暂地封闭横桥向交通，因此对施工作业面周边的交通影响较小。

由于预制槽形梁采用公路运输时，运输车辆需占据现有道路，这对沿线周边道路通行能力及行车安全影响很大，同时对沿线的交通组织、协调及配合措施要求相当高。为消除这些不利影响，在实际施工时，预制槽形梁运输及架设通常在深夜或凌晨行人及车辆稀少的时段进行。此外，通过采取“线上运梁”及采用运架梁一体机等方法，也可以在最大程度上消除槽形梁预制架设法对工地周边交通的不利影响。

6. 环境影响

由于现浇槽形梁工期较长，施工对周边的环境影响也将随之长期存在，因此对周边的影响程度较大，这对人口密集的城市条件下的作业是不利的。而预制槽形梁仅在架设时对周边环境产生间歇、短暂的影响。槽形梁的集中预制场地可以通过设置在相对偏僻的区域，以及设置围墙、防尘及隔音屏障等技术手段，来降低对周边环境的影响。所以综合来看，槽形梁预制架设法对周边环境的影响程度要小得多。

4.3.4 双线预制 U 形梁桥节段拼装法施工

与单线预制小断面槽形梁相比，双线大断面预制槽形梁的平面线形较为简单，上、下行线间距最小，结构总宽度小，因此其主材用量比双单线预制槽形梁要小，能有效降低工程造价。而且双线大断面预制槽形梁可以方便地设计成异型梁形式以满足道岔及渡线区域的结构要求。与现浇施工相比，双线槽形梁采用预制架设方式不但可以大大加快施工速度，还可以提高结构施工质量，对周边环境的影响也更小。

但双线预制大断面槽形梁作为薄壁杆件，由于其开口很大，因此横向抗扭刚度较差，不利于整跨运输及吊装。此外，由于其底板跨度大且单线运行时容易产生偏载效应，因此底板受力情况非常复杂，对梁体的配筋及预应力体系设计要求很高,同时也在一定程度上加大了结构施工及质量控制的难度。

双线预制槽形梁具有“断面宽、跨径大、横向抗扭性差”的特点，因此采取整跨运输及吊装的难度非常大。通过研究并借鉴类似结构的城市高架桥施工后发现，节段拼装法是一种非常适合于双线大断面预制槽形梁施工的方法。

双线槽形梁按照“横向全断面、纵向分节段”的原则在预制场集中预制，用运梁车运送至现场后，由专用架桥机提升、旋转、平移、悬挂，等所有的节段分两层提升悬挂到预定位置后，上下节段间通过涂抹环氧黏结剂黏结并施加临时预应力。所有节段拼接完成后悬挂在架桥机主桥架上，向节段孔道内穿预应力索，最后通过荷载转换完成整跨梁体施工。其工况如图 4-15 所示。

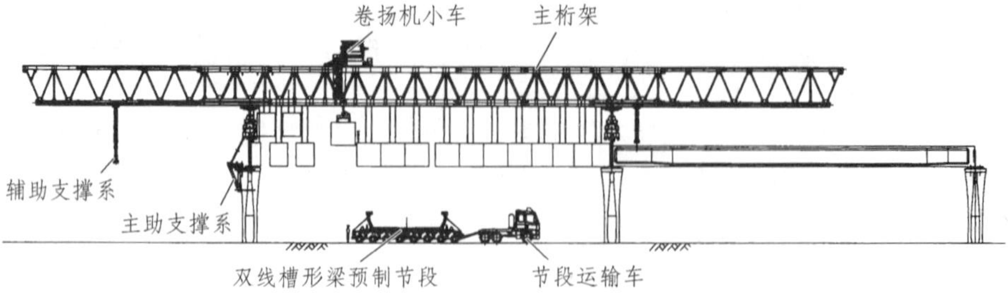

图 4-15 双线槽形梁节段拼装法示意图

双线预制槽形梁采用节段拼装法的优点在于：槽形梁预制节段的构件尺

寸可以轻松满足运输及架设要求；预制节段同样可以采取线上运输的方式，对施工便道依赖性小；节段为全断面拼装，施工速度较快；节段拼装施工对周边的环境及交通影响持续时间较短、影响程度较轻。

但双线预制槽形梁采用节段拼装法也存在着以下缺点：节段需进行剪力键及体外预应力束等特殊结构设计，对设计单位技术要求较高；施工需要采用专门的节段梁架桥机及环氧黏结剂等，费用较高，经济性较差；梁体配筋及预应力体系复杂，施工难度较大；工期比单线预制槽形梁架设要长很多。

4.4　本章小结

本章综述了城市轨道交通 U 形梁桥的结构特征、分类情况及在桥梁中的应用发展状况，介绍了国内外典型的 U 形梁桥的断面形式、跨度、墩台形式等设计详情，对比了相关设计参数，最后，对城市轨道交通 U 形梁桥常用的施工方法进行了总结。

参考文献

[1]　张吉，陆元春，吴定俊. 槽形梁结构在轨道交通中的应用与发展[J]. 铁道标准设计，2013（10）：78-82.

[2]　罗泉. 轨道交通混凝土 U 形梁的温度场试验及理论研究[D]. 南京：东南大学，2013.

[3]　庄严. 城市轨道交通 U 型梁静载试验研究[D]. 成都：西南交通大学，2011.

[4]　王彬力，蒲黔辉，白光亮. 城市轨道交通 U 型梁动力性能研究与实验验证[J]. 地震工程与工程振动，2011，31（6）：174-180.

[5]　王彬力. 城市轨道交通 U 型梁系统结构受力行为研究[D]. 成都：西南交通大学，2012.

[6]　张文格，常兆峰，刘占雷. 城市轨道交通 U 型梁建造技术[M]. 郑州：黄河水利出版社，2020.

[7] 梁岩，毛瑞敏，张文格，等. 城市轻轨槽型梁温度效应及裂缝分析[J]. 铁道科学与工程学报，2018，15（3）：677-684.

[8] 袁会丽. 城市轨道交通槽型梁力学性能分析[D]. 郑州：郑州大学，2017.

[9] 张博. 城市轨道交通U型梁受力机理的有限元分析及试验研究[D]. 郑州：河南工业大学，2015.

[10] 刘锦辉，周昌盛，周华龙. 地铁高架轻质 U 梁对轮轨系统动态响应的影响分析[J]. 现代城市轨道交通，2020（12）：94-98.

[11] 张蕾. 青岛地铁 13 号线连续 U 梁设计研究[J]. 铁道标准设计，2017，61（7）：80-83.

[12] 董旭，李树忱，王鹏程，等. 轨道交通 U 形梁日照温度梯度效应分析[J]. 哈尔滨工程大学学报，2017，38（7）：1121-1128.

[13] 施曙东. 轻轨工程槽型梁主要施工方法比较及分析[J]. 城市轨道交通研究，2011，14（9）：89-93.

[14] 梁岩，毛瑞敏，李杰，等. 城市轨道交通高架工程中槽型梁吊装施工过程的力学特性分析[J]. 城市轨道交通研究，2018，21（8）：1-5.

5

连续槽形梁桥静力分析

目前较为常用的桥梁结构分析方法是有限元法，有限元软件能够高效率地按照实际工况进行模型的建立，同时其强大的分析能力也使得有限元模型更加直观、更加准确地反映桥梁结构的基本性能，因此得到诸多学者的广泛应用。本章以（40 + 64 + 40）m 单线预应力混凝土连续槽形梁桥为例，首先介绍了依靠的实际工程项目，给出了实际的桥梁设计参数、有限元建模的基本原理，然后通过使用有限元软件 ANSYS 建立了计算模型，并且通过检算证实了模型的准确性。

5.1　工程概况

本铁路桥地处闽江附近，桥梁又位于河流入江口，河水受闽江口水电站及上游水库蓄、放水的影响每天涨落较大，而且桥下水流量受季节影响，雨季水位暴涨，引起支流倒灌，年降水量为 1 200 ~ 2 100 mm，多年平均降水量为 1 673.9 mm。洪水位情况，50 年一遇为 13.56 m，100 年一遇为 14.30 m。多年随着水害的增加，桥梁多处出现墩台脱空、混凝土脱落、钢筋锈蚀等病害，历年花费大量人力物力维修，但结果并不理想，造成很大的安全隐患。

经过多种加固、新建桥梁方案比选，最终选择此处新建（40 + 64 + 40）m 连续槽形梁桥的方案，在满足桥下净空要求的同时可以主跨一跨过江，河道内不设置桥墩[1]，桥梁立面图如图 5-1 所示，其中桥墩从左到右依次为 0 号墩、1 号墩、2 号墩、3 号墩。

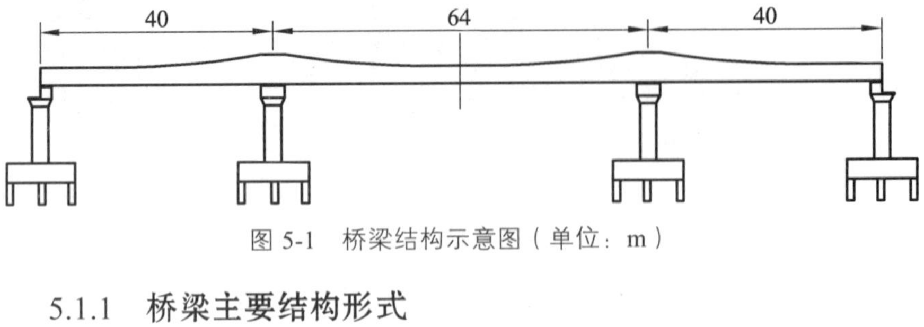

图 5-1　桥梁结构示意图（单位：m）

5.1.1　桥梁主要结构形式

桥梁为（40 + 64 + 40）m 的连续槽形梁，槽形梁总宽度为 11.3 m，内侧净宽 7.0 m；跨中梁高 3.0 m，边支点处梁高 3.0 m，中支点处梁高 5.0 m，梁顶由支点向跨中按二次抛物线变化，其变化长度为 26 m，变化高度为 2.0 m。边梁腹板宽度为 0.35 ~ 0.4 m，按折线变化，边梁翼缘板厚度为 0.50 m，桥面板厚度为 0.35 m。全桥在支点处隔墙有 1 m 高进人孔，共 8 处。全桥悬臂浇筑部分为 9 个梁段，支点处托架浇筑 0 号梁段长度 10 m，边跨现浇段长度为 7.6 m，边跨及跨中合龙段长 2.0 m。边支座截面和中支座截面如图 5-2、图 5-3 所示。

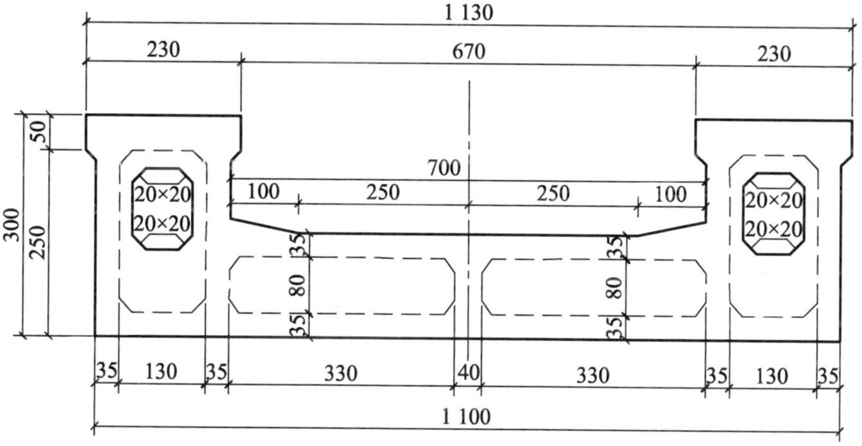

图 5-2 边支座截面（单位：cm）

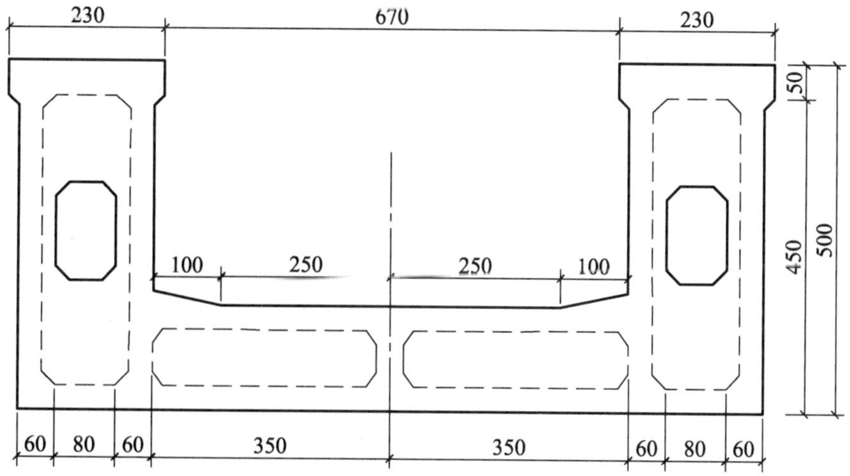

图 5-3 中支座截面（单位：cm）

5.1.2 桥梁荷载形式

（1）恒载。

① 结构构件自重，按《铁路桥涵设计基本规范》（TB 10002—2017）取值，梁体混凝土容重$\gamma = 26\ \text{kN/m}^3$。

② 二期恒载。

二期恒载包括钢轨、扣件、道砟、轨枕等线路设备重量以及防水层、保护层、人行道栏杆、挡砟墙、电缆槽盖板及竖墙、电化立柱、避车台等附属设施重量。二期恒载按 83.0 kN/m 计算。桥面布置如图 5-4 所示。

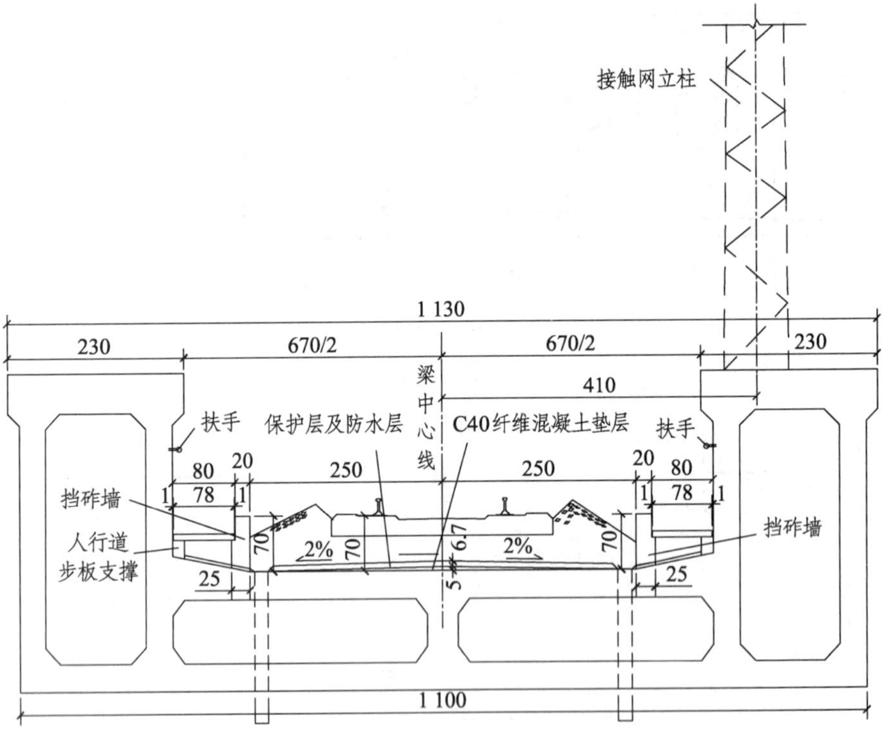

图 5-4 桥面布置示意图

③ 混凝土收缩、徐变影响按规范进行计算。

④ 基础沉降。

本设计相邻墩台沉降差按 10 mm 考虑。

（2）活载。

① 计算采用“ZKH 活载”。

② 列车活载动力系数为：

$$1+\mu=1+\alpha\left(\frac{6}{30+L}\right) \tag{5-1}$$

式中：$\alpha=0.32(3-h)^2\leqslant 2$。

③ 横向摇摆力。

根据《铁路桥涵设计规范》（TB 10002—2017）第 4.3.12 条规定办理。

④ 人行道及栏杆荷载。

根据《铁路桥涵设计规范》（TB 10002—2017）第 4.5.1 条规定办理。

⑤ 曲线列车竖向静活载产生的离心力

根据《铁路桥涵设计规范》（TB 10002—2017）第 4.3.10 条规定办理。

（3）附加力。

① 风力按照《铁路桥涵设计基本规范》（TB 10002—2017）第 4.4.1 条计算。

② 温度荷载。施工合龙温度按照 5 ~ 15 °C 考虑，梁体按均匀升温 20%、降温 20 °C 计算，非线性温度变化按《铁路桥涵混凝土结构设计规范》（TB 10092—2017）计算。

（4）特殊荷载。

① 列车脱轨荷载根据《铁路桥涵设计基本规范》（TB 10002—2017）第 4.3.14 条规定办理。

② 地震作用按照《铁路工程抗震设计规范》（GB 50111—2006）（2009 年版）的规定计算。

（5）荷载组合分别以主力、主力 + 附加力进行组合，取最不利组合进行设计，并对特殊荷载进行检算。

5.1.3 设计主要指标

（1）设计安全系数及各阶段应力指标见表 5-1。

表 5-1　设计安全系数及各阶段应力指标

<table>
<tr><th>序号</th><th>项目</th><th colspan="3">检算条件</th><th>控制条件</th></tr>
<tr><td rowspan="3">1</td><td rowspan="5">设计安全系数</td><td rowspan="3">强度安全系数</td><td rowspan="2">运营荷载</td><td>主力</td><td>$K \geqslant 2.2$</td></tr>
<tr><td>主力＋附加力</td><td>$K \geqslant 1.98$</td></tr>
<tr><td colspan="2">安装荷载下</td><td>$K \geqslant 1.8$</td></tr>
<tr><td rowspan="2">2</td><td rowspan="2">抗裂安全系数</td><td colspan="2">运营荷载下</td><td>$K \geqslant 1.2$</td></tr>
<tr><td colspan="2">安装荷载下</td><td>$K \geqslant 1.1$</td></tr>
<tr><td>3</td><td rowspan="4">预应力钢绞线应力/MPa</td><td colspan="3">预加应力时的锚下钢绞线控制应力</td><td>$\sigma_{con} \leqslant 0.75 f_{pk}$</td></tr>
<tr><td>4</td><td colspan="3">传力锚固时的钢绞线控制应力</td><td>$\sigma_p \leqslant 0.65 f_{pk}$</td></tr>
<tr><td>5</td><td colspan="3">运营荷载下钢绞线应力</td><td>$\sigma_p \leqslant 0.60 f_{pk}$</td></tr>
<tr><td>6</td><td colspan="3">疲劳荷载作用下钢束应力幅</td><td>$\Delta\sigma_p \leqslant 140$</td></tr>
<tr><td>7</td><td>钢筋应力/MPa</td><td colspan="3">疲劳荷载作用下带肋钢筋应力幅</td><td>$\Delta\sigma_p \leqslant 150$</td></tr>
<tr><td>8</td><td rowspan="7">混凝土应力/MPa</td><td colspan="3">传力锚固时混凝土压应力</td><td>$\Delta\sigma_c \leqslant 0.75 f'_c$</td></tr>
<tr><td>9</td><td colspan="3">传力锚固时混凝土拉应力</td><td>$\Delta\sigma_c \leqslant 0.70 f'_{ct}$</td></tr>
<tr><td>10</td><td colspan="3">运营荷载下混凝土压应力</td><td>$\Delta\sigma_c \leqslant 0.50 f_c$</td></tr>
<tr><td>11</td><td colspan="3">运营荷载下混凝土拉应力</td><td>$\sigma_c \leqslant 0$</td></tr>
<tr><td>12</td><td colspan="3">运营荷载下混凝土最大剪应力</td><td>$\tau_c \leqslant 0.17 f_c$</td></tr>
<tr><td>13</td><td colspan="3">抗裂荷载下混凝土主压应力</td><td>$\sigma_{cp} \leqslant 0.60 f_c$</td></tr>
<tr><td>14</td><td colspan="3">抗裂荷载下混凝土主拉应力</td><td>$\sigma_{tp} \leqslant f_{ct}$</td></tr>
</table>

注：f_{pk} 为钢绞线之抗拉强度标准值；f'_c、f'_{ct} 分别为预加应力时混凝土轴心抗压、抗拉极限强度；f_c、f_{ct} 分别为混凝土轴心抗压、抗拉极限强度。

（2）各项预应力损失计算。

锚口及喇叭口损失按锚外控制应力的 6%计算，管道摩阻按金属波纹管成孔计算，钢筋与管道壁之间的摩擦系数 μ 取 0.23；每米管道对其设计位置的偏差系数 k 取 0.002 5，锚头变形、钢筋回缩（考虑反摩阻）ΔL 取 6 mm。其他预应力损失按照《铁路桥涵混凝土结构设计规范》（TB 10092—2017）的规定计算。

施工时对于锚口及喇叭口损失、管道摩阻系数及管道偏差系数应进行试验，根据试验结果调整张拉力，当实测结果与计算取值相差较大时应查明原因。

（3）线形控制。

① 梁体由于列车静活载所引起的竖向挠度，边跨 4.9 mm（向下），为计算跨度的 1/8 163，中跨 12.9 mm（向下），为计算跨度的 1/4 961。

② 本梁不设预拱度。本设计二期恒载上桥时间按预加应力后 60 d 计算，理论计算残余徐变挠度值为边跨 2.6 mm（向下），中跨 1.2 cm（向上）。

（4）支座纵向预偏量。

支座纵向预偏量指支座上板纵向偏离理论中心线的位置。设Δ_1为箱梁在预应力、二期恒载及收缩徐变作用下引起的各支点处的偏移量，Δ_2为各支点处梁体由于设计合龙温度与实际施工合龙温度差引起的偏移量，各支座处的纵向预偏量由式$\Delta=-(\Delta_1+\Delta_2)$求得，式中负号表示按计算所得的偏移量反方向设置预偏量。施工过程中应根据具体的合龙温度、预应力情况、施工工期等确定合理的支座预偏量。

5.1.4 主要建筑材料以及构造

（1）混凝土。梁体采用 C55 混凝土，封端采用 C55 无收缩混凝土，挡砖墙、人行道支撑梁采用 C40 混凝土，保护层采用 C40 纤维混凝土。

（2）预应力体系。

① 纵向预应力钢筋采用抗拉强度标准值为 1 860 MPa 钢绞线，公称直径为 15.2 mm，其技术条件应符合《预应力混凝土用钢绞线》（GB/T 5224—2014）的标准。管道成形采用镀锌金属波纹管。金属波纹管应符合《预应力混凝土用金属波纹管》（JG 225—2007）的要求。采用 OVM 圆塔形系列锚具或其他同类型产品，应为符合国际后张法预应力混凝土协会 FIP 标准的 I 类锚具，其锚固效率系数应大于 95%。张拉采用与之配套的机具设备，管道成形采用金属波纹管成孔。

② 横向预应力钢筋采用抗拉强度标准值为 1 860 MPa 的高强低松弛钢绞线，公称直径为 15.2 mm，其技术条件应符合《预应力混凝土用钢绞线》

（GB/T 5224—2014）的标准。采用 BM15-5、BM15P-5 锚具及锚固体系；张拉机具采用 YDC240Q 型千斤顶；管道形成采用内径 90 mm × 19 mm 扁形金属波纹管成孔。金属波纹管应该符合我国《预应力混凝土用金属波纹管》（JG 225—2007）要求。

（3）钢筋。光圆钢筋（HPB300）应符合现行《钢筋混凝土用钢　第 1 部分：热轧光圆钢筋》（GB 1499.1）、螺纹钢筋（HRB400）应符合现行《钢筋混凝土用钢　第 2 部分：热轧带肋钢筋》（GB 1499.2）的要求。

（4）防水层和保护层。防水层和保护层的材料和施工工艺按照《客货共线铁路桥梁防水体系》技术标准施工。

（5）桥面泄水管及管盖。采用 PVC 管材及管件，应符合现行《埋地排污、废水用硬聚氯乙烯管材》（GB/T 10002.3）的要求。

（6）支座。采用铁路球型钢支座，支座安装引用《铁路桥梁球型支座》（TJQZ-通桥 8361）。根据桥梁所处地震区的地震动峰值加速度采用相应的支座，按支座安装图设置底预埋件并检查梁体支座加强钢筋网片尺寸，固定支座位于坡道上时，设于下坡端。

（7）构造及其他。

① 挡砟墙的设置。本设计挡砟墙在梁体施工完后进行现场灌筑，梁体施工时，应预设挡墙钢筋，以确保挡墙与梁体的整体性，同时应该每隔 4 m 左右设置 10 mm 宽挡砟墙断缝。

② 电缆槽。根据通信、信号、电力等专业需要，在挡砟墙外侧分别设置信号槽、通信槽、电力电缆槽。电缆槽由竖墙和盖板组成，电缆槽盖板为预制结构，竖墙在梁体施工完成后现场灌注。浇筑梁体时，应在电缆槽竖墙相应部位预埋钢筋。

③ 接触网。接触网的实际设置根据总体要求，接触网支柱设于槽形梁右侧纵梁顶面，并设高 300 mm 的基础平台，浇筑梁体时应在相应位置预埋接触网预埋件及加强钢筋。

④ 人行道栏杆。人行道栏杆扶手采用圆形钢管，通过与预埋件焊接设在两侧纵梁腹板上，梁体施工时，应预埋连接钢筋，人行道扶手采用预埋钢构件与 P60 × 5 mm 无缝钢管焊接。扶手及其预埋件外露部分，防腐采用新《铁路钢

桥保护涂装及涂料供货技术条件》第Ⅴ体系，即环氧富锌底漆（2 × 40 μm）+ 环氧云铁中间漆（1 × 40 μm）+ 灰铝粉石墨醇酸面漆（2 × 35 μm）。

⑤ 通风孔的设置。在结构腹板上，距梁底 2.0 m 处设置 100 mm 通风孔，纵向间距为 2.0 m。若通风孔与预应力筋相碰，应适当移动其位置，并保证与预应力钢筋的净保护层大于 1 倍预应力钢筋管道直径，在通风孔处应增设 170 mm 的钢筋环。

⑥ 泄水孔的设置。在横隔板两侧及齿块末端底板上设置内径为 100 mm 的泄水孔，且应在底板表面根据泄水孔位置设置一定的汇水坡，避免箱内积水。

⑦ 桥上排水系统。槽形梁道床板上横向设 2%的排水坡。在挡砟墙内及底板设置泄水管，挡砟槽外积水通过挡砟墙内泄水管流到挡砟槽内侧，采用集中排水的方式排至桥下。泄水管采用内径 100 mm、壁厚 5 mm 的 PVC 管，其标准应符合《埋地排污、废水用硬聚氯乙烯（PVC-U）管材》（GB/T 10002.3—1996）的要求。

⑧ 梁端及纵向连续构造。梁端线应与边墩中心线平行，连续梁侧梁缝宽 15cm，梁缝间铺设三元乙丙橡胶止水带，与 T 梁梁缝间铺设钢盖板覆盖，施工时注意因槽形梁侧梁缝较宽，需相应加大钢板尺寸。槽形梁梁端设横向挡砖墙。

⑨ 防震落梁措施。根据桥梁所处震区，设置防震落梁措施。

⑩ 封端。为提高结构的耐久性，封锚前应对锚具进行防水处理，并设置封端钢筋网。利用锚垫板上安装螺孔，拧入带弯钩的螺栓，使封端钢筋与之绑扎形成钢筋骨架。避车台设置在两侧人行道上，按间隔 30 m 左右设置小型避车台，并根据相关图纸预埋所需构件，槽形梁梁体内设简易避车台。按《铁路桥涵设计规范》（TB 10002—2017）第 3.5.2 条铺设护轨。

5.1.5 施工方法以及注意事项

（1）本梁为多向预应力体系，钢筋、预应力管道密集，如发生冲突，允许进行局部调整。调整原则是先普通钢筋，后横向预应力钢筋，应保证纵向预应力钢束管道位置准确。横向预应力钢筋张拉槽处的梁体钢筋可切割，张拉后应及时连接并加强。同时应注意加强捣固，不得存在空洞或漏捣。

（2）钢束管道位置用定位钢筋固定，定位钢筋牢固焊接在钢筋骨架上。定位钢筋距直线段不大于 0.5 m，曲线段适当加密至不大于 0.3 m。应保证锚垫板及喇叭管尺寸正确，喇叭管中心线应与锚垫板严格垂直，喇叭管和波纹管的衔接要平顺，不得漏浆，并杜绝堵孔道。

（3）压浆管道设置。对腹板束、顶板束在 0 号段管道中部设置三通管，中跨底板在横隔板附近管道设置三通管，边跨底板束在距边支座约 10 m 附近管道设三通管，钢束长超过 60 m 的按相距 20 m 左右增设一个三通管，以利于排气，保证压浆质量。

（4）普通钢筋施工。

① 梁体钢筋应整体绑扎，先进行底板及腹板钢筋的绕扎，然后进行顶板钢筋绑扎，当梁体钢筋与预应力钢筋相碰时，可适当移动梁体钢筋或进行适当弯折。梁体钢筋最小净保护层厚度除顶板顶面为 30 mm 外，其余均为 35 mm，绑扎铁丝的尾段不应伸入保护层内。

② 因预应力钢束张拉面截断的梁端部钢筋，应在钢筋张拉完成后焊接恢复原状。由于纵向预应力钢束平弯切腹板箍筋，应采取相应的措施，保证箍筋的整体性。

③ 各梁段纵向钢筋可以采用焊接接头，但应按施工规范错开接头位置。

（5）混凝土施工在梁段浇筑时，与前段混凝土结合面应予凿毛并清洗干净，纵向非预应力钢筋采用搭接。浇筑梁段混凝土时应水平分层，一次整体浇筑成型，当混凝土自流高度大于 2 m 时，必须用溜槽或导管输送，同时应注意加强捣固，不得存在空洞或漏捣。

（6）预应力钢筋张拉。

① 预应力钢束分阶段一次张拉完成，预应力混凝土用螺纹钢筋不需要冷拉。

② 张拉钢束在梁体混凝土强度达到设计值的 95%及弹性模量达到设计值的 100%，且混凝土龄期不小于 7 d 后方可进行。

③ 纵向预应力钢束采用两端同步张拉，先腹板束，后顶板束，由外到内左右对称进行。每个梁段钢筋张拉顺序应该为先梁段纵向预应力钢束，后顶板横向预应力钢束，并及时压浆。张拉钢束时采用双控，以张拉控制应力为主，以预应力钢筋伸长量作为校核。

④ 预应力钢束在使用前必须做张拉、锚固试验，以保证预施应力准确。

（7）预应力管道压浆。

① 张拉完成后，应在两天内进行管道压浆。压浆前应清除管道内杂物及积水，压浆应饱满密实。

② 为保证梁体的耐久性，压浆材料采用高性能无收缩防腐灌浆剂。

③ 管道压浆水泥浆强度等级不低于 M50，技术标准应满足《铁路后张法预应力混凝土管道压浆技术条件》。

④ 水泥浆搅拌结束至压入管道的时间间隔不应超过 40 min。

（8）梁体混凝土浇筑及预应力管道压浆应避免冬季施工，否则必须采取蒸汽养生等可靠的保温措施保证施工质量。

（9）施工线形控制。

① 施工时，应根据实际施工荷载及监测情况，重新计算预拱度值，确定立模高程，做好线形控制。

② 梁体采用节段悬臂浇筑法施工，挂篮质量不得超过 60 t，挂篮前端应设置作业平台。桥墩两侧梁段悬臂灌注时，最大不平衡重不得超过 8 t。

③ 悬臂施工时，桥墩采取临时锚固措施，临时锚固措施应能承受中支点处最大竖向力为 23 250 kN，相应不平衡弯矩为 5 988 kN·m，其临时锚固形式由施工单位自定。

（10）合龙段施工。

① 为切实保证浇筑质量，在中跨合龙段应设置可靠的临时刚接措施，保证合龙段混凝土强度及弹性模量达到100%设计值及混凝土龄期不少于 7 d 进行预应力张拉时混凝土不开裂。

② 合龙段混凝土浇筑应在一天内气温最低且稳定的时段内进行，并使混凝土浇筑后温度开始缓慢上升为宜。

③ 合龙段施工应严格按照《客货共线铁路桥涵工程施工技术规程》（Q/CR 9652—2017）执行。

（11）防水层及保护层应在挡砟墙、人行道栏杆基础及电缆槽竖墙施工后铺设。防水层与泄水管的连接部位，应按防水层施工要求在接缝处用胶水涂料进行封边处理。挡砟墙下设置排水孔，应用防水涂料封涂，保证桥面防水层的完整性，并保证排水畅通。保护层施工时，应根据泄水孔的位置设置一定的汇水坡。

（12）预埋件。

① 混凝土浇筑前，应埋入所有预埋件，不得遗漏。

② 所有预埋件应位置准确，并对其外露部分进行防锈处理。

③ 预埋钢筋应绑扎牢固。

④ 泄水管及梁端封锚现浇处应注意进行防水封边处理。

（13）采用的挂篮应具有足够的稳定性。现场组拼完成投入使用前，应全面检查安装质量，并进行走行性能试验和静载试验，预压荷载为最大施工荷载的 1.2 倍。

（14）所有施工应严格按照《客货共线铁路桥涵工程施工技术规程》（Q/CR 9652—2017）进行，保证混凝土的灌注质量。

（15）冬季施工要求。

① 原则上避免冬季施工，若不得已在冬季施工时，混凝土拌和物的出机温度不宜低于 10 °C，入模温度不得低于 5 °C。

② 混凝土养护气温不得低于 5 °C。

③ 根据与结构同条件养护试件的试验，证明混凝土已达到要求的抗冻强度及拆模强度后，模板方可拆除。

④ 拆模时混凝土芯部温度与环境的温差不得大于 15 °C，当温差大于 10 °C 且小于 15 °C 时，拆除模板后的混凝土表面应加以覆盖。

⑤ 采用外部热源加热养护的混凝土，当养护完毕后的环境温度仍在 0 °C 以下时，应待混凝土冷却至 5 °C 以下且混凝土芯部温度与环境气温相差不大于 15 °C 时，方可拆除模板。

⑥ 大风或温度急剧变化时不宜拆摸。

⑦ 冬季铺设防水层时，应先将结构物表面加热至一定温度，并应按防水层冬季施工的有关规定执行。

⑧ 张拉预应力钢筋时的温度不宜低于 − 10 °C。

（16）运梁车和架桥机过梁检算。

本设计考虑运梁车过梁及架桥机架设相邻简支梁。假定运架梁时实际发生的支座不均匀沉降应小于 10 mm，施工荷载的检算按照先架后铺的方式检算，抗裂安全系数大于 1.1，强度安全系数大于 1.8 时按照设计中采用的运架梁荷载取值，实际施工中如果荷载有变化，施工单位应根据具体施工荷载进行检算。运梁车通过桥梁时与梁中线最大偏差不超过 10 cm。当实际运梁设备与设计不符时，应重新检算。

（17）其他。

① 本设计适用于一般大气条件下无防护措施的地面结构，环境类别为碳化环境 T1、T2 级，对严寒、干燥、阴湿及腐蚀环境，应按照《铁路混凝土结构耐久性设计规范》（TB 10005—2010）的规定采取相应措施。

② 为满足张拉空间要求,桥台垫石以上部分待边跨纵向预应力钢束张拉完成后方可浇筑。

③ 当地区昼夜平均气温连续 3 d 低于 5 °C 或最低气温低于 – 3 °C 时，混凝土施工按照冬季施工处理。

④ 铺设道砟及电缆槽盖板前，应注意采取有效措施避免梁顶曝晒。

⑤ 桥上接触网立柱共 3 处，设在线路右侧箱梁顶面，里程分别为 DK368 + 249、DK368 + 294.5、DK368 + 340，立柱基础螺栓预埋参照《桥上接触网钢柱安装图》。

5.2 有限元建模

5.2.1 网格划分以及单元尺寸的确定

网格划分是将结构离散化，划分成一个个五面体或者六面体，生成节点和单元，在数值模拟分析中是十分重要的，显著影响后续非线性计算成本及收敛性。网格划分的情况对计算结果的准确性影响很大，只有合理的网格大小和密度才能保证计算结果准确性和真实性，但网格的划分并没有固定数值，可以通过计算结果来评估网格质量是否合理。

在综合求解准确性、计算代价成功率的基础上谨慎选择网格数目。单元网格划分如果过细、单元划分过小，会导致计算的时间和成果体积增加，会使求解过程中存在过多不确定因素；而单元网格划分过疏、单元划分过大虽然加快了计算效率，但会使得分析结果不精确，有时会导致计算不收敛，不能真实反映结构的力学特性[2]。对于有限元模型计算分析，必须在网格划分前通过结构简化计算，估计结构的应力梯度情况，应力梯度较大区域网格的应当加密，而应力梯度相对较小的区域则相反[3]。同时要注意所有构件局部细节的相对空间位置规律性地关联，即位移协调性，每个节点的自由度要相同。网格质量较好的，能够在保证计算收敛的前提下，提高计算效率，保证计算精度和准确性，所以在网格划分时，单元的形状尽可能保持规则，尽可能地降低网格之间的差别、网格面尽量规则，网格面尽可能地选择划分为三角形和四边形。

5.2.2 单元类型的选择

在建立桥梁有限元模型时，需要选用与实际结构的应力应变相符且精确度较高的单元。

（1）梁单元。ANSYS 中的结构分析单元有 80 多种，其中对于梁单元有限元模型主要采用 BEAM188 单元，其是 Timoshenko 梁，考虑了剪切变形的影响，还可以在此基础上增加翘曲自由度，并且能够设计截面形式。该单元在进行有限元分析时主要用作桥梁的整体分析，无法进行结构局部的受力计算。

（2）空间板壳单元。板壳单元有限元模型主要采用 SHELL43 和 SHELL181，其简称有限应变壳，有 4 个节点，是计入剪切变形的单元，可为分层结构壳。

（3）实体单元。主要采用 SOLID45、SOLID65、SOLID95，其中 SOLID65 单元是 ANSYS 中专门设置用来模拟钢筋混凝土结构的，可以模拟混凝土结构的开裂、压碎、塑性变形、徐变、传力路径和破坏机理，并且可以对材料进行非线性处理[4]。此单元在 SOLID45 单元上增加了描述混凝土开裂与压碎的性能，而 SOLID95 是 SOLID45 的高阶元，在原先的 8 节点基础上增加到了 20 个节点。

5.2.3 建模方式的选择

钢筋混凝土结构有限元模型可以根据不同的计算要求与计算条件进行选择，一般有整体式、组合式、分离式三种[5]。

整体式模型是把钢筋离散于整个单元。钢筋的处理方法有两种：一种是改变钢筋屈服强度或混凝土的弹性模量（即调整参与结构受力材料的整体力学性能），还有一种方法是将钢筋与混凝土两部分组合成为单元刚度矩阵。有时进行计算分析时很难将混凝土和钢筋分别进行单元划分，在此情况下采用整体式模型，整体式模型可以有效地反映整体结构在荷载作用下的应力和位移，但不能将钢筋与混凝土之间相互作用的机理很好地表现出来，例如，钢筋在温度的影响下会热胀冷缩，会间接地影响结构内部的受力。

当混凝土与钢筋之间能够良好地黏合，而且基本上没有相对滑移时，可以采用组合式模型。采用组合式模型方法，先分别计算混凝土和钢筋材料对单元刚度矩阵的贡献，最后将两种材料组合成复合单元刚度矩阵。

分离式模型是分别考虑两种材料的力学特性来选择两种不同的单元，再根据计算精度要求进行单元划分。钢筋材料在平面问题中常常采用三角形单元、矩形单元等单元来处理，而混凝土材料在钢筋材料单元的基础上增加了8 节点单元。为了减少节点数量以及钢筋混凝土交界面处产生的大量过渡单元，在处理中一般将钢筋考虑为一维杆单元，只承受杆轴向的拉压，如 LINK8 和 LINK10 单元。为了模拟钢筋与混凝土之间受外力影响而产生的相对滑移，常常采用插入黏结单元（如 4 节点、6 节点节理单元）的方式以约束它们之间的相互作用。因此，分离式钢筋混凝土模型较好地模拟了钢筋与混凝土之间的相互作用，揭示了钢筋混凝土结构材料间的微观机理。

本章采用分离式模型的方式进行连续槽形梁桥有限元模型的建立，分别建立混凝土和预应力筋，通过耦合节点的方式将两者结合起来，最大限度地保证了计算结果的精确性。

5.3 模型参数及主要截面

本槽形梁模型建立时采用实体单元模型，此模型相对于梁单元模型和板壳单元模型来说，可以全面地分析结构的内力和变形，并且能够准确分析局部应力情况[6, 7]。同时采用分离式建模的方法，分别建立混凝土和预应力筋，然后分别划分不同的单元尺寸，预应力的实现主要有施加初应变法和降温法。

本章采用施加初应变的方法，预应力筋采用公称直径为 15.20 mm、抗拉强度标准值为 1 860 MPa 的钢绞线。纵向预应力筋布置有边跨和中跨顶板束、腹板束、边跨和中跨桥面板束、通长桥面板束。横向预应力筋全跨布置，具体参数见表 5-2。

根据槽形梁设计资料，其跨中截面和中支座截面如图 5-5 所示。本章边界条件及加载环境均根据真实情况进行模拟，以确保不会对梁体施加多余的约束，所有的边界条件及加载均作用于对应位置的参考点上，如图 5-6 所示。

表 5-2　槽形梁模型参数

名称及单位	数值
C55 混凝土弹性模量/GPa	36
C55 混凝土密度/（kg/m^3）	2 600
混凝土泊松比	0.2
预应力钢绞线弹性模量/GPa	195
预应力钢绞线质量密度/（kg/m^3）	7 850
预应力钢绞线泊松比	0.3
预应力钢绞线初始应变	7.154×10^{-3}

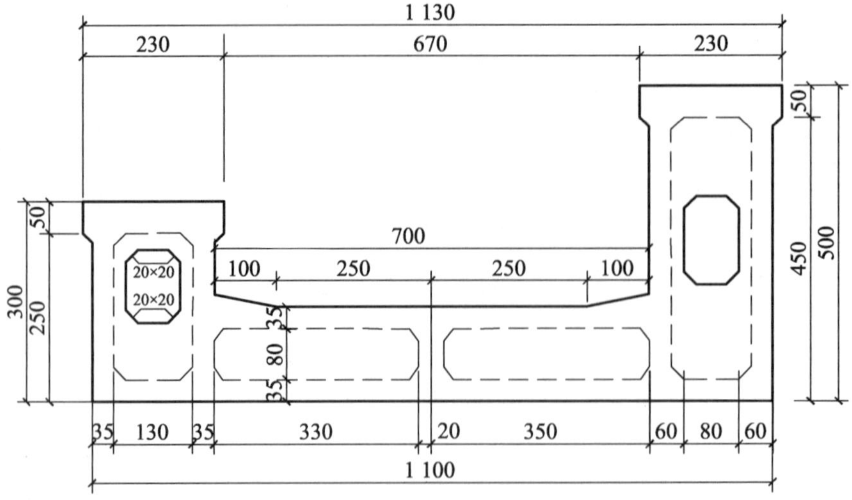

图 5-5　半边支座截面/半中支座截面（单位：cm）

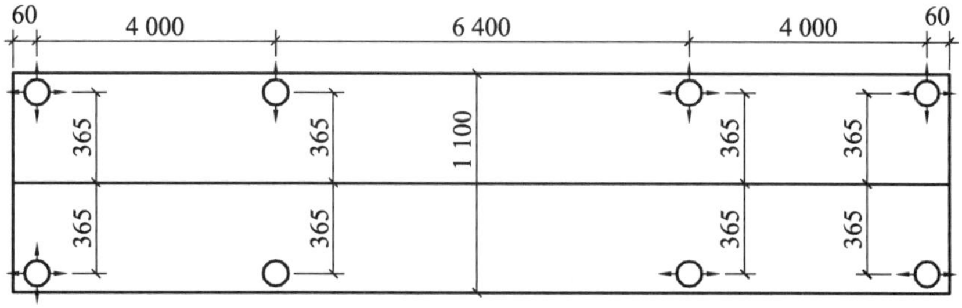

图 5-6 支座布置示意图（单位：cm）

5.4 ANSYS 模型及检算

5.4.1 ANSYS 模型

模型组成单元为利用 SOLID65 单元来模拟梁体混凝土，利用 LINK8 杆单元来模拟预应力筋[8]，利用对称性建立全桥有限元模型，这样可以保证单元数目，提高分析效率。模型大小为横向 11 m、纵向 145.2 m、竖向最高为 5 m。有限单元尺寸为 0.2 ~ 0.5 m，桥梁横向以及角隅处为密集单元，桥梁纵向方向采用稀疏单元。

采用施加初始应变的方法模拟有效预应力值，其初应变可由式（5-2）计算得出：

$$\varepsilon_0 = \frac{\sigma}{E} = 0.007\,154 \tag{5-2}$$

式中：ε_0 为施加的初应变值，无量纲；σ为预应力筋张拉控制应力，预应力筋的张拉控制应力为 1 395 MPa；E 为预应力筋弹性模量，预应力筋的弹性模量为 195 GPa。

建模过程如下，首先建立混凝土三维实体几何模型，在此基础上建立横纵预应力筋几何模型，两者通过耦合的方式结合在一起。

（1）建立边支座附近截面，由于边支座附近截面为等截面形式，因此可以直接通过 ANSYS 中的拖拉成体命令，将边跨附近等截面几何模型建立起来，如图 5-7（a）所示。由于在边跨附近 7#块边梁至中支座呈抛物线变化，ANSYS 在进行变截面设计时较难，因此采用多段线的方式来模拟，用多段线来模拟边梁的抛物线变化，0 ~ 72.6 m 槽形梁一半模型如图 5-7（b）所示，基本与实际的连续槽形梁相对应，误差较小。

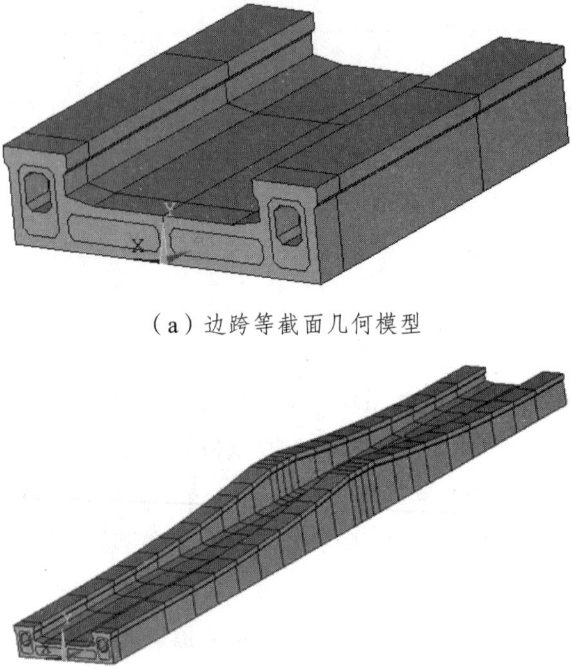

（a）边跨等截面几何模型

（b）槽形梁模型（0 ~ 72.6 m）

图 5-7 模型建立过程

（2）以主跨跨中（72.6 m）处为对称轴，对已经建立好的几何模型进行镜像，最终得到全桥几何模型如图 5-8 所示。

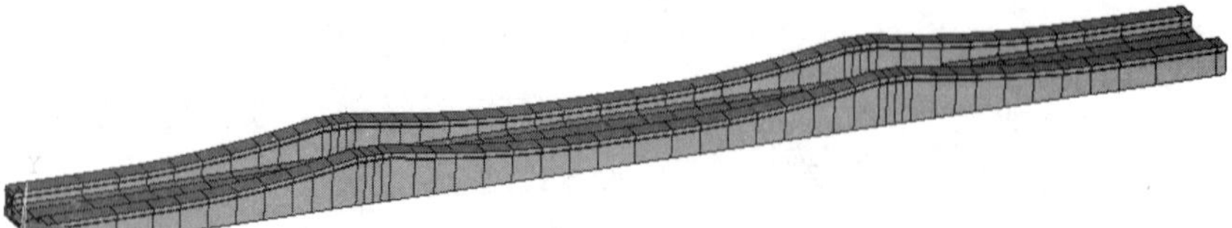

图 5-8 连续槽形梁几何模型

（3）按照实际横纵预应力筋位置分布，建立横纵预应力筋的几何模型，如图 5-9 所示。

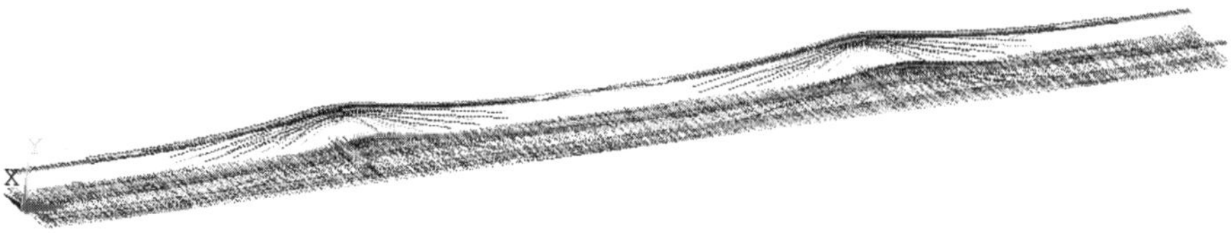

图 5-9　横纵预应力筋几何模型

（4）通过选择槽形梁和预应力筋的几何模型，分别定义其属性，进行网格划分。网格划分在桥纵向方向采用每 0.5 m 一个单元，在桥横向方向每 0.2 m 一个单元。最终建立的槽形梁有限元模型以及其中的横纵预应力筋有限元模型如图 5-10 所示。

（a）全桥有限元模型

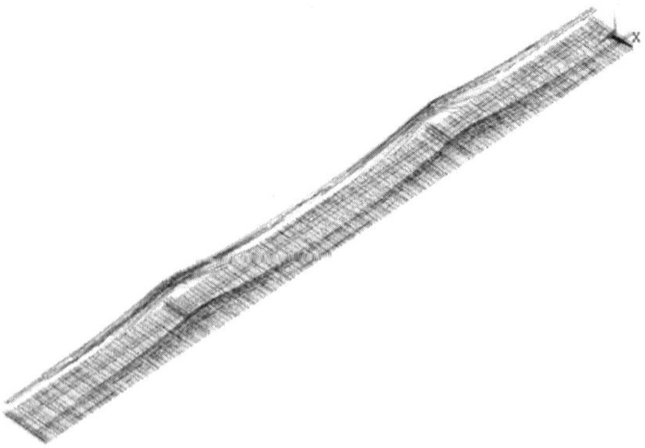

（b）横纵预应力筋有限元模型

图 5-10　有限元分析模型

5.4.2 桥梁挠度

槽形梁在自重、二期恒载、预应力、ZKH 活载（恒载 + 活载）作用下，沿桥纵向桥梁中心线下表面位置挠度图如图 5-11 所示，主跨跨中最大挠度为 5.05 mm，挠跨比为 1/12 686，符合桥梁在正常使用情况下挠度限值的相关规定。同时可以看出，槽形梁在桥纵向方向的挠度总体上关于主跨跨中位置（$z = 72.6$ m）对称，边跨处挠度较小，仅为 1 mm 左右，从中支座位置到主跨跨中位置，挠度逐渐增大到 5.05 mm。

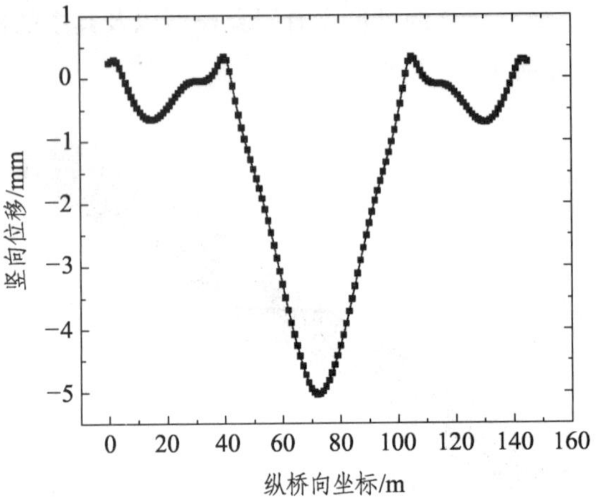

图 5-11 沿桥梁中心线槽形梁的挠度图

5.4.3 桥梁固有频率和振型

只考虑桥梁本身的重量，对桥梁的动力特性进行分析，提取出前 10 阶振动的自振频率及振型特征，见表 5-3，桥梁自振频率图如图 5-12 所示。

进行桥梁设计时，必须考虑列车通过时可能出现的振动或共振，因此需要确保梁体固有频率达到规范要求，以免发生频率过低而造成的振动问题。根据《铁路桥涵设计规范》（TB 10002—2017）第 5.2.5 的规定，铁路桥梁竖向自振频率ω不应低于按式（5-3）计算的限值。

$$\begin{aligned} &L \leqslant 20\ \text{m}：\omega = 80 / L \\ &20\ \text{m} < L \leqslant 128\ \text{m}：\omega = 23.58 L^{-0.592} \end{aligned} \tag{5-3}$$

式中：ω为竖向自振频率（Hz）；L 为梁跨度（m）。

根据本章模型计算结果可知，本章槽形梁一阶竖向自振频率为 2.667 Hz，可以看出，本槽形梁竖向自振频率满足规范要求，进一步证明了有限元模型的正确性。

表 5-3 该槽形梁前十阶模态

模态阶数	自振频率/Hz	振型
1	2.667	边梁对称竖向弯曲
2	4.751	边梁反对称竖向弯曲
3	5.652	边梁竖向弯曲和第一跨主梁横向弯曲
4	6.036	第二跨主梁腹板桥面板横向弯曲
5	7.902	主梁不均匀竖向弯曲
6	7.996	第二跨边梁腹板横向弯曲
7	8.625	第一跨主梁腹板和桥面板竖向弯曲和横向弯曲
8	8.652	第一跨主梁扭转和第二跨主梁竖向弯曲
9	9.035	第三跨主梁横向弯曲
10	11.451	第二跨主梁扭转

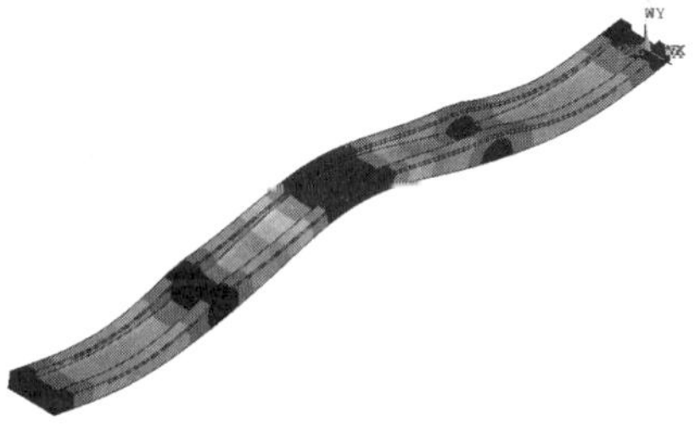

（a）连续槽形梁一阶振型图

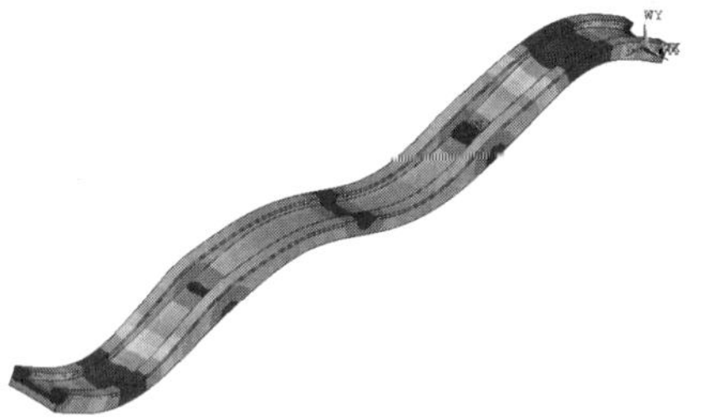

（b）连续槽形梁二阶振型图

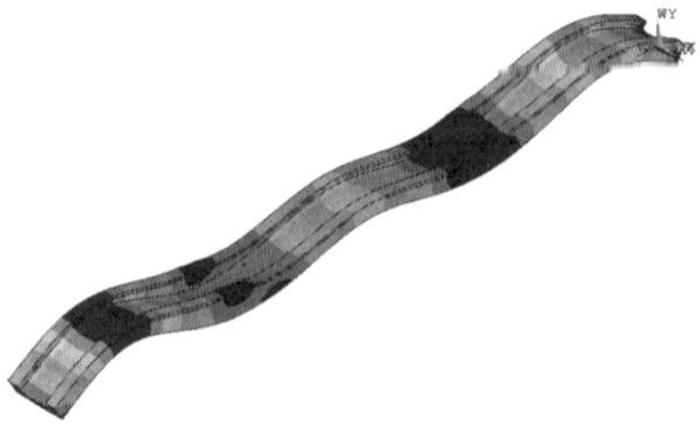

（c）连续槽形梁三阶振型图

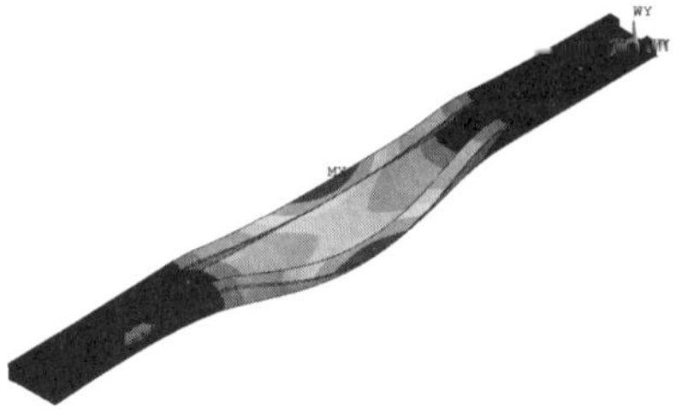

（d）连续槽形梁四阶振型图

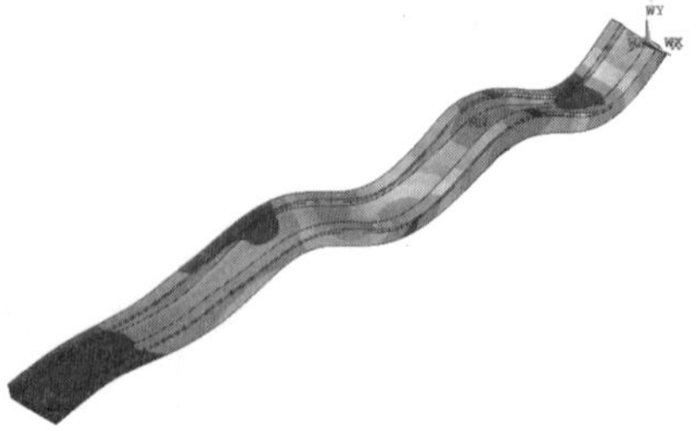

（e）连续槽形梁五阶振型图

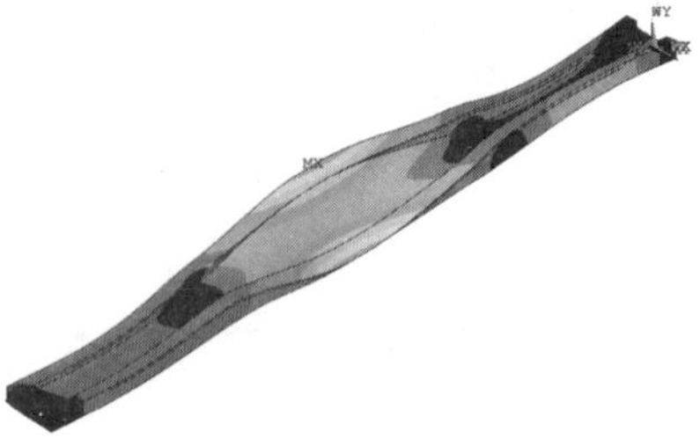

（f）连续槽形梁六阶振型图

（g）连续槽形梁七阶振型图

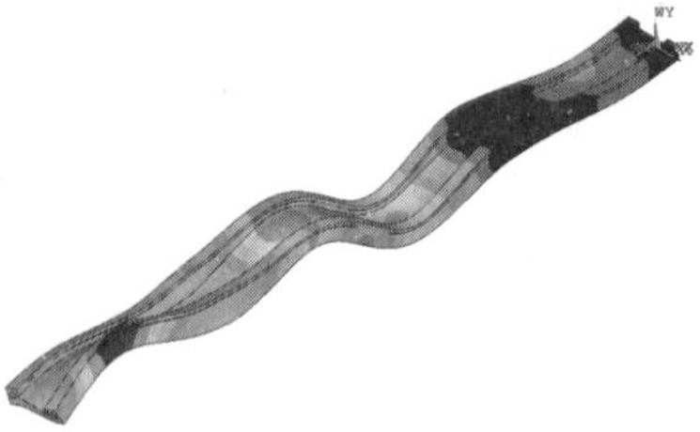

（h）连续槽形梁八阶振型图

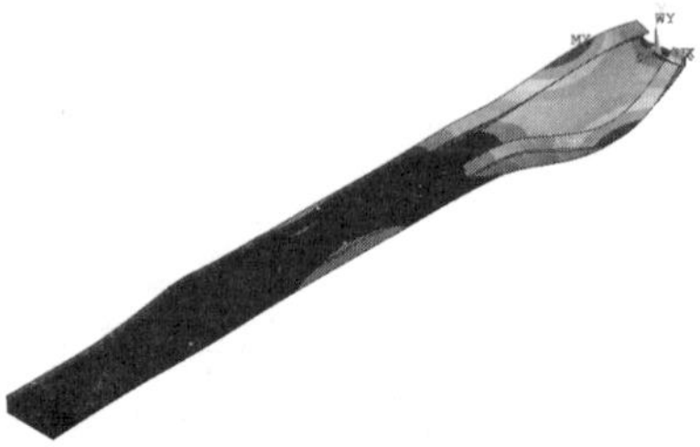

（i）连续槽形梁九阶振型图

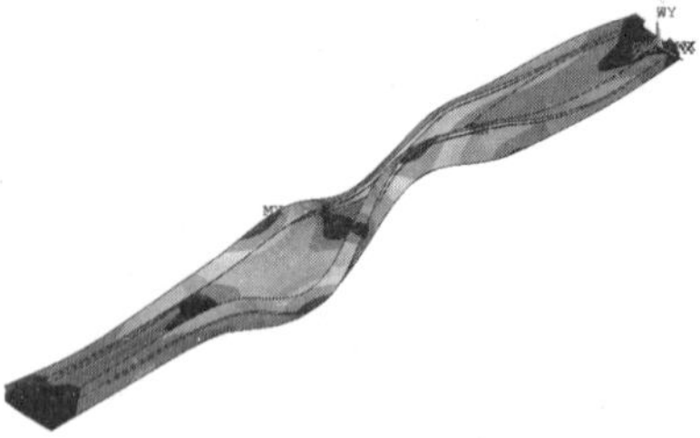

（j）连续槽形梁十阶振型图

图 5-12　连续槽形梁前 10 阶振型图

5.5　模型分析工况设置

由于槽形梁属于独特的下承式结构，在实际工程中简单地利用初等桥梁计算理论进行计算是不合理的，同时槽形梁的抗扭能力不如箱梁，结构受力也更复杂，因此还需要对槽形梁进行空间静力分析，分析其在纵向、横向方面的受力特性。在上述有限元模型的基础上，进行连续槽形梁在荷载下的静力分析，找出其变形情况，并且通过研究边梁和桥面板分别承担的纵向弯矩比例，可为相同类型槽形梁简化设计计算提供理论依据。

本章利用有限元软件 ANSYS 建立铁路连续槽形梁有限元模型，为了能够更加清楚地了解到连续槽形梁在各个工况下的应力分布以及剪力滞情况，在进行受力分析时主要设置了以下 4 种分析工况，见表 5-4。

表 5-4 槽形梁工况设置

工况	工况内容
工况一	自重 + 二期恒载
工况二	预应力效应
工况三	ZKH 活载（客货共线）
工况四	自重、二期恒载、预应力、ZKH 活载综合效应（恒载 + 活载）

5.6 边梁和桥面板变形情况

5.6.1 槽形梁桥竖向变形

槽形梁在自重、二期恒载、预应力、ZKH 活载（恒载 + 活载）作用下，桥梁挠度如图 5-13（a）所示，主跨跨中最大挠度为 5.05 mm，挠跨比为 1/12 686。中支座（$z = 40.6$ m）截面下缘挠度如图 5-13（b）所示，可以看出在中支座截面处产生的竖向位移很小，在 0.3 ~ 0.7 mm 范围内浮动。主跨跨中截面下缘挠度如图 5-13（c）所示，可见桥面底板中心附近挠度最大，跨中截面梁体下缘平均挠度为 4.68 mm。

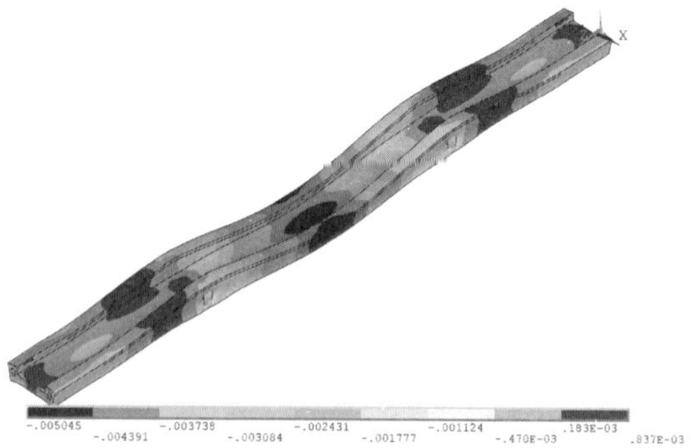

（a）全桥挠度云图（单位：m）

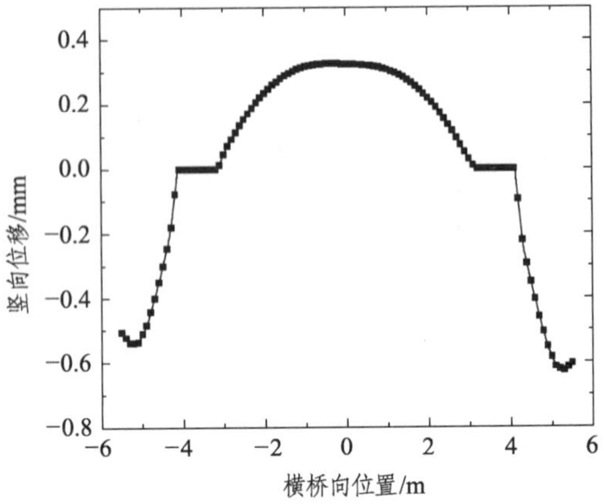

（b）中支座截面下缘挠度

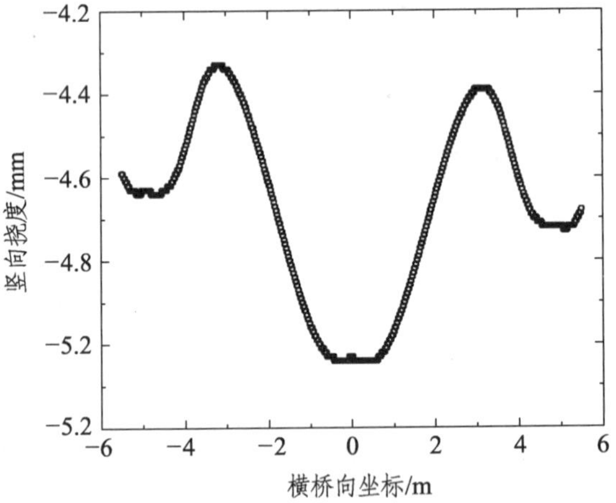

（c）主跨跨中截面挠度

图 5-13　槽形梁挠度分析图

5.6.2　槽形梁桥横向变形

由于槽形梁属于开口截面，边梁在弯矩、剪力和扭矩作用下除发生竖向变形外，槽口还会发生较大的横向变形。图 5-14 所示为工况四下桥梁横向变形分析图，在恒载 + 活载情况下槽形梁全桥沿纵向的横向位移曲线中，左侧边梁（x 负方向）和右侧边梁（x 正方向）上缘横向位移呈现明显的对称特性。在中支座附近，边梁出现向槽内倾斜的变形，槽形梁槽口减小；中支座至主跨跨中边梁的横向位移逐渐减小，在边支座和主跨跨中位置附近，边梁呈现外斜的横向变形，槽口扩大。

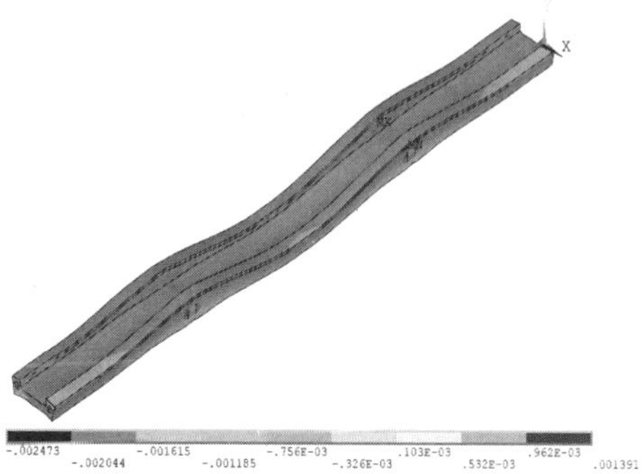

（a）全桥横向位移云图（单位：m）

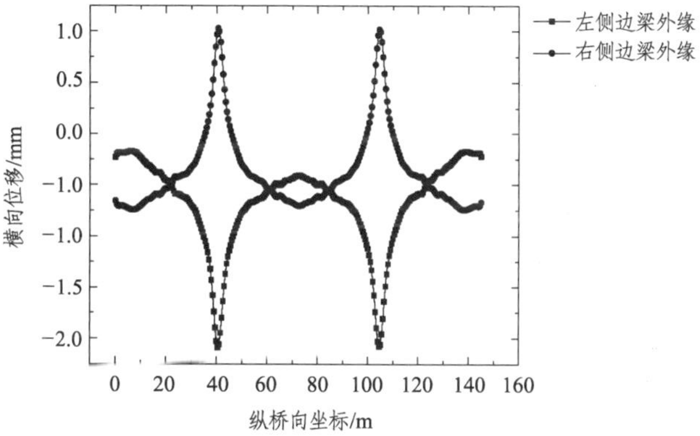

（b）左侧边梁和右侧边梁上缘横向位移

图 5-14　槽形梁横向位移分析图

5.7　边梁和桥面板承担纵向弯矩比例

槽形梁桥的铁路轨道直接支撑在桥面板上，主要通过桥面板将桥上荷载传递给边梁，现有的铁路槽形梁桥简化计算方法将边梁与之相接的部分桥面板看作主要的竖向受弯构件，桥面板简化为边梁的下翼缘，与边梁共同承受纵向弯矩[9]。在桥梁设计时简化计算方法可以快速地对槽形梁桥进行结构受力分析，但实际铁路槽形梁桥的边梁与桥面板共同承受荷载作用，简化计算方法忽略了中间桥面板对纵向弯矩的贡献，有时可能过于保守。因此研究边梁和桥面板承担纵向弯矩的比例对进一步理解和改进现有的简化计算方法有重要参考价值。

5.7.1 槽形梁桥边梁和桥面板承担纵向弯矩比例

如图 5-15 所示，将槽形梁有限元模型的边梁和桥面板分别作为隔离体进行槽形梁纵向弯矩计算。

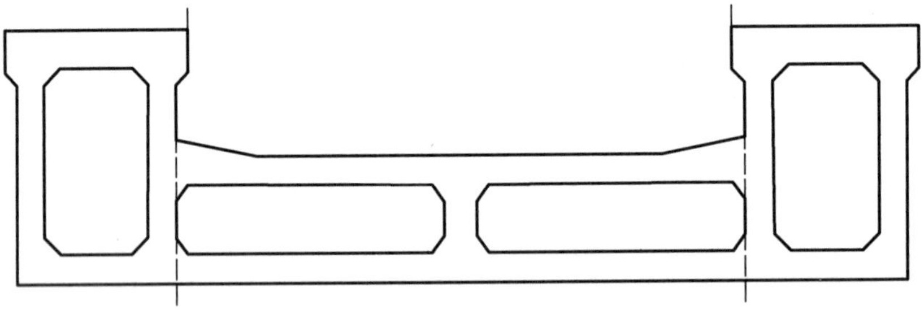

图 5-15 连续槽形梁边梁和桥面板划分

基于以上 4 种分析工况运用有限元模型，分别得到 4 种工况下槽形梁边梁、桥面板的承担纵向弯矩的比例，见表 5-5。

表 5-5 各工况作用下各控制截面的纵向弯矩及比例

截面	工况	总纵向弯矩/(kN·m)	边梁承担纵向弯矩/(kN·m)	桥面板承担的纵向弯矩/(kN·m)	边梁、桥面板弯矩比值
中支座(z=40.6 m)	一	−125 545	−100 980	−24 565	4.11：1
	二	−96 497	−74 726	−21 771	3.43：1
	三	−30 584	−24 119	−6 465	3.73：1
	四	−252 765	−199 937	−52 828	3.78：1
主跨跨中	一	49 068	37 214	11 854	3.13：1
	二	−34 525	−30 926	−3 599	8.59：1
	三	14 408	10 666	3 743	2.84：1
	四	29 063	17 012	12 051	1.41：1

续表

截面	工况	总纵向弯矩/（kN·m）	边梁承担纵向弯矩/（kN·m）	桥面板承担的纵向弯矩/（kN·m）	边梁、桥面板弯矩比值
中支座（z = 104.6 m）	一	−137 353	−110 342	−27 011	4.08∶1
	二	−93 555	−74 984	−18 571	4.04∶1
	三	−33 147	−26 069	−7 078	3.68∶1
	四	−264 232	−211 417	−52 815	4.00∶1

通过表 5-5 中的数据对比可知，工况四计算得到的截面内力，近似等于各工况单独作用下的截面内力之和，满足线性叠加关系。由于纵向预应力筋的作用，主跨跨中截面纵向正弯矩减小约 54%，当只有预应力作用时，会导致主跨跨中产生纵向负弯矩，主跨跨中位置上拱；在不考虑预应力筋的作用时，桥面板的承载能力较小，纵向弯矩主要由边梁来承担，当有预应力存在时，会提高桥面板纵向弯矩的承载能力，增大中支座截面负弯矩。

槽形梁在正常使用情况（工况四）下，主跨跨中截面边梁和桥面板截面承担纵向弯矩比例为 1.41∶1，由于桥面板中的纵向预应力筋的存在，桥面板的承载能力增加，同时减小了主跨跨中截面的正弯矩；两中支座截面边梁和桥面板分担的纵向弯矩比例分别为 3.78∶1 和 4.00∶1。

5.7.2 其他截面形式边梁和桥面板承担纵向弯矩比例的对比

分别建立 I 形（单线、双线）、Γ 形（单线）截面槽形梁的计算模型，探究不同截面形式槽形梁桥的边梁与桥面板承担纵向弯矩比例。

建立上海轨道交通 6 号线中单线简支 I 形截面槽形梁[10]的空间实体有限元模型，横截面如图 5-16（a）所示。该槽形梁桥，梁高为 2.5 m，桥面全宽 10.4 m，底宽 9.044 m，桥面板厚 0.24 m，全桥跨度为 32.60 m。

建立包兰线 1 号特大桥中双线简支 I 形槽形梁[11]的空间实体有限元模型，跨中横截面如图 5-16（b）所示。该槽形梁桥梁高为 3.10 m，桥面全宽 14.40 m，底宽 12.40 m，桥面板厚 0.80 m，全桥跨度为 32.60 m。

建立文献[12]中的单线简支 Γ 形槽形梁的空间实体有限元模型，横截面如图 5-16（c）所示。该槽形梁跨中梁高为 2.8 m，桥面全宽 11.50 m，桥梁底部宽 9.60 m，桥面板厚度为 0.55 m，边梁腹板厚度为 0.6 m，全桥跨度为 32.60 m。

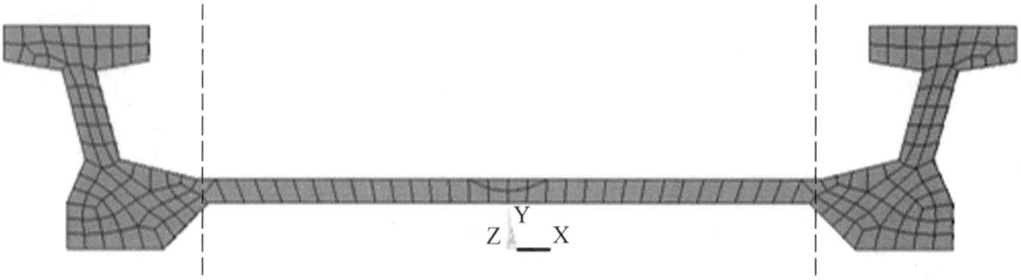

（a）I 形截面槽形梁（单线）

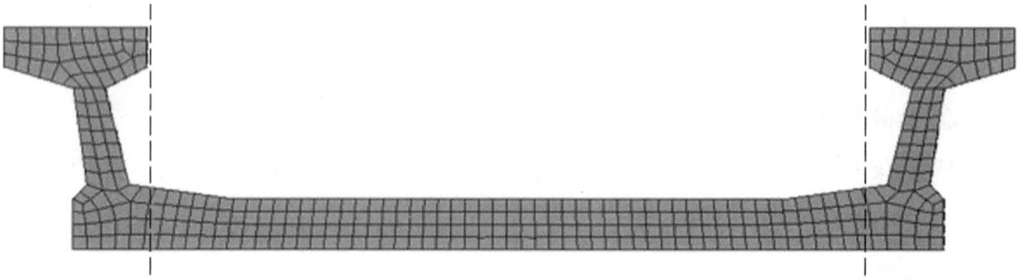

（b）I 形截面槽形梁（双线）

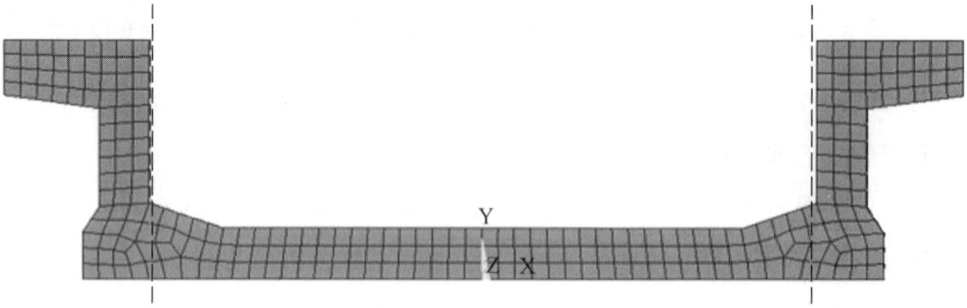

（c）Γ 形截面槽形梁（单线）

图 5-16　桥梁横截面有限元模型

分别分析工况一（自重 + 二期恒载）作用下，槽形梁跨中截面边梁和桥面板承担纵向弯矩比例，同时计算不同截面槽形梁跨中截面边梁和桥面板的竖向抗弯刚度比值，见表 5-6。从表中可以看出，在自重＋二期恒载作用下，I 形截面（双线）、Γ 形截面（单线）以及本章的箱形截面（单线），跨中截面边梁与桥面板承担纵向弯矩的比例分别为 3.02：1、2.51：1 和 3.13：1。而对于 I 形截面（单线），截面形式较为特殊，此时边梁和桥面板承担比例为 13.35：1，这是因为该槽形梁的桥面板相比腹板较薄，承担纵向弯矩能力较弱，纵向弯矩主要由边梁承担。

表 5-6 不同槽形梁桥跨中纵向弯矩和抗弯刚度比值[13]

截面形式	跨中弯矩 /（kN·m）		边梁、桥面板弯矩比值	竖向抗弯刚度 /（$\times 10^{10}$N·m^2）		边梁、桥面板刚度比值
	边梁	桥面板		边梁	桥面板	
I 形截面（单线）	16 091	1 205	13.35：1	8.41	0.721	11.66：1
I 形截面（双线）	40 996	13 559	3.02：1	37.1	12.6	2.94：1
Γ 形截面（单线）	26 902	10 729	2.51：1	22.6	9.37	2.42：1
箱形截面（单线）	37 214	11 854	3.13：1	30.1	10.2	2.95：1

分析不同抗弯刚度对槽形梁边梁和桥面板承担弯矩比例的影响，抗弯刚度越大，承担纵向弯矩的比例也相应增大，在自重＋二期恒载的作用下，边梁和桥面板的纵向弯矩的分担比例与抗弯刚度比例两者的差值基本保持在 15%的范围之内；除上述 I 形截面（单线）为城市轨道交通桥梁外，其余截面为铁路桥梁，当同为单线铁路时，在相同荷载的作用下，箱形截面的边梁比其他截面的抗弯刚度更大，边梁承担纵向弯矩的比例更高。可以看出，边梁和桥面板承担纵向弯矩比例与其竖向抗弯刚度比值呈正相关关系。

5.8 本章小结

本章利用有限元软件 ANSYS 经过分块镜像的方式建立了连续槽形梁有限元模型，并且进行了槽形梁的挠度分析和固有频率计算，计算结果从量值和变化规律上看均与规范吻合良好，证明了连续槽形梁有限元模型的可行性。

同时将自重、二期恒载、预应力、ZKH 活载（恒载 + 活载）作用施加在有限元模型中，求得了连续槽形梁的挠度变化曲线。综上，通过对比固有频率、挠度以及横向位移，从中可以看出，建立的有限元模型与实际工程是非常接近的。因此，本章采用的连续槽形梁有限元模型可以用来模拟实际的桥梁建设工程，可以为后续工作提供重要技术验证基础。接下来基于之前建立的连续槽形梁三维实体有限元模型，开展槽形梁静力分析，分析其变形规律，并且研究了边梁、桥面板承担纵向弯矩的比例情况，主要结论如下：

（1）槽形梁在工况四作用下最大挠度发生在主跨跨中位置，最大挠度为 5.05 mm，边跨处挠度较小，中支座截面处产生的挠度在 0.3 ~ 0.7 mm 范围内浮动，主跨跨中截面下缘挠度在桥面底板中心附近产生最大挠度，且平均挠度为 4.68 mm。

（2）槽形梁在荷载作用下会出现横向变形，在中支座附近，边梁出现向槽内倾斜的变形，槽形梁槽口减小；中支座至主跨跨中边梁的横向位移逐渐减小，在边支座和主跨跨中位置附近，边梁呈现外斜的横向变形，槽口扩大。

（3）槽形梁在工况一作用下，主跨跨中截面边梁和桥面板截面承担纵向弯矩比例为 3.13 : 1，两中支座截面分别为 4.11 : 1 和 4.08 : 1，在工况二作用下，主跨跨中截面边梁和桥面板截面承担纵向弯矩比例为 8.59 : 1，两中支座截面分别为 3.43 : 1 和 4.04 : 1；在工况三作用下，主跨跨中截面边梁和桥面板截面承担纵向弯矩比例为 2.84 : 1，两中支座截面分别为 3.73 : 1 和 3.68 : 1；在正常使用情况（工况四）下，主跨跨中截面边梁和桥面板截面承担纵向弯矩比例为 1.41 : 1；两中支座截面边梁和桥面板分担的纵向弯矩比例分别为 3.78 : 1 和 4.00 : 1。

（4）在自重 + 二期恒载作用下，I 形截面（双线）、Γ 形截面（单线）以及箱形截面（单线），跨中截面边梁与桥面板承担纵向弯矩的比例分别为 3.02 : 1、2.51 : 1 和 3.13 : 1。而对于轨道交通槽形梁 I 形截面（单线），此时边梁和桥面板承担比例为 13.35 : 1。当同为单线铁路时，在相同荷载的作用下，箱形截面的边梁比其他截面的抗弯刚度更大，边梁承担纵向弯矩的比例更高。

参考文献

[1] 饶露，朱华中，吴天群，等. 山区普速铁路桥梁冲刷水害整治方案研究[J]. 铁道建筑，2021，61（10）：65-68.

[2] 姚悦，吉伯海，高玉强，等. 钢板梁桥腹板间隙变形及力学特征[J]. 华东交通大学学报，2022，39（2）：35-44.

[3] 袁鹏飞. 波形钢腹板组合槽形梁桥静动力学性能研究[D]. 南京：东南大学，2019.

[4] 肖挺松. ANSYS 三维模型中 SOLID65 单元的内力提取问题[J]. 华东交通大学学报，2012，29（3）：74-79.

[5] 林拥军，周畅，杨敏润，等. 强烈地震下农村砌体结构墙体重要性与抗震评定[J]. 建筑科学与工程学报，2021，38（4）：33-43.

[6] 杨得旺，严爱国，曾甲华. 沪苏湖铁路虹七特大桥钢-混结合连续梁设计[J]. 世界桥梁，2020，48（S1）：68-72.

[7] 柏华军，文望青，许三平. 基于刚度变形要求的高速铁路桥梁设计研究[J]. 世界桥梁，2020，48（S1）：27-33.

[8] 陈波，赵晓波. 轨道交通预应力混凝土槽型梁有限元分析[J]. 重庆交通大学学报（自然科学版），2011，30（S2）：1241-1245.

[9] 马莹，席进，叶见曙，等. 基于板理论的公路混凝土槽形梁内力计算方法[J]. 中国公路学报，2012，25（3）：107-111.

[10] 刘建萍. 上海轨道交通 6 号线槽形梁设计[J]. 铁道标准设计，2009（12）：55-57.

[11] 田杨，邓运清，黄胜前. 双线铁路曲线简支槽形梁的空间分析[J]. 铁道工程学报，2012，29（7）：24-28.

[12] 马坤全，张阳，郭玉坤. 小半径曲线段铁路槽型梁力学性能及计算模型研究[J]. 桥梁建设，2017，47（6）：30-35.

[13] 刘全民，张智凯，饶露，等. 铁路连续槽形梁桥静力特性分析[J]. 桥梁建设，2023，53（4）：70-77.

6

槽形梁桥剪力滞效应分析

早期桥梁设计主要依靠经验提高安全系数，而忽略了剪力滞效应，直到后续多座大桥相继发生失稳或破坏事故，如我国的佛陈大桥、佛山江湾立交桥等均由于忽略箱梁剪力滞后引起桥梁病害。这时诸多学者意识到剪力滞效应在设计中被忽略了，使得桥梁实际应力值大于计算得到的应力值，导致桥梁危害事故的发生。剪力滞效应会降低结构刚度并增加挠曲和扭转变形，不仅影响桥梁结构安全，还会干扰桥梁自振特性。本章主要进行有限元模型的应力分布研究，同时利用有限元法进行连续槽形梁的剪力滞效应分析和有效宽度的计算。

6.1 剪力滞概念

初等梁理论的基本假定是变形平截面假定，它不考虑剪切变形对纵向位移的影响，在初等梁理论下的弯曲正应力沿梁宽方向均匀分布，但实际梁的弯曲会受到剪力滞效应的影响，剪力通过腹板传递到翼缘板，翼缘板的剪切变形的不均匀性使得弯曲应力发生滞后,进而使得弯曲应力横向分布不均匀，这种效应称作剪力滞效应[1, 2]。在进行桥梁设计计算和理论分析时考虑剪力滞效应可以真实反映槽形梁的应力变形情况，但目前尚未有关于槽形梁剪力滞效应的规范说明，因此要研究槽形梁的剪力滞效应，需先从箱梁的剪力滞效应研究开始入手。

对于箱梁来说，如果翼缘板与腹板交接位置的正应力大于初等梁理论计算的正应力，称之为正剪力滞[3-6]，如图 6-1（a）所示，图示应力为箱梁的纵向正应力；反之则称之为负剪力滞，如图 6-1（b）所示。

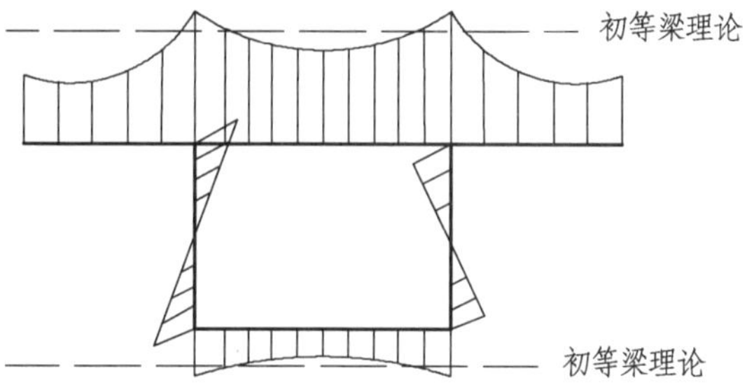

（a）正剪力滞后效应

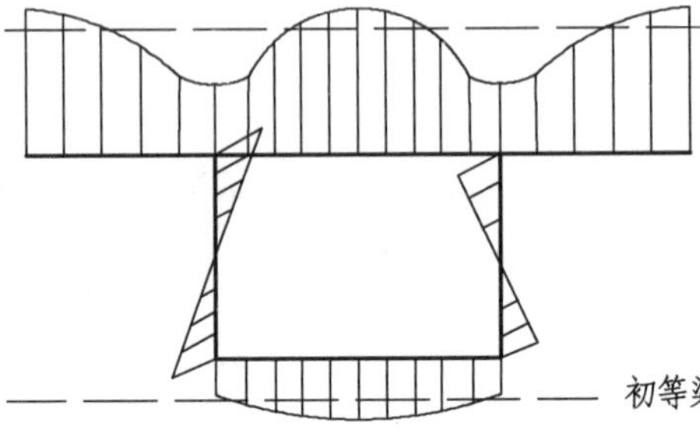

（b）负剪力滞后效应

图 6-1　剪力滞效应

在利用有限元进行分析时，为方便计算，剪力滞效应通常使用剪力滞系数来表示[7-10]，剪力滞系数由式（6-1）计算得出：

$$\lambda = \frac{\sigma_1}{\sigma_2} \tag{6-1}$$

式中：λ为剪力滞系数，$\lambda > 1$ 为正剪力滞效应，$\lambda < 1$ 为负剪力滞效应；σ_1 为考虑剪力滞效应所求得的正应力；σ_2 为按照初等梁理论所求得的正应力。

6.2　槽形梁桥正应力分析

一般情况下，当竖向荷载作用于桥面板时，桥面板将大部分作用力通过边梁将荷载传递给支座。由于槽形梁主跨跨中是整体结构挠度最大处，同时支点截面受力复杂，下面对全桥纵向正应力、控制截面（边支座截面、主跨跨中截面、中支座处截面）应力情况进行详细分析。

6.2.1　全桥纵向正应力分析

探索槽形梁在不同工况作用下的应力分布，图 6-2 所示为槽形梁在表 5-4 工况一至工况四作用下的纵向正应力云图。

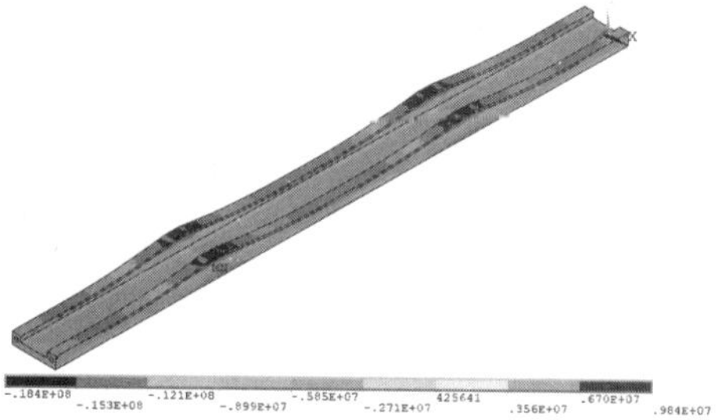

（a）工况一作用下槽形梁纵向正应力云图

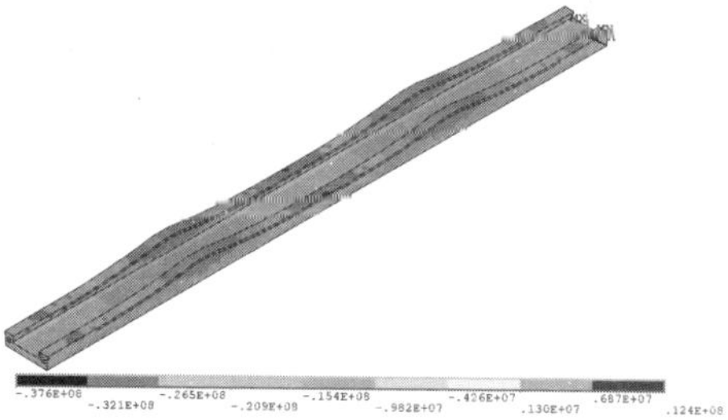

（b）工况二作用下槽形梁纵向正应力云图

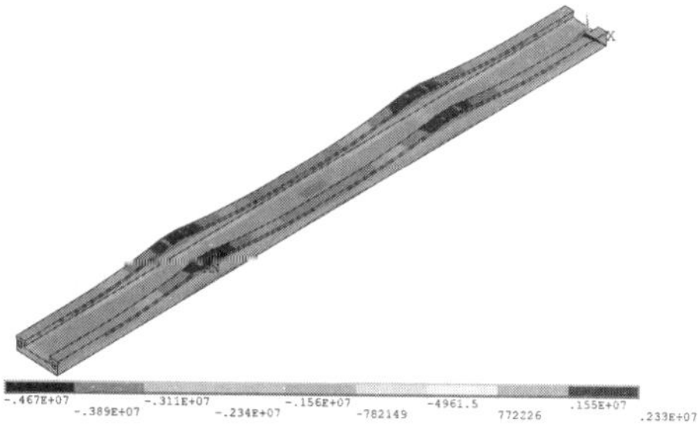

（c）工况三作用下槽形梁纵向正应力云图

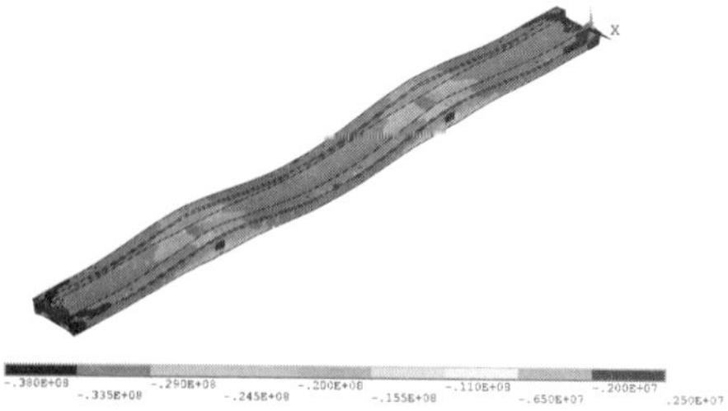

（d）工况四作用下槽形梁纵向正应力云图

图 6-2　各种工况作用下槽形梁纵向正应力云图（单位：Pa）

由图 6-2（a）可以看出，槽形梁在自重和二期荷载的作用下，槽形梁在中支座附近产生较大的拉应力，最大纵向拉应力达到 9.84 MPa，而在各跨跨中上缘位置出现最大纵向压应力，最大压应力为 – 18.40 MPa；同时可以看出，在主跨跨中截面上缘受压，而截面下缘受拉。桥面板中纵向正应力分布较为均匀，主要集中在 – 2.71 ~ 0.43 MPa。

由图 6-2（b）可以看出，槽形梁在只有预应力作用下，中支座附近为压应力，且在中支座上缘附近，纵向压应力取到最大值，在主跨跨中位置附近呈现出上截面受拉、下截面受压的状态，整体来看，槽形梁在预应力的作用下与在自重 + 二期恒载的作用下，产生的力学效应有显著不同，导致在主跨跨中出现上拱的情况，进而导致在主跨跨中上缘出现拉应力。在此工况下，最不利位置位于中支座位置和主跨跨中上缘。

由图 6-2（c）可以看出，槽形梁在只有 ZKH 活载的作用下，槽形梁受力和变形大致上与工况一的情况相似，均在中支座上缘附近出现较大的拉应力；主跨跨中截面表现为上缘受压，而截面下缘受拉。此时槽形梁产生的最大拉应力为 2.33 MPa，最大压应力为 – 4.67 MPa。

由图 6-2（d）可以看出，槽形梁在工况四的综合效应作用下，边支座位置处以及边梁腹板位置附近出现一部分拉应力，最大拉应力为 2.5 MPa，出现这种情况的原因是槽形梁在受力时，边支座位置处有着预应力锚固区，同时在弯矩、剪力和扭矩的作用下，导致此处产生较大的拉应力。拉应力出现在桥梁中心线以及边梁腹板的外侧，在边梁横隔板处以及边梁腹板和桥面板交界处出现拉应力，此处属于薄弱位置。

为准确分析在工况四作用下槽形梁下缘纵向正应力分布情况，作槽形梁下缘中心线处和左侧边梁下缘（x = – 4.32 m）处纵向正应力沿桥长方向的分布图，如图 6-3 所示。可以看出纵向正应力均为压应力，沿着桥跨方向，两位置压应力分布大致为主跨跨中向中支座处增大，而后向边支座减小。桥梁中心线下缘和左侧边梁下缘压应力在主跨跨中分别为 – 3.39 MPa、– 3.06 MPa，在中支座（z = 40.6 m）处分别为 – 8.48 MPa、– 10.68 MPa，在中支座（z = 104.6 m）处分别为 – 8.57 MPa、– 13.54 MPa。

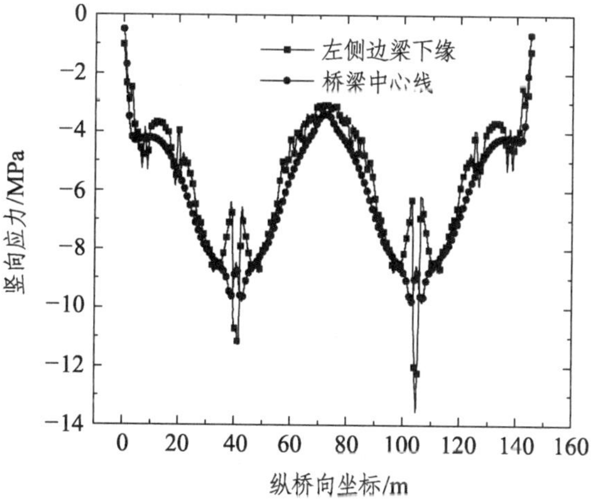

图 6-3 纵向正应力分布图

6.2.2 工况一下槽形梁控制截面应力分布

槽形梁在自重 + 二期荷载的作用下，边支座、主跨跨中、中支座横纵向正应力云图如图 6-4 ~ 图 6-6 所示。

图 6-4 所示为槽形梁边支座截面横纵向正应力分布云图。从图 6-4（a）中可以看出，边支座在自重和二期荷载的作用下产生的横向正应力主要在 – 2.08 ~ 1.03 MPa 范围内，此时最大横向压应力出现在边支座约束位置，为 – 6.74 MPa；同时可以看出，在边支座的边梁腹板隔墙处横向拉应力出现极大值，最大值为 2.58 MPa。从图 6-4（b）中可以看出，此时槽形梁纵向正应力数值大部分在 – 0.53 ~ 1.03 MPa 范围浮动，而在边支座约束位置，即桥面底板支座处出现最大纵向压应力，最大纵向压应力 – 6.74 MPa。

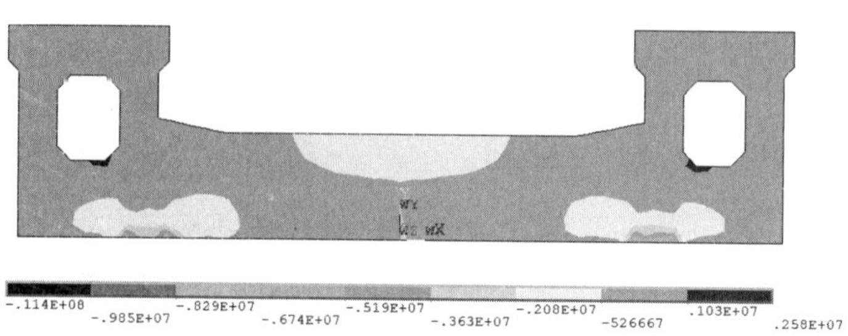

（a）边支座横向正应力云图

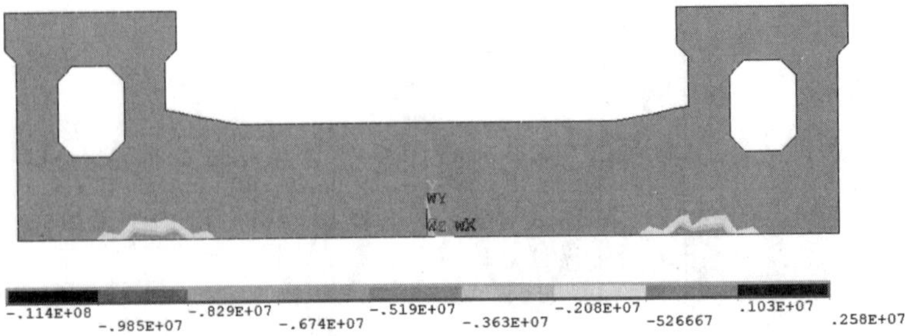

（b）边支座纵向正应力云图

图 6-4　边支座横纵应力云图（单位：Pa）

图 6-5 所示为槽形梁中支座截面横纵向正应力分布云图。从图 6-5（a）中可以看出，中支座截面在自重和二期荷载的作用下产生的横向正应力总体上是受压状态，此时最大横向压应力出现在中支座约束位置，为 – 10.00 MPa；同时可以看出，在中支座的边梁腹板隔墙处、角隅处以及边梁和桥面板结合处出现横向拉应力，排除网格划分不精确的原因，此时横向拉应力最大值为 2.89 MPa。从图 6-5（b）中可以看出，此时槽形梁纵向正应力沿边梁竖向分布不均匀，特别是边梁腹板隔墙位置应力较为复杂，边梁上缘附近出现拉应力，拉应力极大值为 9.80 MPa；而桥面板处纵向正应力沿竖向分布较为均匀，桥面板处纵向正应力表现为上部受拉、下部受压，在桥面底板纵向压应力存在极大值，此时最大纵向压应力为 – 7.23 MPa。

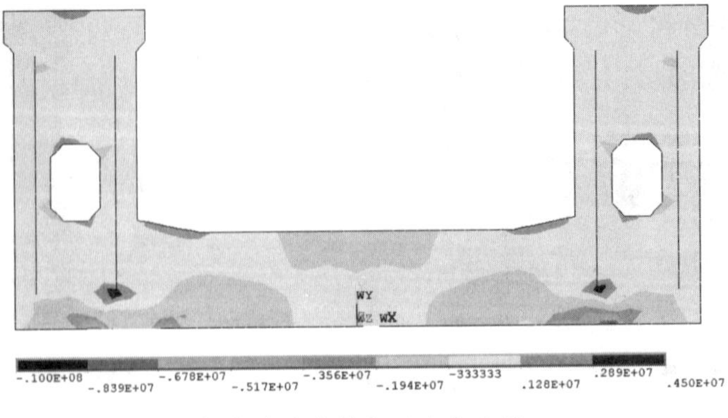

（a）中支座横向正应力云图

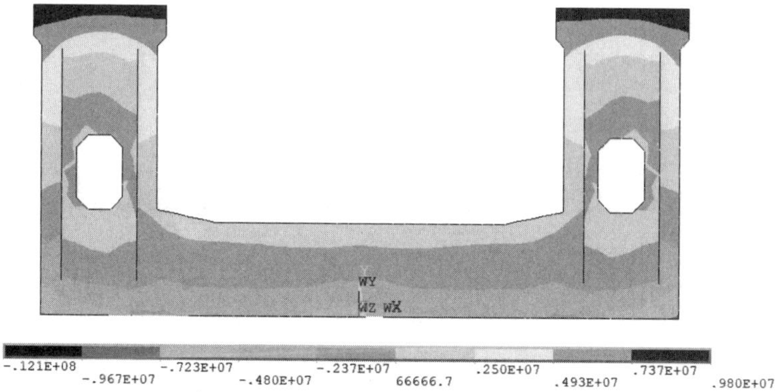

（b）中支座纵向正应力云图

图 6-5　中支座横纵应力云图（单位：Pa）

图 6-6 所示为槽形梁主跨跨中截面横纵向正应力分布云图。从图 6-6（a）中可以看出，主跨跨中在自重和二期荷载的作用下产生的横向正应力在边梁处分布较为均匀，桥面板处应力分布不均匀，此时桥面板上部受压、下部受拉，最大横向压应力出现在桥面顶板，最大横向压应力 – 1.92 MPa，排除网格划分不均匀的原因，最大横向拉应力出现在桥面底板，为 1.41 MPa；总体来看，槽形梁产生横向拉应力的位置主要是在角隅处、桥面板与边梁连接处。从图 6-6（b）可以看出，此时槽形梁纵向正应力沿竖向分布较均匀，纵向正应力分层分布，整体上呈现出上部受压、下部受拉的状态，最大纵向压应力为 – 8.99 MPa，最大纵向拉应力为 6.70 MPa。

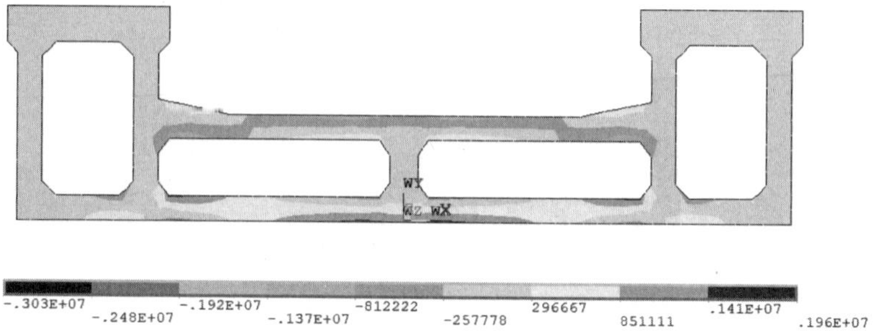

（a）主跨跨中横向正应力云图

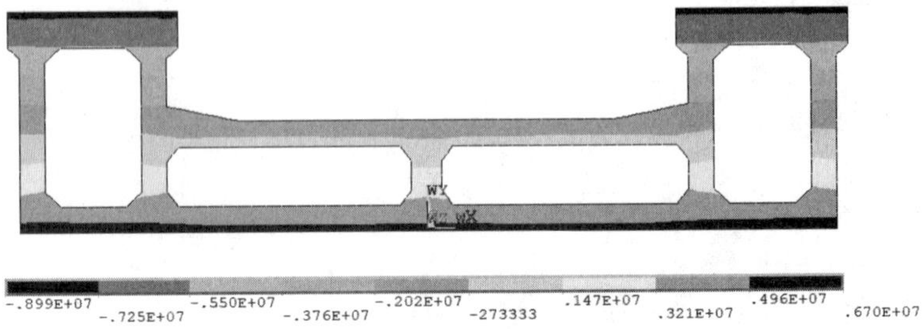

（b）主跨跨中纵向正应力云图

图 6-6　主跨跨中横纵应力云图（单位：Pa）

6.2.3　工况二下槽形梁控制截面应力分布

槽形梁在只有预应力作用下，边支座、主跨跨中、中支座横纵向正应力云图如图 6-7 ~ 图 6-9 所示。

图 6-7 所示为槽形梁边支座截面横纵向正应力分布云图。从图 6-7（a）中可以看出，边支座在预应力的作用下横向受力主要是下部受压，此时最大横向压应力出现在边支座约束位置，为 – 7.85 MPa；同时可以看出，在边支座的边梁腹板外侧横向拉应力出现极大值，最大值为 5.27 MPa。从图 6-7（b）中可以看出，边支座处槽形梁大部分处于受压状态，在桥面板锚固有纵向预应力筋，此时由于预应力的作用，在预应力筋附近压应力达到最大，最大压应力为 – 14.70 MPa；而在边支座约束位置，即桥面底板支座处出现最大纵向拉应力，最大纵向拉应力为 6.87 MPa。

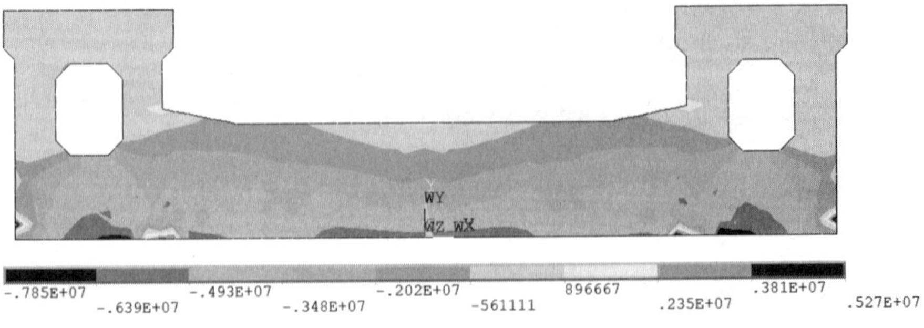

（a）边支座横向正应力云图

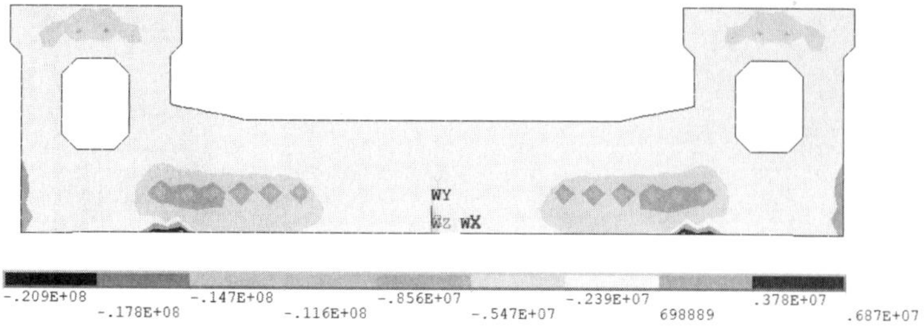

（b）边支座纵向正应力云图

图 6-7 边支座横纵应力云图（单位：Pa）

图 6-8 所示为槽形梁中支座截面横纵向正应力分布云图。从图 6-8（a）中可以看出，中支座在只有预应力作用下产生的横向正应力分布不均匀，此时最大横向压应力出现在边梁腹板隔墙位置，为 – 17.80 MPa；同时可以看出，在中支座截面的边梁腹板隔墙处、角隅处以及边梁和桥面板结合处出现横向拉应力，此时横向拉应力最大值为 3.78 MPa。从图 6-8（b）中可以看出，此时槽形梁纵向正应力沿边梁竖向分布不均匀，特别是边梁腹板隔墙位置应力较为复杂，边梁上缘附近出现压应力，压应力极大值为 – 20.90 MPa；而桥面板处纵向正应力沿竖向分布较为均匀，桥面板处纵向正应力表现为上部受压、下部受拉，在桥面底板纵向拉应力存在极大值，此时最大纵向拉应力为 3.78 MPa。

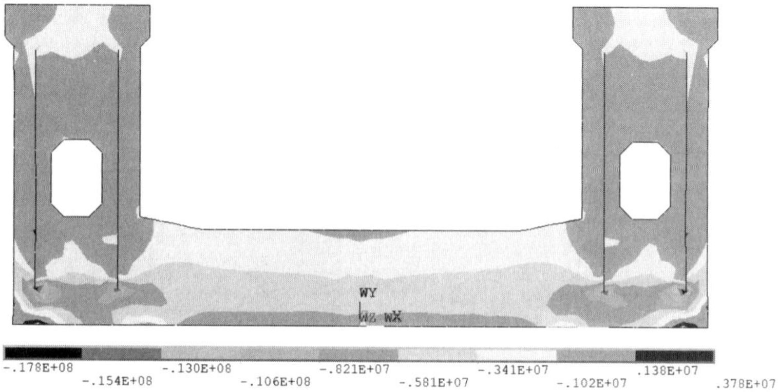

（a）中支座横向正应力云图

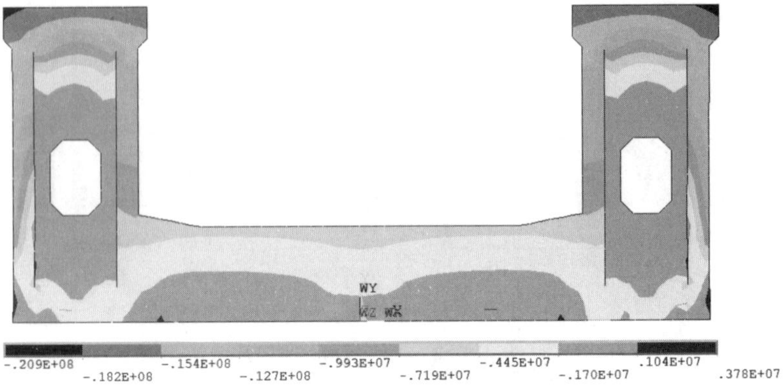

（b）中支座纵向正应力云图

图 6-8　中支座横纵应力云图（单位：Pa）

图 6-9 所示为槽形梁主跨跨中截面横纵向正应力分布云图。从图 6-9（a）中可以看出，在只有预应力的作用下此时主跨跨中截面上部受拉、下部受压，最大横向压应力出现在边梁腹板，最大横向压应力为 – 12.60 MPa，边梁腹板两侧出现较小范围的拉应力极大值，经验证为网格划分不精确导致，在边梁上缘、边梁与桥面板连接处出现横向拉应力，横向拉应力范围为 0.70 ~ 2.60 MPa。从图 6-9（b）中可以看出，此时槽形梁纵向正应力沿竖向分布较均匀，纵向正应力分层分布，整体上呈现出上部受拉、下部受压的状态，最大纵向压应力为 – 12.60 MPa，在边梁上缘外侧出现最大纵向拉应力，此时最大纵向拉应力为 10.00 MPa。

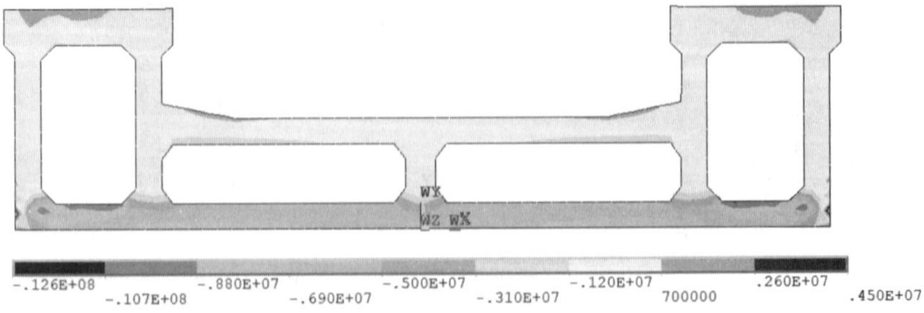

（a）主跨跨中横向正应力云图

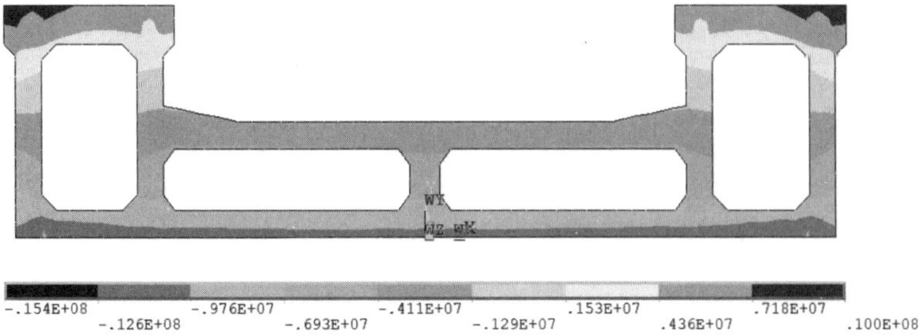

（b）主跨跨中纵向正应力云图

图 6-9　主跨跨中横纵应力云图（单位：Pa）

6.2.4　工况三下槽形梁控制截面应力分布

槽形梁在只有 ZKH 活载作用下，边支座、主跨跨中、中支座横纵向正应力云图如图 6-10～图 6-12 所示。

图 6-10 所示为槽形梁边支座截面横纵向正应力分布云图。从图 6-10（a）中可以看出，边支座在 ZKH 活载的作用下最大横向压应力出现在边支座约束位置和桥面顶板桥梁中心线处，最大横向压应力为 – 1.26 MPa；在边支座的桥面底板中心线处以及边梁腹板横隔板处横向拉应力出现极大值，极大值为 0.90 MPa。从图 6-10（b）中可以看出，边支座处槽形梁应力分布均匀，且纵向正应力数值多集中在 – 0.17～0.17 MPa，在边支座约束位置，即桥面底板支座处出现最大纵向压应力，最大纵向压应力为 – 1.54 MPa。

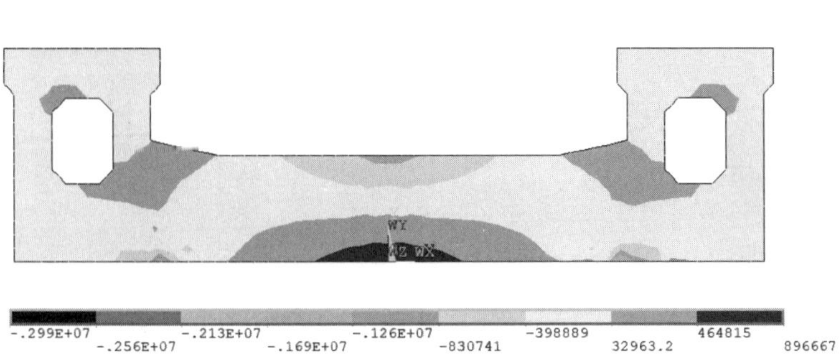

（a）边支座横向正应力云图

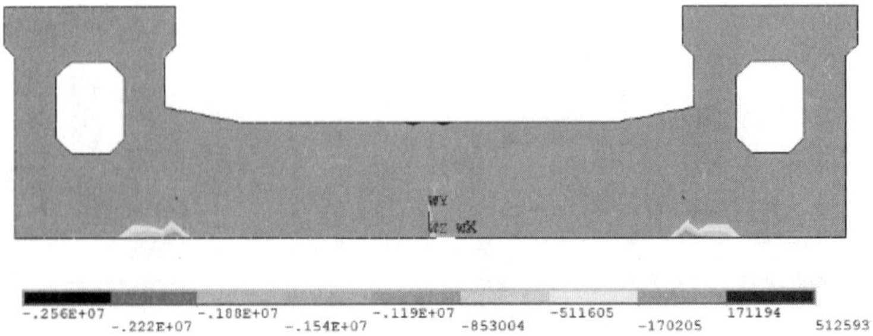

（b）边支座纵向正应力云图

图 6-10　边支座横纵应力云图（单位：Pa）

图 6-11 所示为槽形梁中支座截面横纵向正应力分布云图。从图 6-11（a）中可以看出，中支座在只有 ZKH 活载作用下产生的横向正应力在桥面板中分布不均匀，此时最大横向压应力出现在槽形梁桥面顶板中心位置，为 – 1.90 MPa；相反在桥面底板中心处出现横向拉应力，此时横向拉应力最大值为 1.12 MPa。从图 6-11（b）中可以看出，此时槽形梁纵向正应力沿边梁竖向分布不均匀，特别是边梁腹板隔墙位置应力较为复杂，边梁上缘附近出现拉应力，拉应力极大值为 2.33 MPa；而桥面板处纵向正应力沿竖向分布较为均匀，桥面板处纵向正应力表现为上部受拉、下部受压，在桥面底板中心处纵向压应力存在极大值，此时最大纵向压应力为 1.90 MPa。

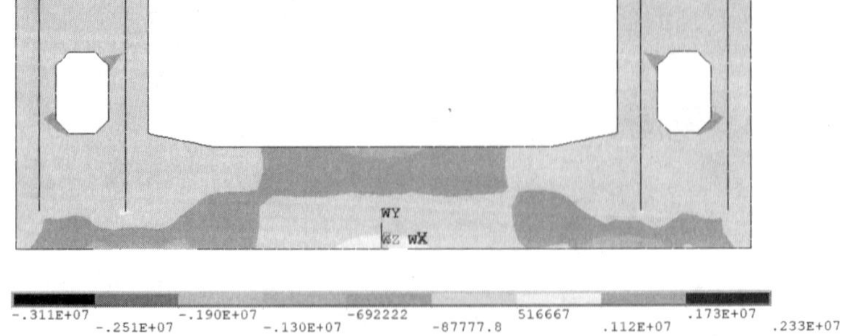

（a）中支座横向正应力云图

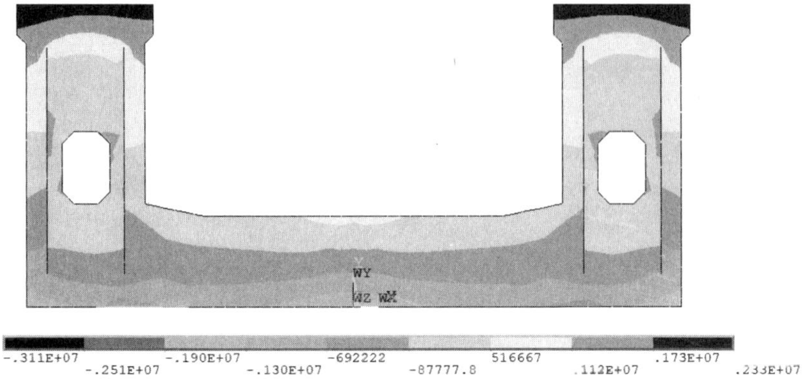

（b）中支座纵向正应力云图

图 6-11 中支座横纵应力云图（单位：Pa）

图 6-12 所示为槽形梁主跨跨中截面横纵向正应力分布云图。从图 6-12（a）中可以看出，主跨跨中在只有 ZKH 活载的作用下产生的横向正应力在边梁处分布较为均匀，桥面板处应力分布不均匀，此时桥面板上部受压、下部受拉，最大横向压应力出现在桥面顶板中心处，最大横向压应力为 – 4.02 MPa，最大横向拉应力出现在桥面底板，为 2.24 MPa；总体来看，槽形梁产生横向拉应力的位置主要是在角隅处、桥面板与边梁连接处。从图 6-12（b）中可以看出，此时槽形梁纵向正应力沿竖向分布较均匀，纵向正应力分层分布，整体上呈现出上部受压、下部受拉的状态，最大纵向压应力为 – 2.34 MPa，最大纵向拉应力为 2.33 MPa。

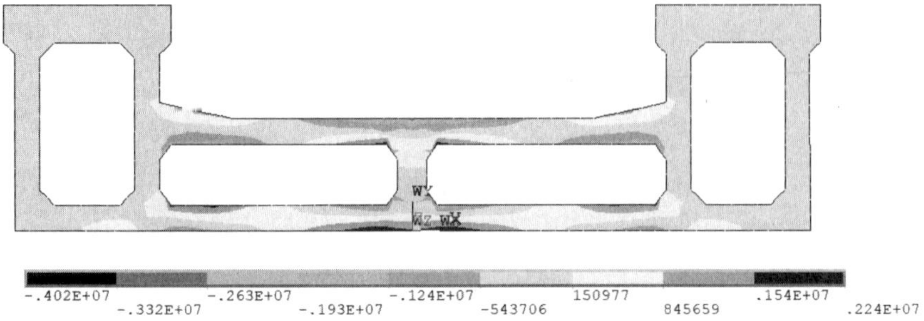

（a）主跨跨中横向正应力云图

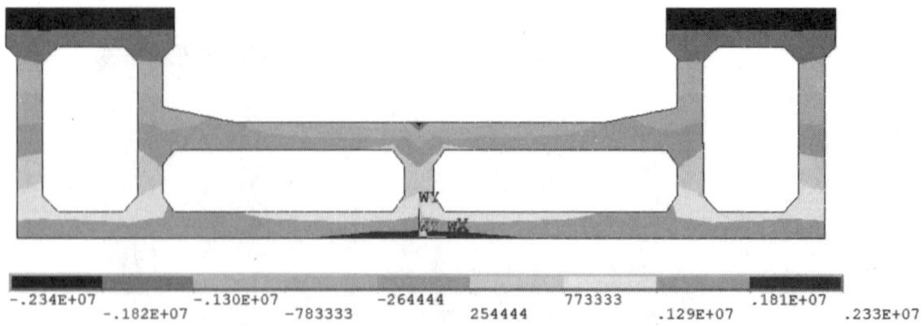

（b）主跨跨中纵向正应力云图

图 6-12　主跨跨中横纵应力云图（单位：Pa）

6.2.5　工况四下槽形梁控制截面应力分布

槽形梁在恒载 + 活载作用下，边支座、主跨跨中、中支座纵向正应力云图如图 6-13 ~ 图 6-15 所示。

图 6-13 所示为槽形梁边支座截面横纵向正应力分布云图。从图 6-13（a）中可以看出，边支座在恒载 + 活载的作用下产生的横向正应力主要在边梁上半部分受拉，桥面板基本上处于受压状态，此时最大横向压应力出现在边支座约束位置，为 – 11.00 MPa；边梁腹板外侧存在极小部分区域拉应力较大，经检验发现是网格划分在此处不精确导致，排除此处拉应力，在边支座的边梁腹板处横向拉应力出现极大值，最大值为 3.52 MPa。图 6-13（b）所示为槽形梁边支座截面纵向正应力分布云图，桥面板为实心截面，且此处锚固有纵向预应力筋。边支座处槽形梁大部分处于受压状态，在预应力筋附近，压应力达到最大，最大压应力为 – 15.07 MPa；在桥梁中心线位置以及边梁腹板外侧产生了拉应力，最大拉应力为 2.50 MPa。

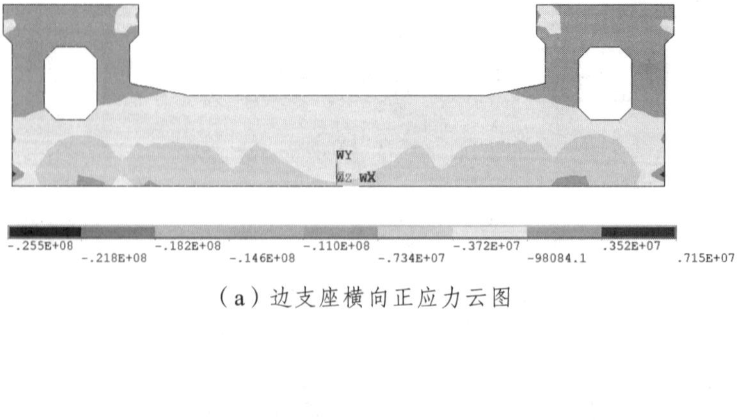

（a）边支座横向正应力云图

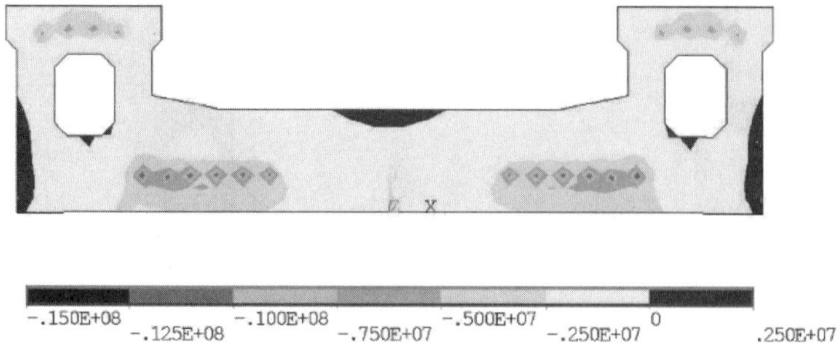

（b）边支座纵向正应力云图

图 6-13 边支座截面横纵应力云图（单位：Pa）

图 6-14 所示为槽形梁中支座截面横纵向正应力分布云图。从图 6-14（a）中可以看出，中支座在恒载 + 活载的作用下桥面板上部受拉、下部受压，而边梁基本上处于受拉状态，此时最大横向压应力出现在桥面底板，为 – 19.00 MPa；同时可以看出，在中支座的边梁腹板隔墙处、角隅处以及边梁和桥面板结合处出现横向拉应力，排除网格划分不精确的原因，此时横向拉应力最大值为 3.52 MPa。桥面板往往承受纵、横向弯矩共同作用，而边梁除了受弯曲应力和剪应力之外，还会产生扭转应力。由图 6-14（b）可知，桥面板整体上处于受压状态，从桥面顶板至底板，纵向正应力呈层状分布并逐渐增大；纵向正应力沿边梁高度方向先减小而后增大，截面最大压应力为 – 18.33 MPa，出现在边梁下缘；中支座边梁横隔板设置有 1 m 高进人孔，此处应力较为复杂，最大拉应力达到 1.74 MPa。

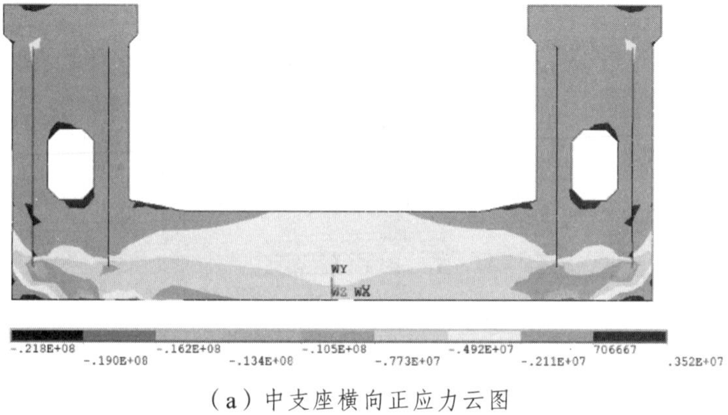

（a）中支座横向正应力云图

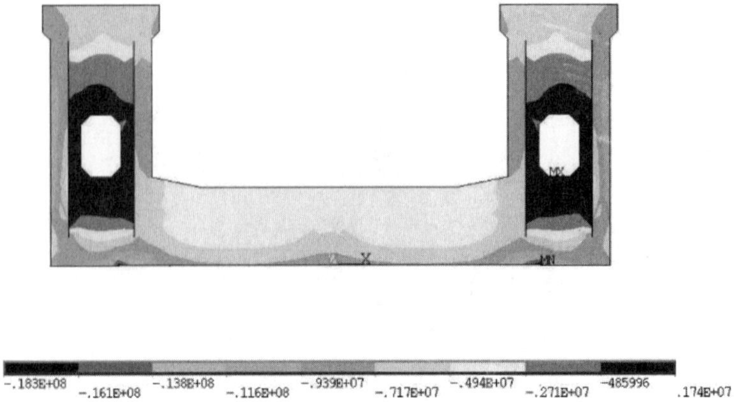

（b）中支座纵向正应力云图

图 6-14　中支座截面横纵应力云图（单位：Pa）

图 6-15 所示为槽形梁主跨跨中截面横纵向正应力分布云图。由图 6-15（a）知，主跨跨中在恒载 + 活载的作用下产生的横向正应力在主跨跨中截面分布不均匀，此时桥面板上部受拉、下部受压，最大横向压应力出现在桥面顶板，最大横向压应力为 – 1.92 MPa，最大横向拉应力出现在桥面底板，为 – 10.60 MPa；槽形梁产生横向拉应力的位置主要是在角隅处、桥面板与边梁连接处，且最大横向拉应力为 3.52 MPa。主跨跨中截面应力云图如图 6-15（b）所示，在桥梁纵向除边梁上缘外侧局部受拉外，跨中截面基本均处于受压状态。边梁内侧腹板纵向压应力高于外侧压应力，最大压应力为 – 6.04 MPa；边梁上缘纵向正应力从内侧到外侧逐渐减小，边梁上缘外侧最大拉应力为 0.50 MPa。

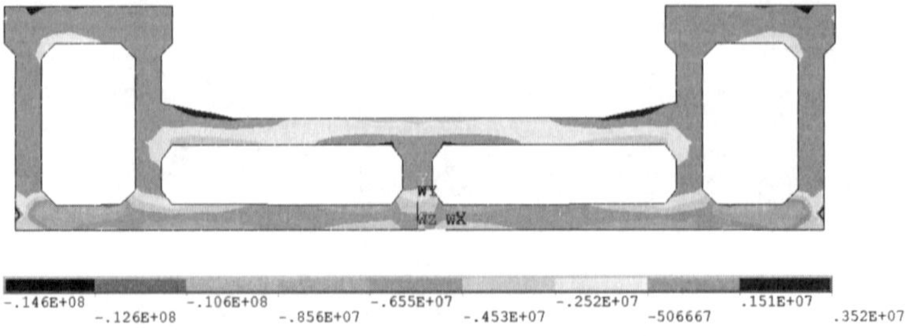

（a）主跨跨中横向正应力云图

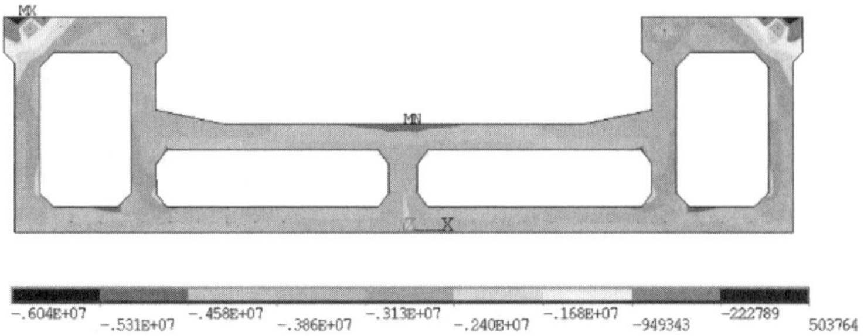

（b）主跨跨中纵应力云图

图 6-15 主跨跨中横纵应力云图（单位：Pa）

综合图 6-15 中桥梁各控制截面应力分布情况，在恒载 + 活载作用的情况下，边梁横隔板位置比较复杂，容易产生拉应力，但此时混凝土的拉应力较小；另外，此槽形梁的截面属于开口截面，边梁腹板和桥面板交界处承受弯扭作用，此处属于薄弱位置，可以通过增加配筋来降低局部应力。

由于槽形梁桥面底板在双向受弯条件下容易出现裂缝，特别是底板与边梁下缘连接处，应力较为复杂，所以作恒载 + 活载作用下跨中截面以及中支座（$z = 40.6$ m）截面的下缘纵向正应力沿桥横向方向分布曲线如图 6-16 所示。

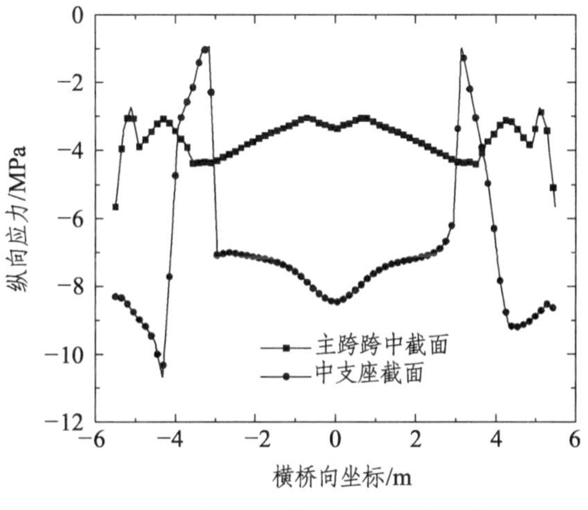

图 6-16 桥梁下缘纵向正应力分布

可见主跨跨中截面桥面板纵向正应力较小，桥面底板中心压应力明显小于边缘压应力，桥面板中剪力滞效应较为明显；边梁最大压应力高于桥面板最大压应力，边梁下缘最大压应力达到 – 5.65 MPa，边梁下缘应力分布不均匀现象较显著。中支座处截面桥面板范围内混凝土的纵向压应力在 – 6.74 MPa 至 – 8.76 MPa，由于边梁下缘有支座支撑，所以边梁下缘应力较大，最大压应力为 – 10.68 MPa，预应力使得槽形梁的拉应力大幅降低，提高了槽形梁的抗裂性能。

6.3 槽形梁桥剪力滞分析

6.3.1 剪力滞纵向分布规律

图 6-17 所示是槽形梁在工况四作用下桥面顶底板的剪力滞系数纵向变化规律，系数取自桥面板中心线处。

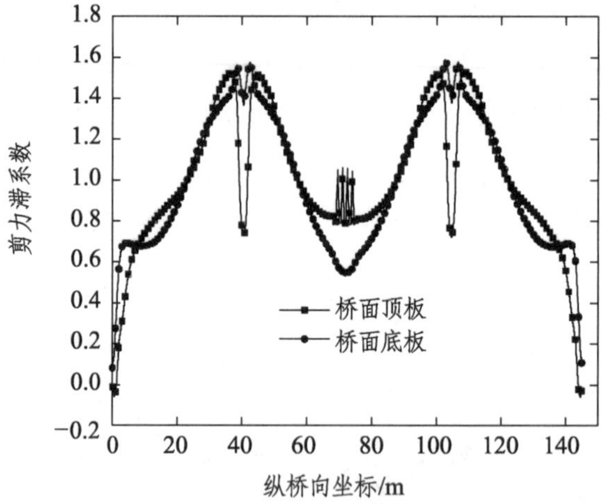

图 6-17 槽形梁沿纵向桥面板剪力滞情况

由图 6-17 可以看出，桥面顶板的剪力滞系数曲线变化，在主跨跨中位置附近出现剪力滞突变的现象，这种现象是由于此处直接作用有 ZKH 活载中的集中荷载，导致此处应力发生突变，进而引起剪力滞系数的变化，工况四桥面顶板最大剪力滞系数为 1.50。而桥面底板在边支座和主跨跨中附近出现负剪力滞的现象，在中支座附近出现正剪力滞的现象，工况四桥面底板最大剪力滞系数为 1.59。由此可见，剪力滞效应在进行分析计算时不能忽略。

6.3.2 槽形梁桥主跨跨中截面的剪力滞横向分布规律

为了找到槽形梁的剪力滞情况，分析不同工况作用下主跨跨中位置桥面板的剪力滞情况，如图 6-18 所示。从图中可以看出，在工况一作用下，主跨跨中截面桥面顶板剪力滞系数变化较大，在顶板中心线处出现了正剪力滞现象，而在顶板边缘处出现负剪力滞现象，此时最大剪力滞系数为 1.16；相反，主跨跨中桥面底板的剪力滞系数在 0.98 ~ 1.02 范围内浮动，且浮动范围较小，说明在工况一的作用下桥面底板剪力滞效应较小。在工况二作用下，桥面顶板最大剪力滞系数为 1.08，出现在顶板中心线位置，在 $z = -1.59 \sim 1.62$ m 的位置，槽形梁出现正剪力滞的现象，在其余位置出现负剪力滞的现象；桥面底板最大剪力滞系数为 1.04，在底板中心线出现正剪力滞现象。在工况三作用下，桥面顶板剪力滞系数在顶板中心线位置出现极值，这是因为此处直接作用有 ZKH 活载，导致此处应力发生突变，在顶板中心线位置发生正剪力滞现象，在其余位置发生负剪力滞现象；桥面底板剪力滞系数在 0.79 ~ 1.21 附近浮动，底板中心线位置出现正剪力滞现象。

在工况四作用下，桥面顶板最大剪力滞系数为 1.50，出现在顶板中心线位置，在多重荷载的作用下，呈现出与其他工况相同的规律，即在中心线附近出现正剪力滞现象，在其余位置出现负剪力滞现象。而桥面底板剪力滞情况与之相反，槽形梁正剪力滞的现象出现在桥面底板边缘附近，而底板中心位置附近出现负剪力滞的现象，此时最大剪力滞系数为 1.20。

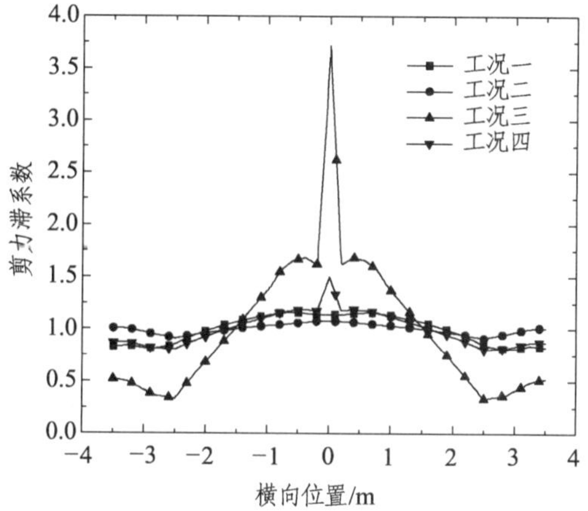

（a）各工况桥面顶板剪力滞系数

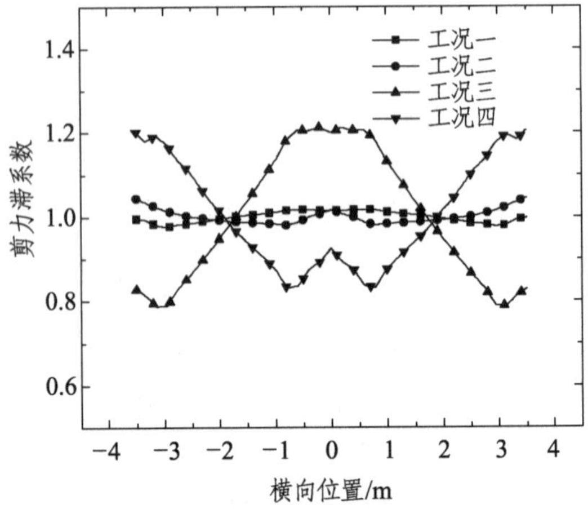

（b）各工况桥面板剪力滞系数

图 6-18 不同工况下主跨跨中截面桥面板剪力滞情况

6.3.3 槽形梁桥中支座截面的剪力滞横向分布规律

分析不同工况作用下中支座截面桥面板的剪力滞情况，如图 6-19 所示。由图 6-19（a）可以看出，工况一与工况三中支座截面桥面顶板剪力滞系数变化趋势相同，此时这两种工况分别是自重二期恒载与 ZKH 活载的单独作用，产生的剪力滞效应相比其他工况较为显著，顶板中心线位置最大剪力滞系数达到 1.68 和 2.07，正剪力滞效应主要集中在顶板中心线附近位置；在工况二作用下，由于此时只有单一预应力的作用，剪力滞效应较弱，剪力滞系数在 0.94 ~ 1.11 区间内，桥面顶板边缘至中心线位置，剪力滞系数呈现先减小后增大的趋势；在工况四常规荷载作用下，正剪力滞效应主要在桥面顶板边缘附近，而负剪力滞效应集中在桥面顶板中心处附近，此时应注意在进行设计计算时，中支座截面桥面顶板工况四剪力滞系数取值不应小于 1.35。

由图 6-19（b）可知，在工况一、工况三和工况四作用下，中支座桥面底板剪力滞系数变化趋势基本相同，均在底板边缘位置出现负剪力滞效应，而在底板中心位置出现正剪力滞效应，此时最大剪力滞系数分别为 1.26、1.40 和 1.27；工况二作用时剪力滞系数变化较大，在底板边缘位置应力发生突变，此时最大剪力滞系数为 1.72，最小剪力滞系数为 – 1.15。

由此可见，中支座截面桥面板出现正负剪力滞效应交替现象，在常规计算中，工况四相比其余单一荷载作用剪力滞效应要小。在进行设计计算时，为安全起见,恒载+活载作用下中支座截面桥面板剪力滞系数不应小于1.35。

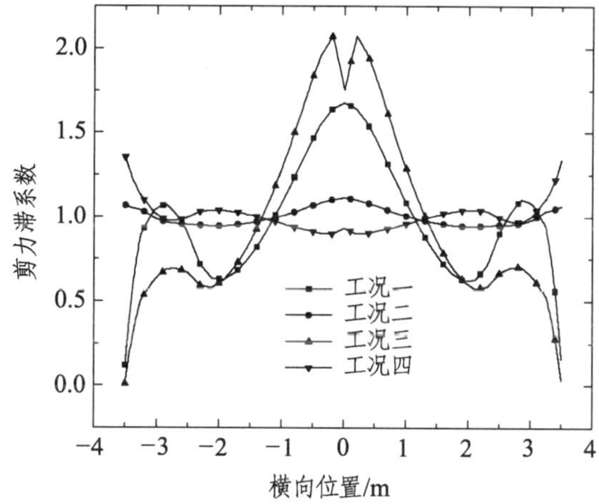

（a）各工况桥面顶板剪力滞系数

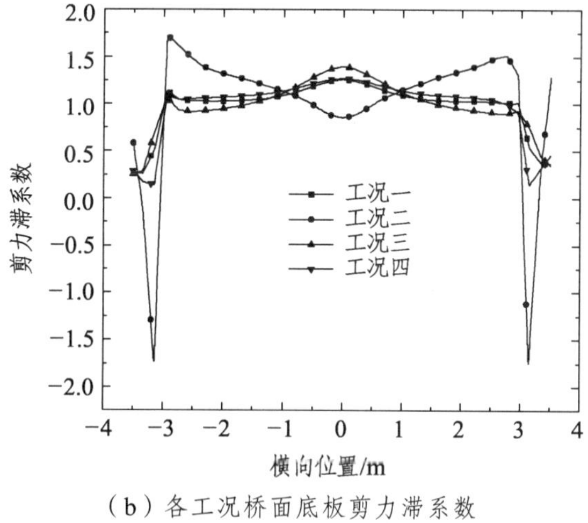

（b）各工况桥面底板剪力滞系数

图6-19 不同工况下中支座截面桥面板剪力滞情况

6.4 槽形梁桥面板有效宽度

槽形梁在整体受力的过程中，将其桥面板看作边梁的翼缘和边梁共同承担荷载的作用，此时桥面板作为边梁翼缘受拉，这与连续 T 形梁中间支座的负弯矩区的情况类似。如图 6-20 所示为有效宽度与主梁组成的槽形梁计算截面。

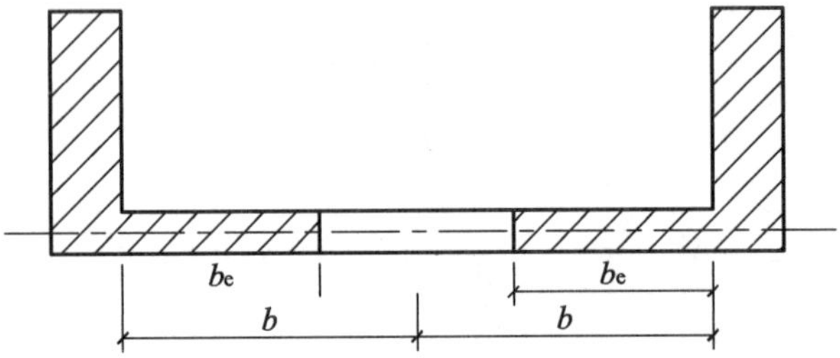

图 6-20　有效宽度内桥面板与边梁组成的计算截面

在进行槽形梁截面应力分析时，同样可以利用桥面板有效宽度进行计算[11-14]，即在桥面板有效宽度范围内，假设在其有效宽度内纵向正应力均匀分布，并且为原截面的应力最大值，与实际桥面板的合力静力等效，因此可以得出桥面板的有效宽度如式（6-2）所示：

$$b_e = \int_0^b \sigma(x)\mathrm{d}x / \sigma_{\max} \tag{6-2}$$

式中：$\sigma(x)$ 为桥面板纵向正应力分布；$\sigma_{\max}$ 为桥面板上纵向正应力最大值；b 为槽形梁边梁腹板中心距的一半，沿着桥面板中心平面量取；b_e 为桥面板有效宽度的一半。

令 $\varPsi(x)$ 为槽形梁有效宽度比，桥面板与边梁共同作用的有效宽度如式（6-3）所示：

$$b_e = \varPsi b \tag{6-3}$$

计算可得，在恒载＋活载（工况四）作用下，对于主跨跨中附近截面的有效宽度比取 0.83，边支座附近截面的有效宽度比取 1；中支座附近截面的有效宽度比取 0.74。

6.5　本章小结

本章首先给出了槽形梁剪力滞的基本概念，基于之前建立的连续槽形梁三维实体有限元模型，开展了槽形梁剪力滞效应分析，研究了连续槽形梁控制截面分布情况，并且研究了槽形梁纵向以及横向剪力滞分布规律，最后给出了槽形梁桥面板有效宽度的计算。主要结论如下：

（1）本章利用有限元软件 ANSYS，进行槽形梁纵向正应力分析，得出边支座截面槽形梁大部分处于受压状态，在预应力筋附近，压应力达到最大，最大压应力为 – 15.07 MPa，在桥梁中心线位置以及边梁腹板外侧产生了拉应力，最大拉应力为 2.50 MPa。主跨跨中截面除边梁上缘外侧局部受拉外，基本均处于受压状态，且边梁内侧腹板纵向压应力高于外侧压应力，最大压应力为 – 6.04 MPa，边梁上缘纵向正应力从内侧到外侧逐渐减小，边梁上缘外侧最大拉应力为 0.50 MPa。中支座截面桥面板整体上处于受压状态，从桥面顶板至底板，纵向正应力呈层状分布并逐渐增大，纵向正应力沿边梁高度方向先减小而后增大，截面最大压应力为 – 18.33 MPa，出现在边梁下缘，中支座边梁横隔板最大拉应力达到 1.74 MPa。在恒载 + 活载作用下边梁横隔板位置以及边梁腹板和桥面板交界处容易产生应力集中，此处属于薄弱位置，可以通过增加配筋来降低局部应力。

（2）在恒载 + 活载（工况四）作用下，桥面顶板的剪力滞在主跨跨中位置附近发生突变，沿桥纵向桥面顶板最大剪力滞系数为 1.50，桥面底板最大剪力滞系数为 1.59，此时槽形梁沿桥纵向剪力滞分布规律主要在边支座和主跨跨中附近出现负剪力滞的现象，在中支座附近出现正剪力滞的现象。

（3）对于主跨跨中截面，不同工况下桥面顶板均在桥梁中心线位置出现正剪力滞效应，其余位置出现负剪力滞效应，随着荷载的组合，剪力滞效应得到缓和；桥面底板在工况一和工况二作用下剪力滞效应较小，在 ZKH 活载加入后剪力滞效应发生变化，此时工况四桥面底板的正剪力滞效应主要发生在底板与边梁交界处。对于中支座截面，桥面顶板剪力滞变化比主跨跨中位置明显，随着预应力的加入，剪力滞效应逐渐减弱，最终在顶板与腹板交界处出现正剪力滞效应；桥面底板正剪力滞效应主要发生在桥梁中心处。

（4）对于恒载 + 活载作用下槽形梁桥面板的有效宽度比建议值，主跨跨中附近截面取 0.83，边支座附近截面取 1；中支座附近截面取 0.74。

参考文献

[1] 韩冰，卫星，张伟勇，等. 大跨公铁同层斜拉桥超宽幅钢箱梁剪力滞效应[J]. 铁道标准设计，2022，66（11）：82-87 + 113.

[2] 许世展，冯冠杰，陈淮. 波形钢腹板多室箱梁部分斜拉桥剪力滞效应分析[J]. 世界桥梁，2019，47（6）：58-64.

[3] 周月娥，刘泰玉，严鹏. 剪力滞效应下箱型梁的可靠度分析[J]. 科学技术与工程，2022，22（16）：6613-6618.

[4] 陈建民，骆维斌，冀伟. 变截面箱梁桥悬臂施工过程剪力滞效应[J]. 科学技术与工程，2022，22（31）：13950-13957.

[5] 蔺鹏臻，刘凤奎，冀伟，等. 变分原理分析混凝土箱梁的剪力滞效应[J]. 铁道学报，2013，35（2）：93-98.

[6] 周世军，黄瑜，江瑶，等.单箱双室组合箱梁剪力滞效应分析[J]. 建筑科学与工程学报，2017，34（6）：110-115.

[7] ZHU L，NIE J G，JI WY. Positive and negative shear lag behaviors of composite twin-girder decks with varying cross-section[J]. Science China（Technological Sciences），2017，60（1）：116-132.

[8] 张慧，张玉元，张元海，等. 单箱双室简支箱梁剪切变形及剪力滞双重效应分析[J]. 应用数学和力学，2016，37（8）：791-803.

[9] 陈水生，田正龙，桂水荣. 单箱多室波形钢腹板箱梁剪力滞研究[J]. 公路交通科技，2015，32（7）：69-75.

[10] 周聪，汪建群，李立峰. 变截面波形钢腹板组合箱梁剪力滞效应的比拟杆法求解[J]. 铁道学报，2022，44（4）：143-152.

[11] 王淼，顾萍. 预制主梁现浇道床板的槽形梁研究[J]. 同济大学学报（自然科学版），2003（7）：808-812.

[12] 韦成龙，李斌. 槽型宽翼梁剪滞效应分析的有限段法[J]. 公路交通科技，2009，26（1）：83-87.

[13] 卫星，古兴宇，戴李俊，等. 轨道交通 W 型槽梁在顶推施工中时变剪力滞效应[J]. 中国测试，2021，47（6）：91-94.

[14] 王根会，甘子玉. 梯形槽梁空间力学性能分析的理论解法[J]. 铁道工程学报，2022，39（9）：38-43.

7

槽形梁桥设计优化

结构优化设计是相对于传统的结构设计而言的，其将数学的最优化原理与电子计算机技术相融合，进而运用到结构设计中。在达到全部设计需求的同时，尽可能地减少所需要的花费，例如，质量、面积、应力、成本等，也就是说，从经过计算得到的多个备选中，选择出一个在多种限制条件下的最佳构件尺寸和结构形式[1-3]。本章主要探讨了不同跨度下槽形梁桥的最经济截面，最终通过优化程序得出了连续槽形梁桥的最佳截面参数。

7.1 不同跨度下槽形梁桥的经济截面

槽形梁的边梁和桥面板均可以采用板或箱形截面。在之前的桥梁设计中主要采用板式截面桥梁，后来的使用研究发现，板式截面桥梁自重较大且浪费了较多的材料，是不经济的。而后出现箱形截面的设计方式，在原有的板式截面基础上挖空一部分，在满足竖向抗弯刚度的基础上，减轻自重同时节省材料，进而得到较好的经济效益，然而板式、箱形边梁和桥面板在不同跨度的应用范围还需要进一步研究。因此通过有限元软件建立板式边梁和板式桥面板、板式边梁和箱形桥面板、箱形边梁和板式桥面板以及箱形边梁和箱形桥面板的槽形梁，分析它们在自重和二期恒载作用下不同跨度的受力和变形，进而给出其在不同跨度下的应用范围。

（1）建立板式边梁和板式桥面板（截面一）槽形梁的空间实体有限元模型，跨中横截面以及全桥有限元模型如图 7-1（a）和图 7-1（b）所示。该槽形梁桥梁高为 3.10 m，桥面全宽 14.40 m，底宽 12.40 m，桥面板厚 0.50 m。

（2）建立板式边梁和箱形桥面板（截面二）槽形梁的空间实体有限元模型，跨中横截面以及全桥有限元模型如图 7-1（c）和图 7-1（d）所示。该槽形梁桥梁高为 3.10 m，桥面全宽 14.40 m，底宽 12.40 m，桥面板厚 1.5 m。

（3）建立箱形边梁和板式桥面板（截面三）槽形梁的空间实体有限元模型，跨中横截面以及全桥有限元模型如图 7-1（e）和图 7-1（f）所示。该槽形梁桥梁高为 3.10 m，桥面全宽 14.40 m，底宽 12.40 m，桥面板厚 0.5 m。

（4）建立箱形边梁和箱形桥面板槽形梁（截面四）的空间实体有限元模型，跨中横截面以及全桥有限元模型如图 7-1（g）和图 7-1（h）所示。该槽形梁桥梁高为 3.10 m，桥面全宽 14.40 m，底宽 12.40 m，桥面板厚 1.5 m。

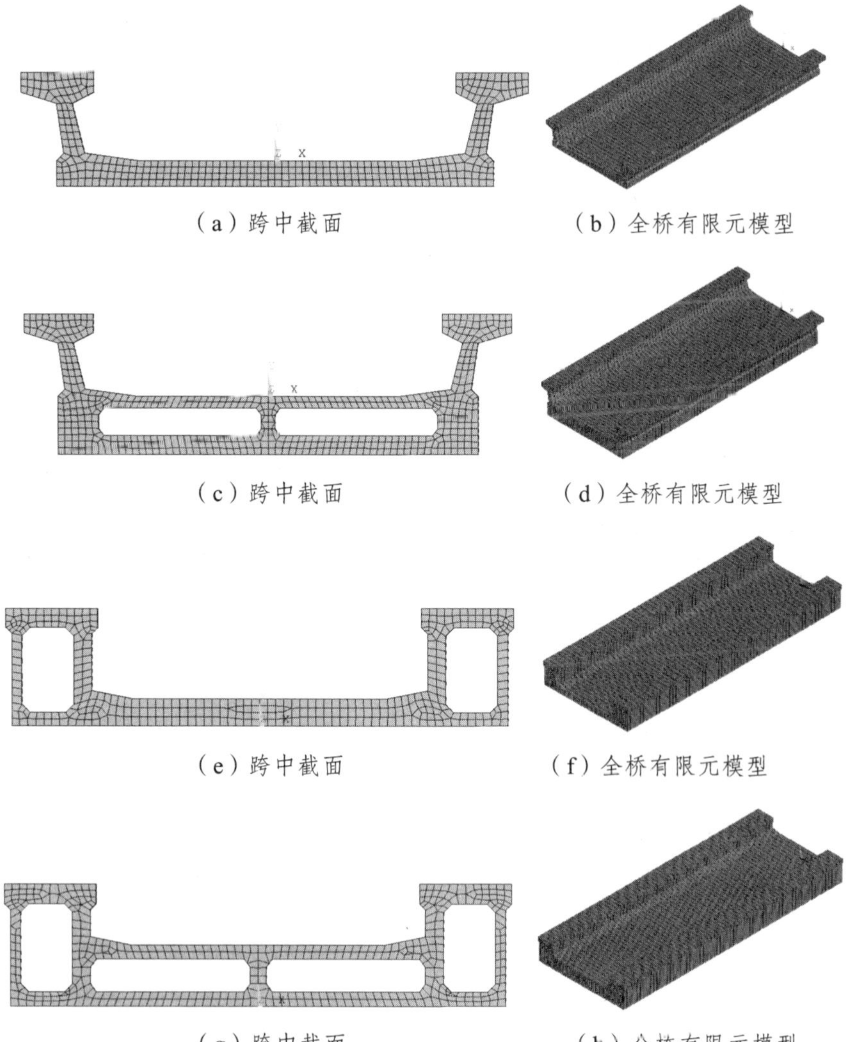

（a）跨中截面　（b）全桥有限元模型

（c）跨中截面　（d）全桥有限元模型

（e）跨中截面　（f）全桥有限元模型

（g）跨中截面　（h）全桥有限元模型

图 7-1　4 种不同截面的槽形梁有限元模型

通过分析常用跨度下此槽形梁的经济截面，得到表 7-1 所示的在自重和二期恒载作用下不同跨度下槽形梁的应力、变形和造价结果，以下不同截面形式槽形梁桥假设处于同一地质条件下，其中的造价采用简化计算，只考虑上部结构造价，估算第一种截面其上部结构造价为 5 000 元/m^2 的计算方式，其他截面造价在此基础上乘以相应的折减系数。从表中可以看出，同一截面随着槽形梁跨度的增加，跨中竖向挠度、主拉应力和造价也随之增加，相比之下主压应力的变化较小，在跨度达到 64 m 时，竖向挠度和主拉应力变化相对较大。

表 7-1　不同跨度下各截面情况分析

跨径/m	截面形式	跨中竖向挠度/mm	跨中下缘主拉应力/MPa	跨中上缘主压应力/MPa	造价/万元
32.6	截面一	13.91	4.81	−3.62	176.04
	截面二	7.31	3.69	−1.3	204.38
	截面三	9.34	3.66	−2.22	133.74
	截面四	9.33	4.37	−1.59	137.74
40	截面一	20.16	5.45	−3.35	216.00
	截面二	13.4	4.99	−1.48	250.77
	截面三	18.62	5.25	−2.4	164.10
	截面四	19.12	6.32	−2.04	169.01
50	截面一	43.56	7.99	−3.58	270.00
	截面二	29.9	7.48	−1.92	313.46
	截面三	41.23	7.78	−2.6	205.12
	截面四	43.09	9.47	−2.8	211.26
64	截面一	106.42	12.27	−3.76	345.60
	截面二	75.14	11.72	−2.69	401.23
	截面三	101.43	12	−2.8	262.56
	截面四	106.99	14.73	−4.07	270.41
72	截面一	164.09	15.07	−3.82	388.80
	截面二	116.93	14.52	−3.2	451.39
	截面三	156.3	14.74	−2.88	295.38
	截面四	165.31	18.15	−4.89	304.21

综上所述，可以作出在跨度不同时各个截面的竖向挠度和造价情况，如图 7-2 所示，由图 7-2（a）可以看出，板式边梁和箱形桥面板组成的槽形梁在各个跨度均比其他截面的竖向挠度要小，采用单一板式边梁和桥面板、箱形边梁和桥面板的槽形梁两者在不同跨度下竖向挠度值较为接近，而箱形边梁和板式桥面板其产生的竖向挠度位于三者之间。由图 7-2（b）可以看出，在相同的跨度和单价下，总的工程造价呈现为箱形边梁和板式桥面板 < 箱形边梁和箱形桥面板 < 板式边梁和板式桥面板 < 板式边梁和箱形桥面板。

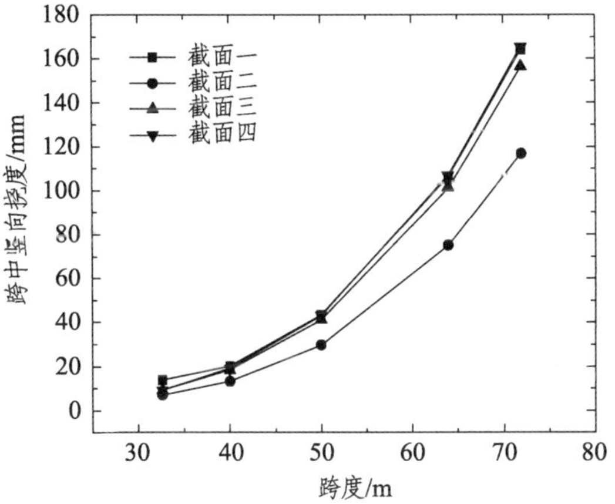

（a）各形式槽形梁在不同跨度下竖向挠度情况

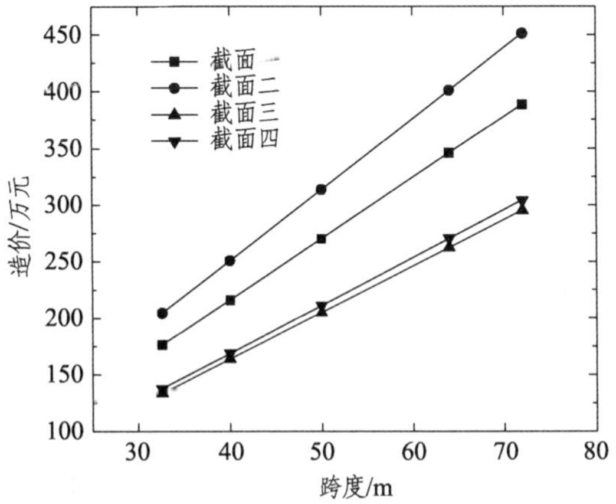

（b）各形式槽形梁在不同跨度下造价情况

图 7-2　各形式槽形梁在不同跨度下情况

为准确得出各个跨度的经济截面，采用指标评分法，将跨中竖向挠度、跨中上缘主拉应力和造价 3 个指标作为评分基础，以其中最高值为标准，其他依次计分，分值最低即为最经济截面，见表 7-2。从表中可以看出，在跨度为 32.6 m、40 m、50 m、64 m 和 72 m 时，4 种截面中最优截面均为截面三，即箱形主梁和板式桥面板。箱形梁截面在原先板式截面的基础上进行了优化，更大限度地利用材料性能，抗扭刚度较大，并且有效减小了应力集中现象，而桥面板选择板式截面，可以充分利用桥面板性能，在满足其传力路径的情况下，增大安全储备。

表 7-2　不同跨度下各截面的评分

跨径/m	截面形式	跨中竖向挠度分值	跨中下缘主拉应力分值	造价分值	最终分值
32.60	截面一	1.00	1.00	0.86	2.86
	截面二	0.53	0.77	1.00	2.29
	截面三	0.67	0.76	0.65	2.09
	截面四	0.67	0.91	0.67	2.25
40.00	截面一	1.00	0.86	0.86	2.72
	截面二	0.66	0.79	1.00	2.45
	截面三	0.92	0.83	0.65	2.41
	截面四	0.95	1.00	0.67	2.62
50.00	截面一	1.00	0.84	0.86	2.71
	截面二	0.69	0.79	1.00	2.48
	截面三	0.95	0.82	0.65	2.42
	截面四	0.99	1.00	0.67	2.66
64.00	截面一	0.99	0.83	0.86	2.69
	截面二	0.70	0.80	1.00	2.50
	截面三	0.95	0.81	0.65	2.42
	截面四	1.00	1.00	0.67	2.67
72.00	截面一	0.99	0.83	0.86	2.68
	截面二	0.71	0.80	1.00	2.51
	截面三	0.95	0.81	0.65	2.41
	截面四	1.00	1.00	0.67	2.67

通常的桥梁设计中会采用板式截面的边梁和桥面板，虽然其构造相对简单，但自重和成本较大，不能充分利用材料性能，因此后续通过研究桥梁受力特性和传力机理，设计出挖空型截面，箱形边梁和板式桥面板应力分配合理，可以在保证其受力的情况下，有效增加其单位面积的惯性矩，显著提高其抗扭性能，同时可以有效承担正负弯矩，满足结构受力及配筋的需要，截面利用率高，在自重减小、成本节约的前提下增加了桥梁的跨越性能。

7.2 槽形梁桥设计优化

为了寻找连续槽形梁桥各个构件的最优几何尺寸，利用有限元软件 ANSYS Mechanical APDL 联合 Workbench 模块进行连续槽形梁设计优化，可以找到桥梁结构各构件的最佳尺寸和形状，减少应力集中现象，满足可靠性、适用性和经济性要求。下文重点分析了槽形梁底宽、上翼缘宽、边梁腹板宽、桥面板高度和梁体高度 5 个参数的变化，以寻求槽形梁的最优尺寸和最优梁高。

7.2.1 设计优化基础模型

由于实体单元模型运算效率较差，为保证模型的计算效率和计算准确性，采用板壳单元 SHELL181 建立连续槽形梁的有限元模型，跨中横截面以及全桥有限元模型如图 7-3 所示。该槽形梁桥初始各参数定义：底宽为 b_1，上翼缘宽为 b_2，边梁腹板宽为 b_3，桥面板高度为 h_1 和梁体（边支座）高度为 h_2。

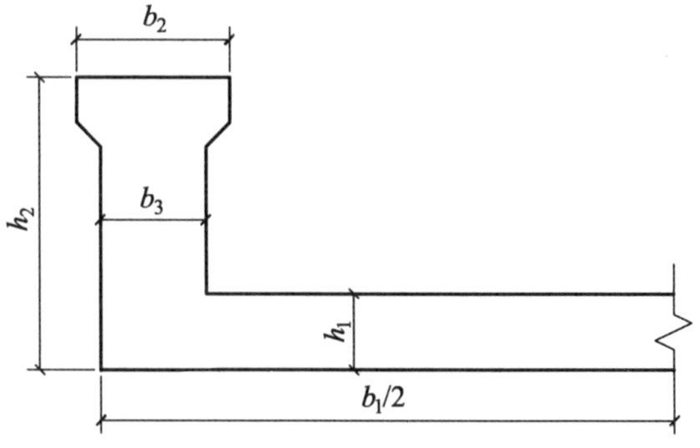

（a）截面参数

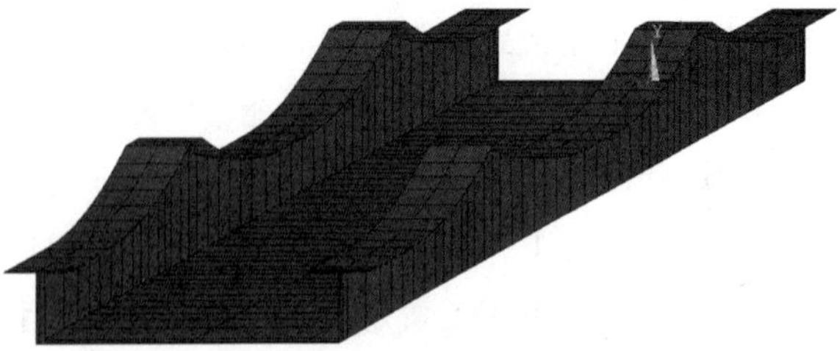

（b）全桥有限元模型

图 7-3　槽形梁截面参数化有限元模型

7.2.2　ANSYS Mechanical APDL 与 Workbench 联合计算

优化设计一直是许多学者比较关心的点，随着 ANSYS 版本的更新，基于 APDL 的 Mechanical 经典环境的优化模块从 13.0 版本开始已经被移除，而基于 Workbench 平台的优化模块则由于其更加全面的算法、更加人性化的后处理得到了广泛应用。然而在实际运用中，APDL 由于其参数化建模以及强大的构建复杂目标函数后处理能力依然是许多学者在做优化设计首先考虑的方法，而新版本经典环境已无法使用优化模块，一个很好的处理方法便是联合 Mechanical 中强大的 APDL 命令与 Workbench 来进行优化设计。基于 Mechanical APDL 的 Workbench 计算程序优化流程如图 7-4 所示。

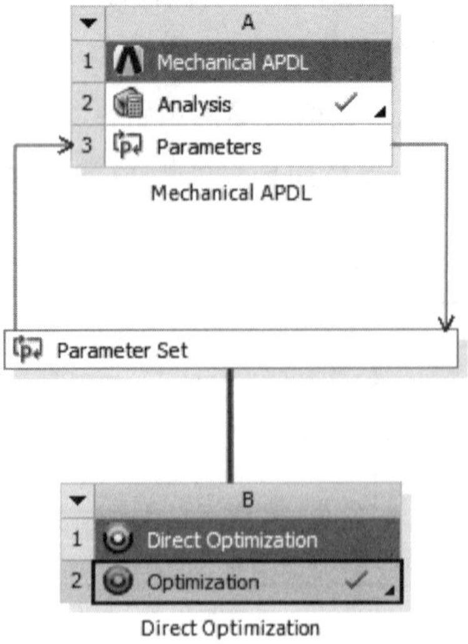

图 7-4　Workbench 优化流程

在做优化设计时，首要工作是需要清晰地了解力学模型，明确优化设计情况以及变化范围[4-8]。本节是优化设计里面最常见的轻量化设计，即在保证约束条件的情况下，改变力学模型参数获取结果最轻质量，其中约束条件为主跨跨中位置桥面板的应力与挠度，优化方式选择为直接优化法。

7.2.3 参数优化计算

建立箱形边梁和板式桥面板槽形梁的板壳单元有限元模型，跨中横截面以及全桥有限元模型如图 7-5 所示。该槽形梁桥各参数取值范围：底宽为 9 ~ 13 m，上翼缘宽为 2 ~ 2.6 m，边梁腹板宽为 1.5 ~ 2 m，桥面板高度为 1.3 ~ 1.7 m，梁体（边支座）高度为 2.5 ~ 3.5 m。

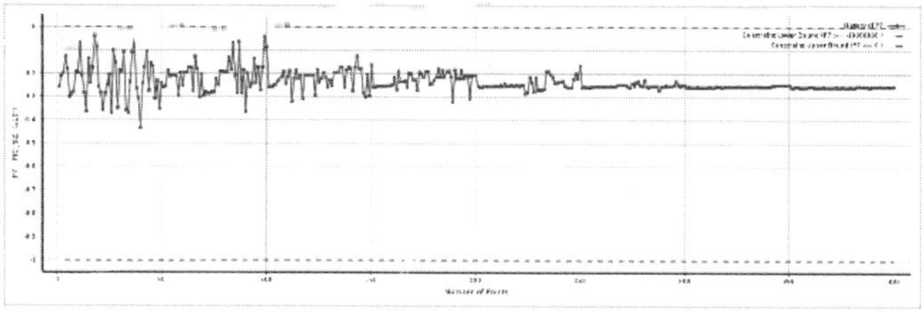

（a）约束条件（纵向正应力）变化趋势

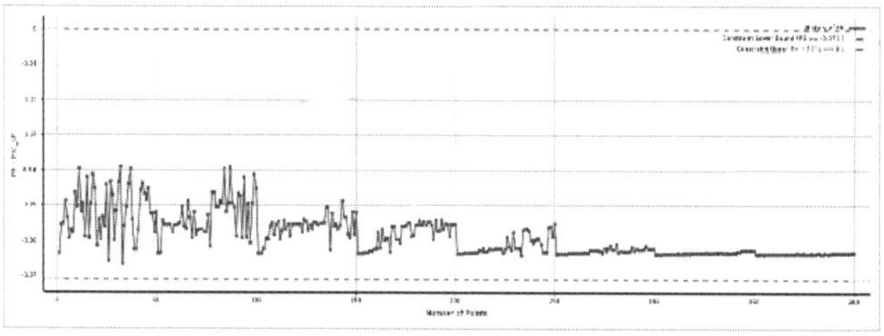

（b）约束条件（挠度值）变化趋势

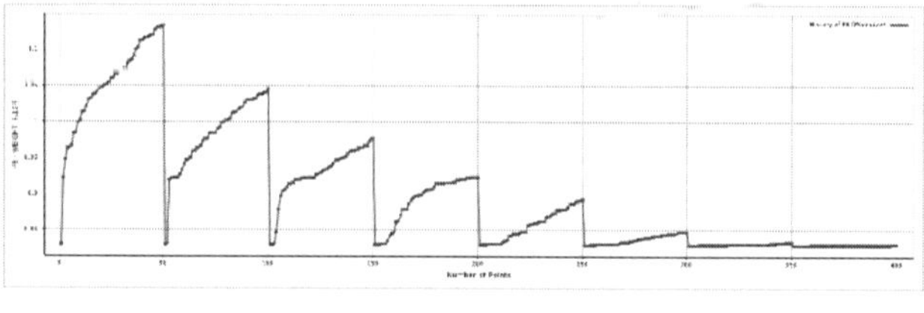

（c）目标函数变化趋势

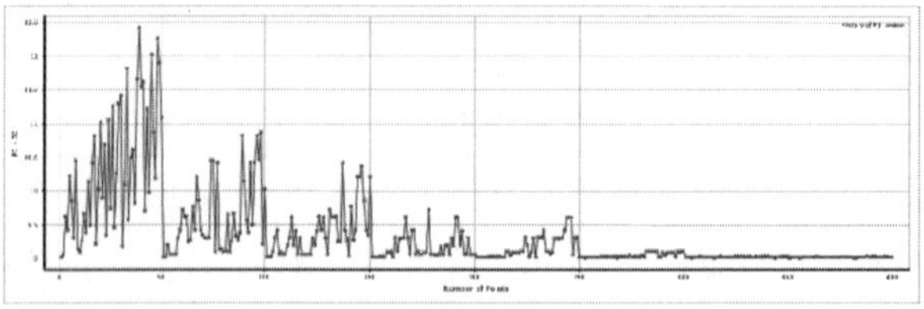

（d）参数 b_1 变化趋势

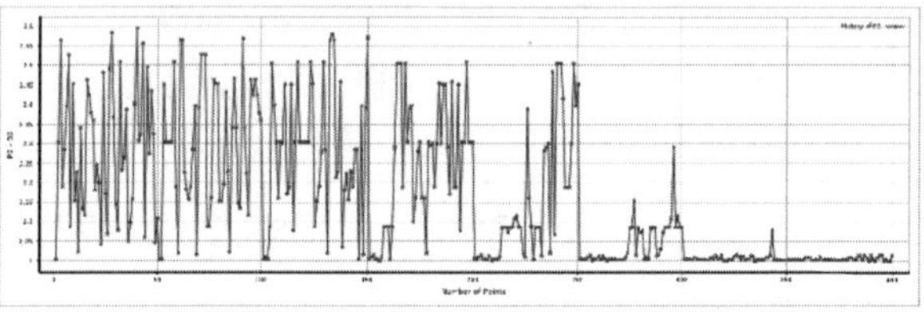

（e）参数 b_2 变化趋势

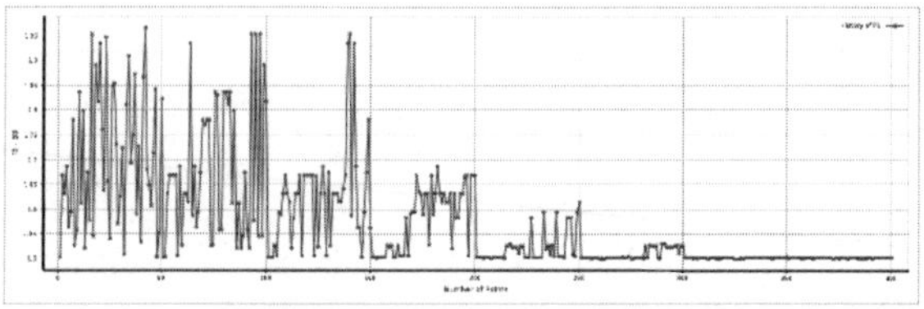

（f）参数 b_3 变化趋势

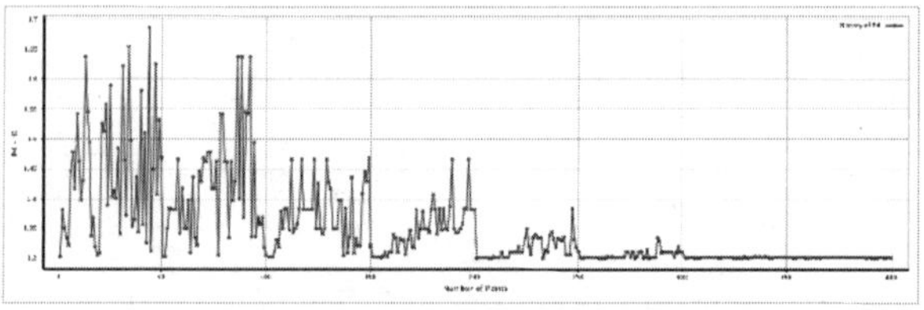

（g）参数 h_1 变化趋势

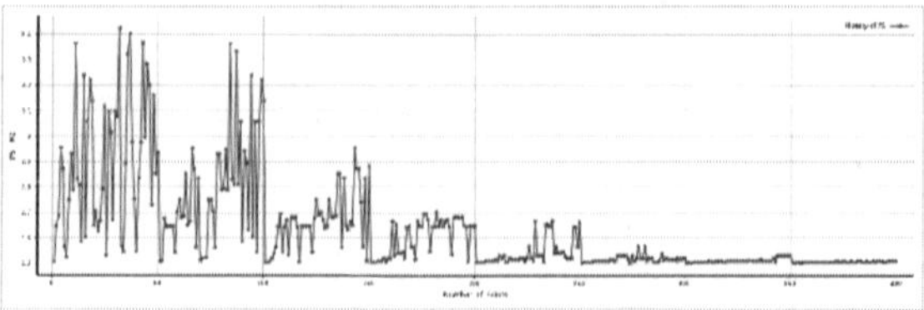

（h）参数 h_2 变化趋势

图 7-5　约束条件、目标函数、计算参数变化趋势

通过 435 次迭代计算，最终计算结果见表 7-3，可以看出，该槽形梁桥各参数取值——底宽为 9.0 m、上翼缘宽为 2.0 m、边梁腹板宽为 1.5 m、桥面板高度为 1.3 m 和梁体（边支座）高度为 2.5 m 时，能够在满足应力和挠度限值的情况下，自重最小，相比初始模型自重 11.9×10^6 kg 整体下降了 30.9%，节省了相应的造价。

表 7-3　优化后最终结果

	Candidate Point 1	Candidate Point 2	Candidate Point 3
P1 - B1	9.0117	9.02	9.023
P2 - B2	2.0033	2.003	2.0089
P3 - B3	1.5019	1.5025	1.5023
P4 - H1	1.3018	1.302	1.3006
P5 - H2	2.5049	2.5004	2.5049
P6 - PIC_UY	-0.063668	-0.063837	-0.063651
P7 - PIC_SZ	-2.5577E+06	-2.5799E+06	-2.5518E+06
P8 - WEIGHT	8.2869E+06	8.2876E+06	8.2914E+06

7.3　本章小结

本章通过分析总结了板式、箱形边梁和桥面板的经济跨度以及应用范围，最后利用 ANSYS Mechanical APDL 联合 Workbench 模块进行连续槽形梁设计优化，主要结论如下：

（1）在槽形梁跨度为 32.6 m、40 m、50 m、64 m 和 72 m 时，主梁选择为箱形、桥面板选择为板式即箱形主梁和板式桥面板经济性最好。箱形梁截面在原先板式截面的基础上进行了优化，更大限度地利用材料性能，抗扭刚度较大，并且有效减少了应力集中现象，而桥面板选择板式截面，可以充分利用桥面板性能，在满足其传力路径的情况下，增大了安全储备，可以给同类型槽形梁在进行截面设计和跨度选择时提供参考。

（2）通过使用 ANSYS 优化模块，得出该槽形梁桥各参数取值——底宽为 9.0 m、上翼缘宽为 2.0 m、边梁腹板宽为 1.5 m、桥面板高度为 1.3 m 和梁体（边支座）高度为 2.5 m 时，能够在满足应力和挠度限值的情况下，自重最小，相比初始模型自重 11.9×10^6 kg 整体下降了 30.9%，减轻自重的同时也节省了相应的造价。

参考文献

[1] 高颖，王可意，郭庆林，等. 基于均匀设计与神经网络的桥梁设计参数优化[J]. 铁道标准设计，2018，62（7）：87-91.

[2] 冯仲仁，杨亚磊，李伟. 基于响应面法的连续刚构桥结构优化设计[J]. 中外公路，2018，38（3）：102-106.

[3] 乔建东，吴慧山，杨伟. 混凝土系杆拱桥优化设计[J]. 西南交通大学学报，2015，50（2）：300-305.

[4] 柳春光，张士博，柳英洲. 基于全寿命抗震性能的近海桥梁结构多目标优化设计方法[J]. 大连理工大学学报，2015，55（1）：39-46.

[5] 谷音，黄威，卓卫东. 基于全寿命周期成本分析的桥梁设计研究综述[J]. 公路交通科技，2011，28（6）：67-74;96.

[6] 许交武. FRP/RC 桥梁上部结构体系试验及优化[J]. 世界桥梁，2011（2）：52-56.

[7] 徐海军，常江. 长悬臂无梁板桥梁结构分析与设计优化[J]. 桥梁建设，2010（6）：53-57.

[8] 占金青，汪庭威，段丁强，等. 基于多相材料的完全解耦柔顺机构拓扑优化设计[J]. 华东交通大学学报，2022，39（6）：77-83.

8

大跨连续槽形梁桥施工监控

大跨度连续桥梁在施工时常常采用分段悬臂浇筑的方式，而槽形梁由于其截面特殊，施工阶段的力学性能和其他截面相比有很大不同。悬臂浇筑施工过程中施工工艺、温度和时间等诸多因素的影响，给施工过程质量控制带来了很大的困难。比如，由于计算人员未能深入解读图纸或没有进行计算复核，及时纠正设计图纸中的错误，导致交底不清，同时由于施工工艺的不足可能导致出现预应力管道偏移、混凝土振捣盲区、结构线形偏差无法预测等问题，导致最终成桥质量不达标、桥梁合龙失败等。在施工时，必须采取严谨的质量管理措施，以保证成桥每一步的结构形式和应力状况都能达到安全和质量的要求。因此需要分析连续槽形梁悬臂浇筑施工各阶段的应力以及变形，进而找到悬臂浇筑施工过程中的不利情况，以便给出针对性的保障措施，避免因工艺水平和计算误差导致其质量不达标。本章以 5.1 节连续槽形梁为例，对其施工阶段受力分析和施工监控进行论述。

8.1 桥梁施工监控的意义

本桥为预应力混凝土连续梁桥，梁体为预应力混凝土连续槽形梁，采用悬臂施工。该类桥梁的形成要经过一个复杂的过程，施工工序和施工阶段较多，各阶段相互影响，且这种相互影响又有差异，这就造成各阶段的内力和位移随着混凝土浇筑过程变化而偏离设计值的现象，甚至超过设计允许的内力和位移，若不通过有效的施工控制及时发现、及时调整，就可能造成成桥状态的梁体线形与内力不符合设计要求或在施工过程中结构的不安全。

悬臂浇筑法作为连续梁桥常用的施工方法，其施工工艺复杂，涉及工序较多，主要包括混凝土浇筑、合龙控制、临时支架设计、临时结构搭设、钢筋绑扎、预应力管道定位、挂篮施工、预应力筋张拉及锚固、线形监控等多道施工工序，每一道工序都会影响悬臂浇筑法的施工质量。

在施工过程中，为保证合龙前悬臂端竖向挠度的偏差、主梁轴线的横向位移不超过容许范围、保证合龙后的桥面线形良好、在施工中主梁截面不出现过大的应力，必须对该桥主梁的挠度、应力等施工控制参数作出明确的规定，并在施工中加以有效的管理和控制，以确保该桥在施工过程中的安全，并保证在成桥后主梁线形符合设计要求。

对于分阶段悬臂浇筑施工的预应力混凝土梁结构来说，施工控制就是根据施工监测所得的结构参数真实值进行施工阶段计算，确定出每个悬浇阶段的立模标高，并在施工过程中根据施工监测的成果对误差进行分析、预测和对下一阶段立模标高进行调整，以此来保证成桥后的桥面线形、保证合龙段悬臂标高的相对偏差不大于规定值及结构内力状态符合设计要求。

8.2 桥梁施工控制方法

桥梁施工监控以设计成桥状态为实现目标，在整个施工过程中，通过实时监测结构的实际状态，获得结构实际状态与理想状态之间的偏差，运用现代控制理论方法，对引起误差的参数进行识别、调整，并对结构状态进行预测，使桥梁施工状态最大限度地接近理想状态，从而保证施工过程中结构安全、最终成桥结构逼近理想成桥状态。随着桥梁建设的快速发展，桥梁施工控制的重要性也日益凸显，桥梁施工控制理论技术不断成熟完善，逐步发展形成了以自适应控制理论和无应力状态法等为代表的理论技术方法。

现代桥梁施工控制方法有开环控制法、闭环控制法和自适应控制法，开环控制法于 20 纪 70 年代成形，其强调在施工前根据理想成桥状态求得每个施工阶段主梁的位置和应力，在施工过程中严格把控标高和应力即可，若发现结构状态与设计要求不符，只能事后调整，该方法是单向、确定性的。闭环控制法发展于 20 世纪 80 年代，对于结构复杂且跨度较大的桥梁，施工过程中桥梁实际状态与理想状态存在很大差异，随着施工过程的推进，误差不断累积，若不及时加以修正，将导致成桥时结构内力和线形远远偏离理想成桥状态，在误差出现后就必须及时纠正，而纠正的措施和控制量的大小必须由误差经反馈计算来确定，这就形成了一个闭环反馈控制过程，通常被称为闭环控制法。自适应控制法发展于 20 世纪 90 年代，该方法在闭环控制基础上引入了参数识别，根据关键参数在施工过程中的识别结果对计算分析模型进行不断修正，从而达到计算模型与实际结构磨合后能够自动适应结构实际力学行为模拟的目的。中小跨径桥梁的施工控制多采用开环控制法和闭环控制法，大跨度缆索承重桥梁的施工控制多采用自适应控制法。

对于桥梁施工控制参数识别，首先要确定引起桥梁结构偏差的主要设计参数，其次运用误差分析理论（如最小二乘法、神经网络法等）来分析、识别这些设计参数误差，最后得到设计参数的正确估计值，通过修正参数误差，使桥梁结构的实际状态逼近理想状态。值得注意的是，在施工控制中并不是每个设计参数都同时出现，而且不同的设计参数对桥梁结构状态的影响程度也不同，因此需要识别对结构状态影响较大的设计参数，即进行参数敏感性分析。

在桥梁结构施工过程中，可根据当前施工阶段的结构状态进行正装计算至成桥状态，预告后续施工可能出现的应力和变形状态，即结构的状态预测。桥梁施工控制中状态预测的方法主要有卡尔曼滤波法、灰色系统理论法和最小二乘法。

桥梁施工控制中需根据实际施工情况和控制目标建立完善的施工监测系统，不论何种类型的桥梁，其施工监测系统一般都包括结构设计参数、几何状态、应力状态、动力特性、温度变化的监测。通过施工监测系统跟踪施工过程并获取结构的真实状态，可以修正理论设计参数，保证施工控制预测的可靠性。

随着科技的进步，桥梁结构更加复杂、规模更加巨大、环境更加恶劣，整个建设过程中新工法、新材料不断涌现，对施工控制技术提出了更高的要求。伴随着施工质量要求的不断提高和工程构造形式的复杂多变，悬臂浇筑施工主要包括以下几个需要重点关注探索解决的方面。

（1）0 号块施工质量的保证措施。0 号块既是悬臂浇筑的中心段，又是施工控制的前提及保障，受力比较复杂，需要精心施工。0 号块一般采用现浇支架（或托架）施工，其自重大，对现浇支架（或托架）受力性能有较高的要求。对现浇支架（或托架）各组成构件进行准确的受力分析及对梁体挠度及应力进行监测是施工控制必不可少的措施。

（2）挂篮的设计和选型是保证悬臂浇筑施工质量的关键环节。挂篮是连续梁悬臂法施工的关键，悬臂浇筑各梁段的浇筑、张拉、压浆等工序引起的荷载均由挂篮承担。因此，必须根据梁体结构类型及现场具体施工环境选择合适的挂篮类型，采用正确的计算方法对挂篮各组成构件进行受力分析[1]。

（3）悬臂节段施工质量控制。悬臂浇筑节段工作量大、工期长，挂篮要提前拼装、预压、验算，需合理组织施工，确保工程进度与质量[2]。

（4）边跨平衡段、合龙段施工是梁体合龙的关键工序。边跨平衡段一般采用支架法施工，具体要求和 0 号块一致。合龙段施工首先是确保合龙精度，合龙精度是前面悬臂浇筑各梁段施工控制累计的结果，是保证梁体顺利合龙的关键。

（5）体系转换控制。悬臂浇筑需经过墩梁临时固结形成 T 构，直至合龙，然后解除固结，在施工中需经过多次体系转换[3]。墩梁固结、合龙顺序、合龙配重等需要合理设计和控制，确保施工安全[4]。

（6）线形控制。在多跨连续梁桥悬臂施工过程中，梁体应力及线形还会受到挂篮变形值、混凝土容重、弹性模量、预应力损失、混凝土收缩徐变、合龙顺序等许多因素影响。桥梁结构体系随时发生变化，梁体的变形也会随着浇筑的进行而逐渐增大，如果不进行控制，梁体线形与设计线形将会产生较大的偏差，因此在大桥施工时需要进行实时监控。对每一阶段理论值与实测值进行对比，及时调整[5]。

8.2.1 施工过程模拟分析方法

通过施工过程中的监控技术可以随时监测和计算受力和变形系数，及时修正监测过程中发现的误差，而准确的结构计算方法可以为监控技术提供强有力的支撑，可以随时识别施工过程中结构的应力应变，还可以分析找到桥梁设计各阶段的最优状态，保证最终成桥结构满足设计的要求。当前桥梁施工监控的桥梁结构计算方法有正装计算法、倒装计算法和无应力状态法[6]。这三种方法各有优缺点，均可用于各类型桥梁，但使用条件不同。

1. 正装计算法

正装计算法是指施工监控中利用有限元软件模拟实际桥梁结构施工顺序和钢筋布置，进而计算桥梁施工每个工序到成桥阶段中的受力和变形。由于其严格按照施工工序进行，前一阶段的好坏都会影响后一阶段工序的进行，因此必须要在保证前一阶段应力变形满足规范条件的基础上进行下一阶段的施工。由于其能通过计算精确得到桥梁施工过程随工序推进的受力变形情况，在此基础上还能检验材料的各项基本参数是否满足设计要求。目前该方法在施工监控中应用广泛。

2. 倒装计算法

倒装计算法是逆序的正装计算法，即从结构的成桥状态开始进行模拟，一直还原到初始结构安装状态。一般对于仅仅给出了桥梁最终状态的设计标高，而没有给出其他控制点的标高时采用这种计算方法。倒装计算法对悬臂浇筑的施工方式也同样适用，但该方法不能进行预应力损失和混凝土收缩徐变等引起的应力应变计算。

3. 无应力状态法[7]

将结构或者单元的无应力长度以及曲率作为一个稳定的量来进行结构状态分析的方法即为无应力状态法。这是一种假设状态，在施工过程中不考虑结构的强度、温度和线形变化情况，然后将每个桥梁节段和最终的成桥联结起来。一般情况下，大跨度的斜拉桥和悬索桥使用无应力状态法能更好地进行施工过程受力和变形的计算。

本章连续槽形梁模拟施工过程选择的是正装计算法。

8.2.2 悬臂浇筑段线形控制

1. 梁体预拱度确定

悬臂浇筑法施工连续梁预拱度设置通常要考虑以下因素：① 梁体设计预拱度 δ_1；② 预应力产生的徐变变形 δ_2；③ 前吊杆的变形 δ_3；④ 挂篮在设计荷载作用下的弹性变形 δ_4；⑤ 梁体各点在后续预应力钢绞线张拉后引起的变形 δ_5[8]。

以上各项变形向上的为“+”，向下的为“–”，梁体预拱度为：

$$\delta = \delta_1 + \delta_2 + \delta_3 + \delta_4 + \delta_5 \tag{8-1}$$

2. 施工过程线形控制

挂篮法施工连续梁线形控制分为两个方面，即连续梁悬臂浇筑段的轴线和高程。在连续梁悬臂浇筑施工全过程中，应对每一施工梁段的中线、高程及预拱度等进行严格监测和控制，从而保证成桥线形与内力状态符合设计要求。

线形控制的一个控制重点就是对悬臂段梁体轴线的控制，连续梁的轴线比较好控制，其轴线主要通过全站仪进行控制，每次支立模板只需通过全站仪对连续梁中心位置精确放样，现场施工人员准确调整挂篮的轴线即可，最后连续梁在合龙前需对梁体标高进行一次贯通测量。

线形控制的另一个控制重点就是悬臂段梁体标高的控制，连续梁的高程控制是线形控制的难点。悬臂浇筑 n 号梁段合龙侧（前端）施工立模高程 H_n 应考虑下列因素计算确定：

$$H_n = A_n + B_n + C_n \pm D_n \tag{8-2}$$

式中：A_n 为 n 号梁段前端设计高程；B_n 为 n 号梁前端计算挠度；C_n 为 n 号梁段前端预计挂篮变形；D_n 为 n 号梁段前端高程调整值（包括考虑模板间隙、托架沉降、$n-1$ 号梁段高程偏差调整值、计算与实际挠度差调整值等）。施工过程中分别测量和计算上述 4 个参数，进而得到悬臂段 n 号梁体的立模高程。

施工中高程量测首先在 0 号块顶面中心位置设置临时测量点，作为后续浇筑混凝土过程中测量监测的基准点。严格控制每一节段箱梁的竖向挠度及其横向偏移，若有偏差并且偏差较大时，就必须立即进行误差分析并确定调整方法，为下一节段更为精确的施工做好准备工作。

在每个节段靠近前端 20 cm 位置处，于桥梁中心线、腹板、翼板相对应位置上预埋钢筋头作为观测点，下端与模板密贴上端伸出顶板 2 cm 左右，单侧悬臂端设置 5 个观测点。在每一梁段施工过程中，在挂篮行走前后、混凝土浇筑前后、预应力筋张拉前后 6 种工况下跟踪监测该施工梁段高程的变化情况，并与设计标高进行比较，一旦发现实际标高与设计标高偏差较大，即需修正挂篮预拱度设置，同时合理调整确定下一施工梁段的施工立模高程。

8.2.3 施工控制标准值

根据铁路施工技术规范及悬臂施工连续梁桥监控的最终目标，使成桥后的线形与设计线形各测点的误差均控制在规范规定和设计要求的范围内。根据这一目标，在施工中制定的误差控制标准见表 8-1。

表 8-1　铁路连续梁桥施工监控控制标准

项目		规定值或允许偏差
混凝土强度		符合设计要求
轴线偏位/mm	$L\leqslant 100$ m	10
顶面高程差/mm	$L\leqslant 100$ m	±20
	相邻节段高差	10
同跨对称点高程差/mm	$L\leqslant 100$ m	20

每个施工循环阶段的分目标为：立模定位标高与预报标高之差控制在 0.5 cm 以内；预应力束张拉完后，若梁端测点标高与控制预报标高之差超过 ± 2.0 cm，需研究分析误差原因，以确定下一步的调整措施；若有其他异常情况发生而影响到标高和应力控制，则其调整方案应经施工监控单位分析研究，提出控制意见。

8.2.4　监控计算重点

施工监控的主要监控内容和监控特点因桥而异。此连续梁桥主梁采用悬臂浇筑施工，根据该桥结构及施工工艺特点，其施工监控及计算重点如下：

1. 施工过程中主跨预拱度的准确分析计算

就施工监控而言，传统的方法是通过预抛高（预拱度）的准确计算使成桥线形满足设计线形的要求，同时通过应力监测确保施工过程中桥梁结构的安全性。这套方法在技术上已基本成熟，但从多年的实践效果看，始终未能克服大跨径混凝土梁桥长期下挠和开裂的通病。因此，有必要通过对设计、施工方案的优化，提出施工中合理有效的防范措施，以降低问题出现的风险及程度，实现成桥使用阶段的主动控制。

2. 连续体系合龙的控制

预应力混凝土连续梁桥在悬臂施工过程中处于静定状态，结构受力简单明确，合龙过程中发生体系转换，结构受力复杂，合理地组织安排合龙施工工艺是此类桥梁线形控制和保证结构安全的关键点。合龙施工过程中常出现的问题有以下几个方面：确定的合龙顺序不能随施工进度等因素的影响而随意更改；合龙段立模时，普通钢筋对跨中底板混凝土防崩裂的影响；合龙配重、荷载分布及合龙的标高控制；合龙过程中温度的控制；合龙后体系转换。

通过对施工过程的模拟计算分析，对合龙工艺提出合理的优化建议，并在施工过程中进行跟踪观测服务，及时对上述各类施工中常出现的影响合龙的关键问题提出处理措施。

3. 预应力损失的长期效应影响分析

由长期变形计算理论可知，长期挠度计算与两个因素有关，即结构内力状态和徐变特性。对于徐变特性，国内外学者均开展了大量的基础性研究工作，虽然离散性较高，但是各种理论的总体规律基本是一致的，因此计算可信度可以控制在一定的范围内。结构内力状态主要与结构自重、二期恒载、预应力效应以及其他附加作用有关。而根据目前的结构计算理论水平，结构自重、二期恒载以及其他附加作用的内力计算精度具有相当高的可信度，存在疑问的主要是用来平衡结构内力的预应力效应。随着预应力的损失，箱梁每个截面自重和预应力产生的弯矩差会变大，从而使徐变造成的挠度也增大。

因此，建议在施工及使用阶段，对预应力效应进行长期跟踪监测，根据实测的预应力效应判断桥梁的健康状况。

8.2.5　挠度计算与线形控制

1. 立模标高计算

桥梁的线形分为设计线形和目标线形。设计线形是在考虑桥路衔接通顺，满足路线总体布设要求的基础上确定的，由设计单位提供；目标线形是在设计线形的基础上，考虑了混凝土结构长期收缩、徐变及预应力损失等因素后的桥梁最终线形。监控单位通过计算预抛高来确定施工立模标高，使成桥竣工线形达到目标线形。

将主梁自重、预应力、挂篮和模板重、施工荷载、二期恒载、收缩、徐变等在节段 i 引起的挠度以及 1/2 活载挠度进行累积叠加，叠加值的负值就是预抛高。立模标高由设计标高叠加预抛高和挂篮变形值得到，其计算公式为：

$$H_L = H_S + \Delta h + \Delta_g \qquad (8\text{-}3)$$

式中：H_L 为立模标高；H_S 为设计标高；Δh 为计算所得预抛高；Δ_g 为挂篮变形值（由施工单位进行现场挂篮预压试验后提供）。

2. 挂篮预压试验

挂篮预压试验是为了检查挂篮加工及安装质量，检验挂篮的安全稳定性及其工作性能是否达到设计和规范要求；通过预压消除挂篮非弹性变形（挂篮系统各连接杆件因松动而引起的几何变形）;绘制各测点的分级加载和卸载变形曲线，内插得到各梁段作用时挂篮的变形值，为各悬浇段立模标高提供准确的依据。该工程选择袋装砂土预压方式，试验方法和步骤如下：

（1）加载总质量定为悬浇施工质量最大梁段质量的 120%。该工程悬浇段中 2 号块质量最大，约为 150 t，则每套挂篮试压的总质量为 180 t。

（2）在挂篮底模、侧模及下横梁上布置挠度观测点，测量并记录各点的初始标高。

（3）在试压过程中，将砂袋按加载总重的 20%、40%、60%、80%、120%分 5 级逐级加载，最后一级荷载施加 3 d 后，再按照同样的荷载等级逐级卸载，测算每一级荷载所对应的挂篮变形值。

（4）绘制挂篮各测点加载-卸载变形曲线。

3. 挂篮预压试验结果及取值

分别在距已浇筑悬臂端 0.1 m、1.6 m、3.1 m、4.3 m 处取各测点变形的平均值，作出加载-卸载曲线，然后根据各节段梁长、梁重，用内插法两次差值即可得到相应的挂篮变形值。

8.2.6 立模标高的计算及调整

在该桥的悬臂施工过程中，梁段立模标高的合理确定是关系到主梁的线形是否平顺、是否符合设计的一个重要问题。如果在确定立模标高时考虑的因素比较符合实际，而且加以正确的控制，则最终成桥线形一般是较为良好的；相反，如果考虑的因素与实际情况不符合，再加上控制不力，则最终成桥线形会与设计线形有较大的偏差。连续刚构、连续梁桥的线形控制主要是立模标高的确定。

立模标高并不等于设计桥梁建成后的标高，总要设一定的预抛高，以抵消施工中产生的各种变形（挠度），其计算公式为：

$$H_{立模\,i}=H_{设计\,i}+H_{设计预拱度\,i}+H_{施工预拱度\,i}+f_{gl} \tag{8-4}$$

式中：$H_{立模\,i}$为 i 位置的立模标高（主梁上某确定位置）；$H_{设计\,i}$为 i 位置的设计标高；$H_{设计预拱度\,i}$为 i 位置的设计预拱度；$H_{施工预拱度\,i}$为 i 位置的施工预拱度；f_{gl}为挂篮变形值。

其中，挂篮变形值是根据挂篮加载试验，综合各项测试结果得到的。初始的几个节段立模标高按理论值确定，当理论值与实测值基本不一致时，需根据实测值对结构计算参数进行识别，修正计算模型。修正后调整下一梁段的立模标高。

8.2.7 施工监控预警

在实际施工中，由于各种因素的影响，控制参数实测值与理论值会产生差异，通过有效的监控，这种差异不会很大，但考虑到某些非确定因素的影响，确定差值的上限，对保证全桥结构的安全、控制效果及监控的顺利进行是十分必要的。监控参数及其在各个施工阶段的误差限值可按表 8-2 取用。

表 8-2 监控参数误差限值

结构部位	控制参数	上限/mm
主梁	梁段高程	±20
	同一断面左右两点高差	±20
	轴线偏差	±10
	纵向位移	±20
承台	沉降	5

在施工过程中，监控参数实测值与理论值的偏差若大于表 8-2 中上限值，应查明原因，必要时应暂停施工，参建各方共同研究解决方案。

8.3 施工控制现场监测

一般大跨度桥梁施工控制主要有变形监测和应力监测两方面内容。本项目施工控制现场监测的内容有线形监测、应力监测和温度监测。

8.3.1 线形监测

桥梁的实时线形监测是施工控制的重要工作之一。线形监测包括对主梁高程、主梁轴线偏位、梁段混凝土浇筑挂篮变形观测等内容。此部分数据由施工单位提供。

主梁的高程测量可以反映各施工阶段完成后各主梁节段的标高，从而能得到各施工阶段的主梁线形，并且可以通过前后施工阶段的梁段标高变化计算出主梁的竖向挠度，特别是在浇筑梁段前后和预应力张拉前后对主梁节段标高的测量能反映出实际施工时主梁的挠度变化。通过沿主梁横向布置多个测点，还可以观测出主梁节段的扭曲程度。另外，还要对主梁轴线进行顺直度测量，以及观测梁段混凝土浇筑挂篮变形。这些数据是进行施工控制分析的重要因素之一。以下主要以高程测量为例进行说明。

监测人员进场后，施工单位提供施工测量控制网点布置资料，监测人员根据现场情况建立的各桥平面控制网，依托施工单位已建立的高程控制网点，设立监控高程控制点。

在施工过程中，线形控制测量数据由施工单位提供，现场监测人员在下述情况下对高程控制的基准点进行复测：每悬臂施工 4 个梁段后，边、中跨合龙前后，实测标高有明显异常时，施工控制小组经分析后认为有必要进行复测时。标高测点布置如图 8-1 所示。

在每一主梁节段上均设置有高程测点。测点布置在梁段悬臂施工方向一侧的悬出端（前端），横向为 7 个测点，其中顶板 4 个测点控制挂篮的整体标高，底板 3 个测点控制底板标高。主梁 0 号块亦设置测点，其测点布置在墩顶 0 号块梁顶面位置。高程测点在节段的钢筋绑扎阶段进行预埋。测点采用 ϕ16 mm 钢筋牢固定位于顶板钢筋骨架上，测点钢筋顶面加工成半球形，冠顶应高出混凝土顶面 1 ~ 3 cm。混凝土浇筑及养护完成后对测点处混凝土顶面进行清整并用红油漆画圆及编号。

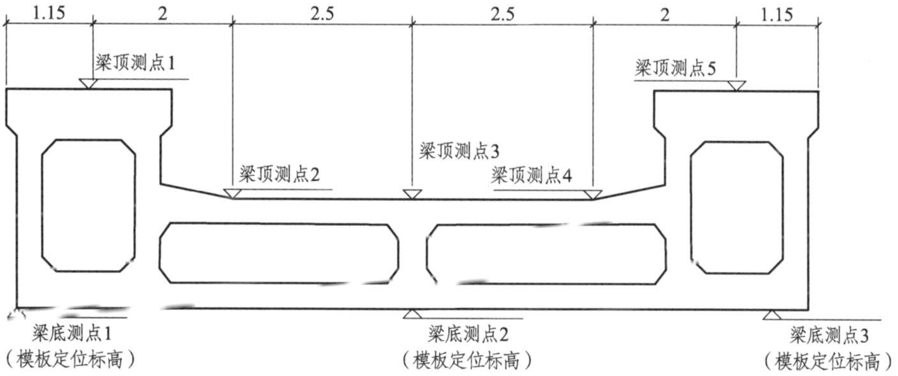

图 8-1 悬浇连续梁半立面图（单位：m）

（1）观测时间。各测量阶段的测量时间应根据主梁的施工进度完成情况安排在晚 8 时（夏、秋季为晚 10 时）以后至次日清晨 8 时前进行。考虑到实际施工的情况，立模阶段测量若在白天进行，立模标高的数据应进行温度修正后使用。

（2）精度要求。高程测量的精度要求为 1 mm，该精度不包括由于从水平基点引基点到各主墩墩顶梁段的测量基点产生的精度误差。主梁轴线偏位测量的精度要求为 2 mm/60 m。拟采用精密水准仪（配因瓦尺）和高精度全站仪进行测量。

（3）线形评估。每个梁段浇筑完成后均结合理论值及实时监测数据对梁段线形进行评估分析，找出测试及理论分析误差，进行误差回归分析，修正理论计算及下节段坐标预测值。合龙段浇筑前后对全桥线形进行对比分析，给出施工监控成果及线形误差。

（4）线形控制的实施。主梁施工控制测量相关的数据表格分为施工监控数据表和施工测量数据表两种。施工监控数据表由施工监控单位在相应的施工阶段前填写，并经设计代表和监理代表认可后，作为施工指令提供给施工单位。施工测量数据表由监控单位在相应施工阶段完成测量任务后填写，报监理核查备案。

① 横坡测量。测量目的：检测各梁段施工完成后梁顶横坡是否满足设计要求。测点布设方法：在每个梁段同一断面的梁顶、距两侧翼缘边缘 70 cm 处和梁中位置共布置 3 个测点，由施工单位按要求设置，混凝土凝固前在测点位置插入铁钉，并涂红油漆。测量方法：采用精密水准仪进行测量，测量精度在 2 mm 以内，在各测点放置标尺，观测记录各测点的高程。

② 轴线测量。在箱梁施工节段前端的横向中心位置设置测点，采用铁钉做标记。每个梁段完成后，施工测量人员对所有轴线测点坐标进行测量，并做好记录。

（5）基础沉降监测。在主梁开始施工时记录沉降观测点数据并作为初值，每个月对基础沉降测点进行一次观测，且在重要工况如边跨合龙前、中跨合龙前等需对沉降测点进行观测。

① 测量目的：测量各施工工况中基础的累积沉降、不均匀沉降情况。

② 测点布设方法：每个承台布设 4 个沉降测点，选用镀锌十字水平观测点，混凝土浇筑时将测点圆帽露出混凝土表面。

③ 测量方法：采用精密水准仪进行测量，测量精度在 ± 2 mm 以内，在各测点放置标尺，观测各沉降测点的高程变化。

（6）线形监测工况。根据施工顺序，确定各施工节段进行主梁线形监测的工况为：

① 各梁段悬臂浇筑阶段，节段预应力钢筋张拉完成后。

② 结构合龙阶段，需对合龙各工况进行全程监测。

③ 成桥状态，各监测点的线形监测。

另外几种需进行监测的特殊工况有：0 号段临时支架拆除、桥面上施工荷载有较大变化时。

为了防止结构在施工过程中产生非正常的变形和应力，需要对桥梁进行实时跟踪监测。

8.3.2 应力监测

应力监测通过在主梁的控制断面处布设应力测试元件，以观测在施工过程中这些截面的应力变化和应力分布情况。结合施工控制中的其他监测结果，能更全面地判断全桥的内力变形状态，形成一个较好的预警机制，从而保障桥梁施工的安全和质量。

1. 应力测试元件和设备

考虑到长期监测的数据稳定性和数据采集的方便程度，拟采用钢弦式应变传感器进行应力监测，拟采用埋入式温度传感器进行梁体温度监测，同时测试大气温度。

2. 测试断面及测点分布

主梁的监测截面及测点布置是根据各施工阶段主梁的内力分布特点综合确定的，能充分反映主梁应力的纵向分布规律和横向变化情况。

全桥分别选取各跨主梁的根部，边、中跨 1/2 处控制截面位置，并与主桥结构施工控制分析的计算截面相对应。

主梁顶、底板内各传感器导线分别在梁体内沿桥横向就近向一侧汇集，并伸出梁顶外，以便于测试，具体引线方法可结合施工实际情况调整。

3. 测试元件的安装

在钢筋绑扎完毕且模板定位好后，将应变传感器预埋在混凝土中，用导线引出模板外进行量测。要求施工单位在施工过程中，避免触及、碰撞、损伤传感器及其传输线。

在元件的安装与测试过程中，为了保证仪器的安装可靠，需要在混凝土浇筑前安装仪器；请施工单位至少提前一天通知监控人员到场进行元件安装调试；在仪器安装过程中，请施工单位派至少 1 名施工人员协助；请施工单位就应力测试工作中的安全保护细则，对施工人员进行宣传教育，使施工人员树立对测试元件及线路的保护意识；监控人员会定期检查、维护测试元件及线路；施工单位若发现应力测试元件、线路损害等情况请及时通知测试单位。

4. 安全保护细则

施工中应注意应力测试的安全标识，在含有测试断面的梁段施工时应注意避免对测试元件、测试线路的损害。

严禁非测试人员擅自移动、打开测试元件；严禁破坏应力测试元件、线路和仪器；严禁切割测试线路；应力测试时在测试元件及线路附近应避免使用高温或强电磁设备；严禁将液体物质倾倒于测试元件、线路或附近；严禁涂污线路及测点编号；严禁故意敲打、挤压测试元件。

5. 应力监测工况

根据施工顺序，确定各施工节段进行主梁应力监测的工况为：各梁段悬臂浇筑阶段，节段预应力钢筋张拉完成后；结构合龙阶段，需对合龙各工况进行全程监测；成桥状态，各监测点的应力监测。另外几种需进行监测的特殊工况有：0 号段临时支架拆除；桥面上施工荷载有较大变化时。为了防止结构在施工过程中产生非正常的变形和应力,需要对桥梁进行实时跟踪监测。

6. 其　他

由于受温度、湿度、混凝土收缩和徐变、测试元件易在施工中受损等因素的影响，结构应力尤其长期应力测试是施工控制中测试难度较大的部分。根据我们长期在施工控制及竣工试验等工程测试中的经验，同时结合主桥的结构特点，拟采用多种手段相结合、相互校核的方法实施对结构应力的测试。

根据项目需要，监测的主要构件中测试元件的埋设时间及监测频率要求见表 8-3。

表 8-3　测试元件埋设时间及监测频率要求

构件	测试元件类型	埋设时间	监测频率
主梁	埋入应力传感器	混凝土浇筑前	3 次/当前节段 1 次/其他节段

8.3.3　温度监测

温度测量主要包含箱梁混凝土内部温度场测试和箱梁内外大气温度测

量。箱梁内部温度场采用内埋温度传感器进行测试，位置与测试阶段同应变计测点，箱梁内外大气温度采用在箱梁内放置温度计进行测量，测试阶段同线形测量。

8.4 连续梁悬臂浇筑施工流程

连续槽形梁悬臂浇筑半立面图如图 8-2 所示。

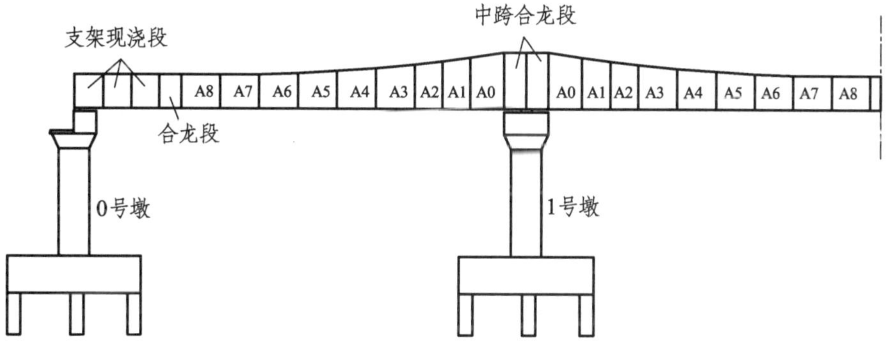

图 8-2 悬浇连续梁半立面图

一般情况下，0 号块、边跨现浇段均采用支架体系施工：1 ~ 8 号梁段待 0 号块施工完成后，拼装挂篮进行悬臂浇筑。为加快施工进度，全桥共投入 4 只挂篮进行对称施工。在完成 1 ~ 8 号节段悬臂浇筑后，移动主墩 T 构的边跨端挂篮的主桁架，利用其主桁架和底盘形成边跨合龙段吊架施工，并及时按照设计要求张拉相应的预应力钢束后，再利用主墩中跨侧的挂篮及底盘形成中跨合龙段吊架合龙施工。其具体施工工序及流程如下：

（1）主、边墩桩基，承台，边墩墩柱施工。

（2）主墩墩柱施工，按照设计要求设置墩梁临时固结，0 号块支架、模板、钢筋、混凝土施工，张拉相应预应力钢束，锚固并压浆。

（3）挂篮安装，预压。1 号节段钢筋、模板、混凝土施工，张拉相应预应力钢束。

（4）循环施工各节段，张拉相应预应力钢束，同时施工边跨现浇段。

（5）继续施工至 12 号节段，张拉相应预应力钢束。

（6）挂篮移至边跨合龙段，边跨合龙；张拉边跨合龙段预应力钢束；同时解除主墩支座临时锁定。

（7）挂篮移至中跨合龙段，解除临时固结，中跨合龙，张拉中跨合龙段预应力钢束。

（8）拆除全桥施工荷载，进行桥面系施工。

边跨现浇段和0号块均采用支架现浇施工，1～8号节段采用三角挂篮悬臂浇筑施工，边跨、中跨合龙段采用挂篮主桁吊模现浇合龙。针对本章三跨连续槽形梁桥采用悬臂法浇筑施工，其正装计算法过程如下：

（1）获取结构最初状态信息，其信息主要有混凝土收缩徐变信息、预应力筋信息、张拉钢束设备信息、初始位置标高信息等，进行基础和桥墩下部结构的施工。

（2）下部结构施工完成后施工0号块，采用支架现浇的方式，利用支架进行浇筑时前，首先需要对支架进行预压检测其稳定性是否满足要求，然后才能浇筑0号块。0号块浇筑完成后进行预应力筋的张拉。张拉完成后在0号块安装挂篮，同时进行0号块的应力和变形分析，查看是否满足设计规范要求。

（3）浇筑下一节段混凝土要从0号块到两边对称部位分阶段进行，之后张拉下一节段的预应力筋，随后挂篮前移再重复这一过程。后续悬臂浇筑施工其他节段，采用挂篮前移立模、浇筑混凝土、张拉预应力筋的循环方式。施工的同时验算立模标高、立模高程和轴线位置，进行挂篮预压试验，消除其非弹性变形，并且得到其弹性变形值，同时通过有限元模拟软件进行施工预抛高的计算，并根据计算结果对主梁立模标高进行调整，最后要用前一阶段为基础进行计算下个阶段过程中桥梁结构的内力和变形，保证其受力和线形均满足要求。

（4）施工到边跨和中跨时，要进行边跨和中跨合龙段以及施工结构体系转换。合龙段施工主要通过安装浇筑混凝土的吊架及平衡压重、混凝土浇筑、预应力张拉和吊架拆除，以保证合龙段的高程、应力及变形，从而保证正常合龙。

（5）成桥之后进行的桥面铺装二期恒载作用阶段。二期恒载施工阶段主要对主梁的梁顶部和底部进行高程的测量，得出二期恒载作用下槽形梁的应力和变形，最后对成桥线形、轴线偏位进行测量，保证最终得出的桥形满足设计标高。

8.5 槽形梁桥悬臂浇筑施工计算模型

大跨度混凝土连续梁桥的施工，经历了一个复杂的施工及结构体系转换过程。对施工过程中每一工况下结构的计算分析，是桥梁施工控制中最基本且最重要的内容之一。因此，通过合理的计算和理论分析来确定桥梁结构施工过程中每个阶段在受力和变形方面的理想状态，以便控制施工过程中的结构行为，使其最终的成桥线形和受力状态满足设计要求。峰福线大目溪大桥施工监测监控过程的有限元计算分析采用正装分析的方法进行计算，用正装分析来计算各个节段在不同时间的收缩徐变、钢绞线松弛等对桥梁空间位置的影响。边界条件为 T 构悬臂浇筑过程中各支座处模拟为临时固结支座，逐跨合龙后改换为永久支座。本桥分析计算中材料参数按表 8-4 采用。

表 8-4 材料力学性能

部位	材料	弹性模量/MPa	重力密度/（kN/m^3）	抗压极限强度 f_c/MPa	抗拉极限强度 f_{ct}/MPa	线膨胀系数
梁体	C55	3.60×10^4	26.0	37.0	3.30	0.000 01
纵向预应力钢筋	钢绞线	1.95×10^5	78.5	—	$f_{pk}=1\ 860$	0.000 012

计算荷载主要有：

（1）恒载：考虑结构自重，由于模型中暂未模拟普通钢筋，因此主梁容重按 28 kN/m^3、二期恒载按 83 kN/m 计算。

（2）活载：ZKH 活载。施工挂篮及施工荷载总重（包括模板）按 500 kN 计算。

（3）温度效应：均匀温度变化按全桥均匀升温 20 °C、降温 20 °C 计算；不均匀温差按顶板升温 15 °C 考虑。

（4）混凝土收缩徐变效应和预应力效应。在施工阶段计入收缩徐变效应，成桥后按 3 650 d 延续期计算收缩徐变影响。环境湿度为 70%，混凝土平均加载龄期为 5 d。根据设计图参数输入主梁预应力的数据，计算中预应力的相关参数见表 8-5。

表 8-5 预应力钢筋的计算参数

物理参数	取值
弹性模量/MPa	195 000
张拉控制应力/MPa	1 395
松弛系数	0.025
摩阻系数	0.25
管道偏差系数	0.003
锚具变形/m	0.006
极限强度/MPa	1 860

计算分析采用有限元程序软件 MIDAS/CIVIL 对设计成桥状态和施工状态进行独立复核计算，图 8-3 为模型示意图。采用正装计算法进行槽形梁悬臂浇筑施工模拟，在变主梁高度处设置了变截面段，采用分段建模的方式建立 1/2 有限元模型，进而通过镜像的方式，建立全桥的有限元模型，在镜像时需要注意镜像单元的坐标系方向是否与镜像后的单元相同，如不相同，需统一坐标系方向。预应力筋采用 MIDAS/CIVIL 中施加预应力筋的方式按照实际位置进行布置，有限元模型中未布置横向预应力筋。

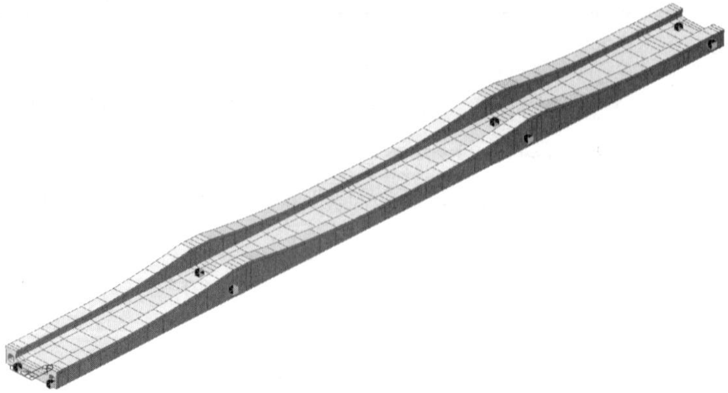

图 8-3 槽形梁桥有限元计算模型

主梁采用悬臂浇筑法施工，在两主墩墩顶浇筑0号块，设置临时支座，然后安装挂篮，对称向两侧悬臂施工。先合龙边跨，再合龙中跨。作为施工验算，每个梁节段的施工阶段分为如下3步：

（1）挂篮就位，立模，绑扎钢筋（表中简称为“移挂篮”）。

（2）浇筑梁段。

（3）预应力张拉。

悬臂施工完成后，在支架上浇筑边跨梁段，在支架上进行边跨合龙，浇筑中跨合龙段混凝土，全桥合龙，完成桥面系施工。共划分为37个施工阶段，有限元模型中模拟的施工工序和所需时间见表8-6。除收缩徐变外，总计施工所需时间为257 d。

表8-6 槽形梁桥施工阶段划分

施工阶段	施工工况	所需时间/d	施工阶段	施工工况	所需时间/d
1	现浇0号块	30	20	张拉6号块预应力	1
2	张拉0号块预应力	1	21	6号块挂篮	1
3	0号块安装挂篮	10	22	现浇7号块	15
4	现浇1号块	15	23	张拉7号块预应力	1
5	张拉1号块预应力	1	24	7号块安装挂篮	1
6	1号块安装挂篮	1	25	现浇8号块	15
7	现浇2号块	15	26	张拉8号块预应力	1
8	张拉2号块预应力	1	27	8号块安装挂篮	1
9	2号块安装挂篮	1	28	边跨现浇	15
10	现浇3号块	15	29	将安装的挂篮改为吊架	3
11	张拉3号块预应力	1	30	边跨压重	5
12	3号块安装挂篮	1	31	边跨合龙	10
13	现浇4号块	15	32	拆除边跨吊架	2

续表

施工阶段	施工工况	所需时间/d	施工阶段	施工工况	所需时间/d
14	张拉4号块预应力	1	33	中跨压重	3
15	4号块安装挂篮	1	34	中跨合龙	10
16	现浇5号块	15	35	拆除跨中安装的挂篮	2
17	张拉5号块预应力	1	36	二期恒载	30
18	5号块安装挂篮	1	37	收缩徐变	3 650
19	现浇6号块	15			

8.6 施工阶段混凝土应力

根据《铁路桥涵混凝土结构设计规范》(TB 10092—2017)第7.4.4条，主梁在悬臂施工中的应力应满足下列要求：

压应力：C50～C60混凝土$\sigma_c \leqslant 0.75 f_c'$；

拉应力：$\sigma_{ct} \leqslant 0.70 f_{ct}'$。

其中：施工阶段f_c'、f_{ct}'按照设计值的95%取用。

二期恒载施工阶段截面最大应力如图8-4所示。可以看出，此时槽形梁最大拉应力为0.4 MPa，最大压应力－8.2 MPa，均满足规范要求。

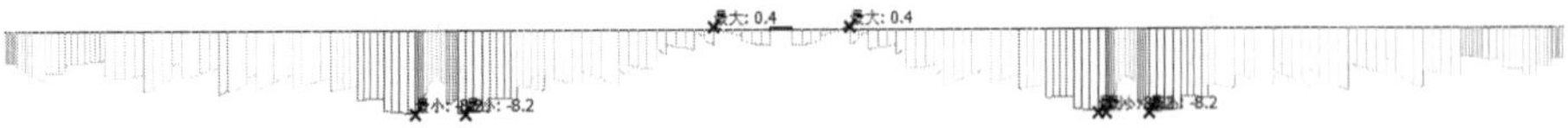

图8-4 施工阶段各截面应力值（单位：MPa）

8.7 主梁预拱度设置

成桥后主梁的恒载挠度以及徐变上拱度的计算结果如图8-5所示。此时在恒载作用下主梁最大位移为18.8 mm，最大徐变上拱度为15.4 mm，小于规范规定值（不应大于$L/5\ 000$且不大于20 mm）。

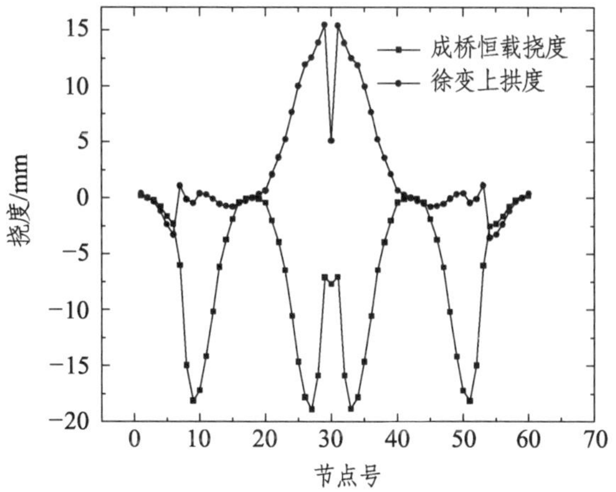

图 8-5 成桥恒载挠度和徐变上拱度图

图 8-6 表示在 ZKH 作用下梁体的挠度包络图。从中可以看出，槽形梁主跨最大挠度为 17.8 mm，边跨最大挠度为 6.7 mm。边跨静活载挠度限值为 40/900 = 44.4 mm；主跨的静活载挠度限值为 64/900 = 71.1 mm，均满足设计规范要求。

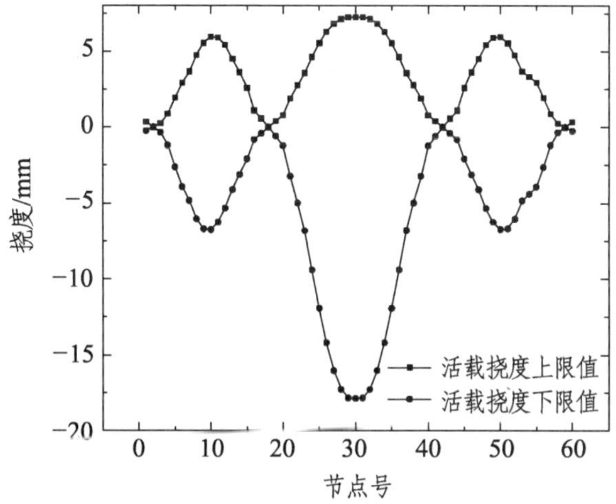

图 8-6 ZKH 竖向静活载计算挠度包络图

根据计算结果，按规范设置理论预拱度如图 8-7 所示，此理论预拱度将根据现场实测反馈情况进行实时调整。

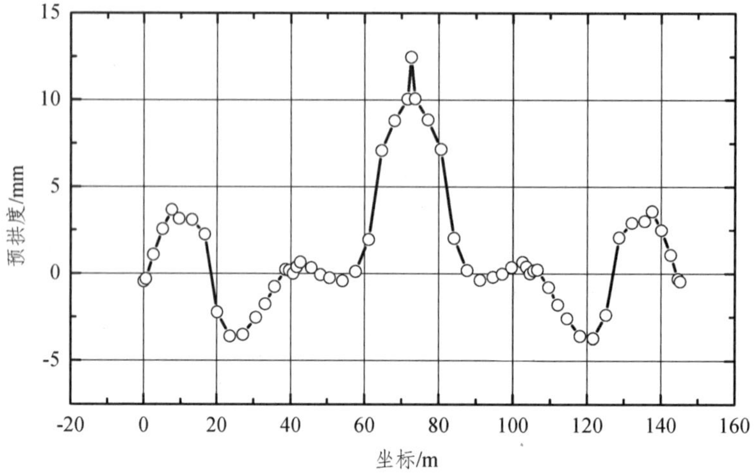

图 8-7　理论预拱度

8.8　本章小结

本章首先阐述了大跨预应力混凝土连续桥施工监控的理论方法，而后使用有限元软件 MIDAS/CIVIL 对（40 + 64 + 40）m 单线铁路连续槽形梁桥进行施工过程模拟计算，分析了槽形梁桥施工阶段受力特性，该槽形梁桥成桥恒载挠度、徐变上拱度、静活载挠度以及施工阶段混凝土应力均满足规范要求，同时计算得出了该槽形梁桥的理论预拱度，为桥梁施工监控实施提供理论支持。

参考文献

[1]　雷俊卿. 桥梁悬臂施工与设计[M]. 北京：人民交通出版社，2000.

[2]　杜国华. 桥梁结构分析[M]. 上海：同济大学出版社，1994.

[3]　王文涛. 刚构-连续组合梁桥[M]. 北京：人民交通出版社，1997.

[4]　张继尧，王吕将. 悬臂浇筑预应力混凝土连续梁桥[M]. 北京：人民交通出版社，2004.

[5]　向中富. 桥梁施工控制技术[M]. 北京：人民交通出版社，2001.

[6] 杨永清，高玉峰，黄胜前，等. 桥梁施工监控 2020 年度研究进展[J]. 土木与环境工程学报（中英文），2021，43（S1）：70-78.
[7] 秦顺全. 桥梁施工控制[M]. 北京：人民交通出版社，2007.
[8] 李文华，周明晖，等. 预应力混凝土连续梁桥悬臂浇筑施工与监控[M]. 北京：科学出版社，2020.

9

槽形梁桥振动与噪声

9.1 桥梁振动与噪声研究现状

采用试验方法研究桥梁结构噪声虽然能获得各种因素作用的综合效果，但是难以形成规律，有时需要阻断交通，耗费大量人力、物力，而且无法满足规划、设计阶段的要求，因而对桥梁结构噪声进行理论研究具有重要的意义。

对于结构振动声辐射的计算，可描述为波动方程在一定边界条件下的定解问题[1]。按照分析方法不同，它可归纳为两类：以波动方程为基础的时域分析法；以亥姆霍兹方程（Helmholtz equation）为基础的频域分析法。时域分析法是在时域内分析声振关系，既可以用来计算稳态声场特性，又可以用来计算瞬态声辐射规律。但是，由于时域分析法相当于在每个时间步上求解一次静态问题，因而计算量极大，累积误差也较大。频域分析法是以简谐声波动为研究对象，由于对任意时间函数的声波动问题，原则上总可以通过傅立叶分析，将其分解为一系列简谐声波动的叠加。因此，频域分析法特别适合于稳态声场的研究。从目前的研究现状来看，频域分析法居多。

对于具有简单、规则形状的声源，其辐射声场一般可用解析式加以描述，但实际声源的形状往往是复杂多样的，如桥梁结构这种形状复杂的弹性结构体，要用解析方法分析其所辐射的噪声场是十分困难甚至是不可能的。因此，桥梁结构声辐射问题通常是用数值方法来研究。用于结构振动声辐射的数值方法主要是离散方法与能量方法，离散方法主要有有限元法（FEM，Finite Element Method）、无限元法（IFEM，Infinite Element Method）和边界元法（BEM，Boundary Element Method）等，能量方法主要有统计能量方法（SEA，Statistical Energy Analysis）和能量有限元法（EFEM，Energy Finite Element Method）等。

9.1.1 有限元法（FEM）

有限元法一经问世，就显示出其巨大的优越性，迅速被应用于声辐射问题的分析计算。应用声辐射分析的有限元法，丁桂保等[2]考虑结构与声介质的辐射条件，导出了具有耦合关系的有限元列式，分析计算了高速车辆以

250 km/h 通过 48 m 下承式钢桁梁桥时桥梁结构辐射的低频噪声，其中，高速车辆简化为一列移动集中力，未考虑轮轨相互作用。

从理论上来讲，利用有限元法可计算任意结构中的振动与声场，只要具备性能优越的计算机即可。但是应用有限元方法进行声辐射问题的求解时，需要对时间（瞬态问题）和空间（声场域、振动体）进行离散，如果要保证计算精度，采用线性单元时，单元的长度应为最小分析波长的 1/6 ~ 1/10，采用等参单元时，单元的长度应为最小分析波长的 1/3 ~ 1/4。因此，随着计算频率的升高，单元的密度将大大增加，计算量也随之急剧增加。另外，对于工程中常见的在无限域中的外场声辐射问题（如桥梁结构噪声），有限元方法的剖分截止边界难以确定，并会由此带来计算误差（图 9-1）。因此，在实际应用中，有限元法主要适用于简单中、低频激励作用下，简单结构声辐射的计算分析。

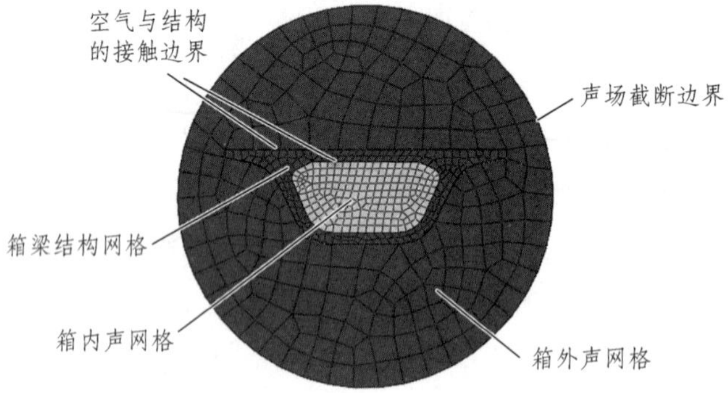

图 9-1　有限元法求解结构声辐射问题

9.1.2　统计能量分析（SEA）

统计能量分析起源于航空航天领域的“声振”问题[3, 4]，它包含三方面的含义：“统计”指的是把研究对象划分为子系统后，所有子系统参数都是在时间、空间和频率上进行统计处理，因而其声振分析结果是统计意义上的平均值；“能量”指的是系统中各子系统关系是以功率流动关系来描述的，外界能量输入以及子系统的分析结果分别以输入、输出功率流表示；“分析”指的是它是一种理论预测方法，如同其他的“分析”方法一样，需要建立模型，确定模型参数，求解系统方程，进而得到所需的解。

英国南安普敦大学的声振研究所（ISVR，Institute of Sound and Vibration Research）在欧洲声学和振动研究中处于领导地位，从 20 世纪 80 年代开始，ISVR 开展了大量的研究，并取得了丰硕成果。Remington 和 Wittig[5]将列车过桥时的噪声问题划分为三步：车辆过桥时引起钢轨和车轮的振动→钢轨的振动引起桥梁各部分结构振动→车轮、钢轨和桥梁往外辐射噪声。在这个模型中，外激励为车轮和钢轨的不平顺性之和，运用统计能量法计算钢轨传递到桥梁的振动，最后使用各部分（钢轨、车轮、桥梁各部件）的辐射效率计算总的辐射声能。他们对一座上承式钢板梁使用弹性扣件进行降噪，并进行了测试，理论计算安装弹性扣件后噪声将降低 2 dB（A），实际测试结果为 4 dB（A），计算结果比较合理。随后，运用这个模型对一系列降噪措施进行了降噪效果分析，得出弹性钢轨扣件是最有效的措施，最大降噪效果是 10 dB（A）。此后，Thompson 等[6, 7]对轨道-桥梁振动模型做了大量的研究，起初，将钢轨和桥梁视为无限长欧拉梁（Euler Beam），二者之间为连续弹性支承；然后，将连续的弹性支承改为固定间距的等效点支承，或者考虑钢轨和桥梁之间有两层连续弹性支承（中间为轨枕）；最后，将钢轨和桥梁之间的连接形式修改为离散的点支承，以此来考虑支承刚度、轨枕间距以及梁部质量的随机分布。这期间，Janssens 和 Thompson[8]使用轨道-桥梁等效点支承模型，重新推导了输入到桥梁的能量，然后将钢板梁离散为若干较大的工字梁，应用 SEA 法计算出各部件之间振动能量的传递，计算结果包含了桥梁结构噪声和轮轨噪声，预测结果与实测结果吻合良好。研究指出，列车过桥时，不仅桥梁结构本身会产生声辐射，钢轨声辐射也有所增加，所以总噪声级会有所增加。随后，Thompson 和 Jones[9]再次使用前述模型对一些钢桥的声辐射进行了研究，并对应用 SEA 法计算桥梁辐射低频噪声的可行性进行了验证。研究发现，SEA 法适用于计算桥梁结构 40 Hz 以上的声辐射，40 Hz 以下桥梁的振动模态将影响计算结果。在大量前期研究的基础上，Thompson 和 Jones[10]使用 MATLAB 软件包编制了一个名为 NORBERT 的计算软件，用来预测列车通过铁路桥梁时的噪声。Bewes[11, 12]为了计算中频范围内钢轨传递到桥梁的振动能量，分别将轨道和桥梁采用两个有限长 Timoshenko 梁模拟，二者之间为连续的弹性支承。这种模型可以充分考虑钢轨与桥梁的耦合效应，且能考虑钢轨与有限长桥梁的共振。此外，Bewes 还应用有限元、边界元和动力刚度法对高工字梁（腹板高）的高频振动特性进行了研究。研究发现，高工字梁在高频时的振动行为主要是腹板面内的运动和翼缘的弯曲运动，并以此改进了桥梁在高频时的运动模型。最后，Bewes 通过实测数据验证了理论计算模型，并进行了参数研究。参数研究表明，对桥梁噪声辐射影响最大的因素是弹性钢轨扣件系统的动力刚度，并且对于既定的桥梁和噪声考察点，存在一个使得桥梁和轨道噪声辐射最低的最优扣件刚度值。同时，经 Bewes 的改进，ISVR 推出了 NORBERT 2.0 版本[13]。

国内，王重实等[14]首次尝试统计能量法预测高速铁路桥梁结构噪声，建立了铁路桥梁子结构能量交换数学模型，用来分析车轮、轨道、枕木和桥梁构件的噪声辐射状况，并指出 SEA 法是预测铁路桥梁噪声辐射可行的方法。段金明等[15]、张旭等[16]、宋雷鸣等[17]先后采用 SEA 法研究了列车通过高架结构时的综合噪声，徐良[18]采用 SEA 法研究了高速铁路简支箱梁的声辐射。张旭等[16]指出，400 Hz 以下桥梁结构的声辐射和综合声辐射几乎完全吻合，在这个频带范围内，桥梁结构声辐射的贡献量较大；桥梁结构声辐射比综合噪声约小 4 dB。宋雷鸣等[17]指出，通过优化垫层的刚度和道床的刚度来降低高架结构的声辐射是一种比较有效的方法。

统计能量法预测结构噪声时的主要问题是需要输入正确的初始数据以便计算。因此，在用统计能量法来分析耦合的复杂结构元件和声学系统的结构问题时，很大程度上取决于对 3 个参数准确的估算：① 子系统的模态密度（MD，Modal Density），描述振动系统贮存能量能力的物理量，指单位频率带宽内的模态数目；② 子系统的内部损耗因子（DLF，Damping Loss Factor），表示子系统阻尼损耗特性，指子系统在单位频率（每振动一次）内单位时间损耗能量与平均储存能量之比；③ 各子系统间的耦合损耗因子（CLF，Coupling Loss Factor），描述子系统间耦合作用大小的物理量。对此，Steel 和 Craik[19]对统计能量法在复杂结构中的应用做了研究。

9.1.3 边界元法（BEM）

“边界元法”这一术语首次出现于 Brebbia[20]的专著中，它的基本思想是：

基于格林公式，把一个区域上的积分转化为该区域边界上的积分。边界元法的显著优点有[21]：① 降维性，边界元法将问题的维数降低一维，求解域只存在于边界上，可大大减少单元数量和计算时间；② 误差小，边界元法是一种半解析法，在求解域内是解析的，误差主要来源于边界单元的离散，累积误差小；③ 适于无穷域，由于边界元方程自动满足无穷远的边界条件，因此特别适用于无界声场的求解。鉴于边界元法的优点，其逐渐被用到求解声学问题中[22-24]。

虽然边界元法在简单结构、发动机、汽车等结构振动声辐射问题的求解中应用较多，但国外极少将其应用到桥梁结构振动声辐射分析中。国内，朱彦等[25]基于一个简化的二维模型，考虑各种变化因素（两旁建筑物高度、间距等）的影响，应用边界元方法对城市高架轨道桥进行了噪声场和频谱的预测。通过与实际测量数据的对比分析得出：噪声的低频成分（$f<250$ Hz）主要由桥体结构振动辐射产生，而轮轨振动辐射是较高频（250 ~ 1 000 Hz）噪声的重要来源；低频噪声场上、下明显强于两侧，而随频率的增高，声场混响特征增强。研究认为，高架桥两侧声屏障可以取得 5 ~ 10 dB 的隔声效果，为防止上部出现噪声过大的情况，两侧建筑物需要适当的高度/距离比。此外，胡新伟等[26]、林龙[27]和吴国强[28]采用声学计算软件 SYSNOISE 对桥梁结构噪声进行了仿真分析；张鹤等[29]结合汽车-桥梁耦合振动理论和声传播理论，建立了汽车-桥梁耦合振动辐射低频噪声问题的边界元法求解体系，研究了公路钢桥面板连续梁桥的振动声辐射问题。李小珍和张迅等[30-38]将列车-轨道-桥梁耦合振动理论与声辐射分析的边界元法相结合，研究了高速铁路 32 m 简支箱梁的振动声辐射特性。李奇和宋晓东等[39-41]在列车-轨道-桥梁耦合振动中应用模态叠加法缩减了计算规模，得到桥梁的模态坐标响应，经 FFT 变换得到模态坐标频谱，再采用 BEM 将模态坐标谱与模态声传递向量相乘，计算了 U 形梁产生的低频噪声。为提高计算效率，他们采用 2.5 维 BEM 和 2 维无限元法（IFEM）对 U 形梁的结构噪声进行了分析[42-44]，而后采用波数域的 FEM-BEM 对钢轨和 U 形梁的噪声进行了预测分析[45, 46]。刘林芽等采用 BEM 分析了箱梁通风孔对桥梁辐射噪声的影响[47]，并利用中心组合试验设计方法，建立槽形梁结构低频噪声优化的响应面模型，利用序列二次算法

求出槽形梁结构声学最优的截面尺寸[48,49]。而后他们分析了轨下橡胶垫板频变特性对混凝土桥结构噪声的影响[50]。

近年来，有人提出用有限元求解结构的振动响应（瞬态或稳态）、用边界元求解声场的有限元/边界元联合方法，两种方法取长补短，相得益彰。因此，将两者有机结合起来的混合有限元、边界元法（Hybrid FEM-BEM）成为目前工程中最为常用的数值方法。该方法理论上可以求解具有任意表面形状复杂弹性结构的振动和声辐射问题。

9.1.4 其　他

对于桥梁结构噪声分析，除了以上典型方法外，国内外学者还尝试采用其他方法进行求解：崔喆[51]利用有限元方法结合基于快速多极展开的虚边界元最小二乘法研究了封闭箱形结构的内、外部声辐射问题；Ouelaa 等[52]采用波动方程求解桥梁振动引起的声辐射，将桥梁的振动加速度作为噪声源，并将其视为单极子（monopole）；谢旭等[53,54]、丁勇等[55]忽略声固耦合作用，将桥面板离散为无限多个小面元，采用点声源法求解公路钢桥的低频声辐射；谢伟平和孙亮明[56,57]基于齐次扩容精细积分法和复数矢径虚拟边界谱方法，通过傅立叶积分变换和稳相法来研究空气中无限长简单混凝土箱形结构的声辐射问题。

9.2 桥梁振动噪声理论

9.2.1 边界元法原理

声振动作为一个宏观的物理现象，必然要满足三个基本的物理定律：牛顿第二定律、质量守恒定律及描述压强、温度与体积等参数关系的物态方程。为了使问题简化，对声波传播过程和媒质作如下假设[58,59]：

① 媒质为理想流体，即媒质不存在黏滞性，声波在这种理想媒质中传播时没有能量损耗。

② 没有声扰动时，媒质在宏观上是静止的，即初速度为零。同时，媒质是均匀的，静态压强 P_0、静态密度ρ_0都是常数。

③ 声波传播时，媒质中稠密和稀疏的过程是绝热的。

④ 媒质中的声波是小振幅声波，各声学变量都是一级微量。

理想媒质中声波的运动方程、连续性方程及物态方程见下式：

$$\nabla p=-\rho_0\,\partial \boldsymbol{v}/\partial t \quad \partial\rho'/\partial t=-\rho_0\nabla\boldsymbol{v} \quad \partial p/\partial t=c^2\,\partial\rho'/\partial t \tag{9-1}$$

式中：∇——拉普拉斯（Laplace）算子，$\nabla=\frac{\partial}{\partial x}\boldsymbol{i}+\frac{\partial}{\partial y}\boldsymbol{j}+\frac{\partial}{\partial z}\boldsymbol{k}$；

p——瞬时声压，$p=p(x, y, z, t)$；

ρ_0——媒质的静态密度，标准大气压下，温度为 20 °C 时，空气的静态密度 ρ_0 = 1.21 kg/m^3；

$\boldsymbol{v}$——媒质质点振动速度，$\boldsymbol{v}=v_x\boldsymbol{i}+v_y\boldsymbol{j}+v_z\boldsymbol{k}$，$v_x$、$v_y$ 和 v_z 为媒质质点振动速度沿 x、y 和 z 方向的分量；

ρ'——媒质密度变化量；

c——声波在媒质中的传播速度，温度为 20 °C 时，空气中声速 c = 344 m/s；

t——时间。

消去式（9-1）中的 $\boldsymbol{v}$、ρ'，即可得理想媒质中声波的波动方程（wave equation）：

$$\nabla^2 p=\frac{1}{c^2}\frac{\partial^2 p}{\partial t^2} \tag{9-2}$$

式（9-2）是在忽略了二级以上微量后得到的，故称为线性声学波动方程。

根据傅立叶变换，任意随时间变化的振动都可以看作多个简谐振动的叠加。对于简谐振动，设声压为：

$$p(x,y,z,t)=p(x,y,z)\mathrm{e}^{\mathrm{j}\varpi t} \tag{9-3}$$

将式（9-3）代入波动方程（9-2），有：

$$\nabla^2 p+k^2 p=0 \tag{9-4}$$

式中：$k=\varpi/c$，k 为波数。此即线性声学的亥姆霍兹方程（Helmholtz equation）。

声场一般有下列一种或几种边界条件：

1. 介质分界面上

$$p_1 = p_2, \boldsymbol{v}_{1n} = \boldsymbol{v}_{2n} \tag{9-5}$$

式中：p_1、p_2分别为两侧的声压；$\boldsymbol{v}_{1n}$、$\boldsymbol{v}_{2n}$分别为两侧质点的法向振动速度。即在分界面上，声波的声压和法向速度必须连续。

2. 狄利克雷（Dirichlet）边界条件

对于刚性边界，按式（9-6）计算：

$$\partial p/\partial \boldsymbol{n} = 0 \tag{9-6}$$

式中：$\boldsymbol{n}$为S的外法向单位矢量。

3. 诺依曼（Neumann）边界条件

振动结构外场声辐射问题为诺依曼边界条件（弹性边界），即流固交界界面条件，按式（9-7）计算：

$$\partial p/\partial \boldsymbol{n} = -\mathrm{j}\rho_0 \varpi \boldsymbol{v}_n \tag{9-7}$$

式中：$\boldsymbol{v}_n$为流体（声场）与结构交界面处结构的法向振速；j 为单位虚数，$\mathrm{j} = \sqrt{-1}$。

4. 罗宾（Robin）边界条件

对于具有声吸收材料的表面，按式（9-8）计算：

$$\frac{\partial p}{\partial \boldsymbol{n}} = -\mathrm{j}\rho_0 \boldsymbol{v}_n \frac{p}{Z_\mathrm{s}} \tag{9-8}$$

式中：Z_s为吸声材料的声学阻抗。

此外，对于外场声辐射问题，声压p还必须满足无穷远处索末菲尔德（Sommerfeld）辐射条件：

$$\lim_{r\to\infty}\left[r\left(\frac{\partial p}{\partial r} - \mathrm{j}kp\right)\right] = 0 \tag{9-9}$$

式中：$r = \left|\vec{Q} - \vec{P}\right|$；$Q$为结构表面$S$上任意点；$P$为空间中任意点。

采用边界元法（BEM）求解结构的声辐射问题时，按求解方法可以分为直接边界元法（DBEM，Direct Boundary Element Method）和间接边界元法（IBEM，Indirect Boundary Element Method）[60, 61]。直接边界元的网格要求是封闭的（可以计算封闭网格内部或外部的声场，但不能同时计算），间接边界元的网格可以封闭，也可以不封闭。典型的桥梁结构，例如混凝土箱梁，采用边界元法求解其声辐射问题时，由于其边界网格不是封闭的（两端开口），这时就要采用间接边界元法。

直接边界元法：对于具有封闭表面 S 的振动结构，外部流体域记为 V，其外场声辐射问题为诺依曼边界条件（9-7），且满足索末菲尔德辐射条件（9-9），使用加权残值法并采用其基本解自由空间格林公式（Green formula）:

$$G(Q,P)=\mathrm{e}^{-\mathrm{j}kr}/4\pi r \tag{9-10}$$

式中：$r=\left|\vec{Q}-\vec{P}\right|$；$Q$ 为结构表面 S 上任意点；P 为空间中任意点。则可得亥姆霍兹积分方程：

$$C(P)p(P)=\int_S\left(G(Q,P)\frac{\partial p(Q)}{\partial \boldsymbol{n}}-p(Q)\frac{\partial G(Q,P)}{\partial \boldsymbol{n}}\right)\mathrm{d}S(Q) \tag{9-11}$$

$$C(P)=\begin{cases}1 & P\in V\\ 1-\int_S\dfrac{\cos\beta}{4\pi r^2}\mathrm{d}S & P\in S\\ 0 & P\notin (V\cup S)\end{cases} \tag{9-12}$$

$$\frac{\partial p(Q)}{\partial \boldsymbol{n}}=-\mathrm{j}\varpi\rho_0\boldsymbol{v}_n(Q) \tag{9-13}$$

$$\frac{\partial G(Q,P)}{\partial \boldsymbol{n}}=-\frac{\mathrm{e}^{-\mathrm{j}kr}}{4\pi r}\left(\mathrm{j}k+\frac{1}{r}\right)\cos\beta \tag{9-14}$$

式中：β 为结构表面 Q 点的法向矢量与矢径 r 的夹角；$\boldsymbol{v}_n(Q)$ 为 Q 点的法向振速。

振动体表面 S 经过划分后，在边界上形成 M 个单元、N 个节点，每个单元的节点数为 L，设单元上任意点 (x,y,z) 的局部坐标为 (ξ,η)，则：

$$p(x,y,z)=\sum_{l=1}^{L}N_l(\xi,\eta)p_l,\quad \boldsymbol{v}_n(x,y,z)=\sum_{l=1}^{L}N_l(\xi,\eta)\boldsymbol{v}_{nl} \tag{9-15}$$

式中：$N_l(\xi,\eta)$ 为插值形函数。依次将边界上每个节点作为源点，对亥姆霍兹积分方程 $(P\in S)$ 进行离散，可得：

$$\boldsymbol{Ap}=\boldsymbol{Bv}_n \tag{9-16}$$

式中：$\boldsymbol{A}$、$\boldsymbol{B}$ 均为 $N\times N$ 阶矩阵，为对称复数满秩矩阵，与结构表面形状、尺寸及插值形函数有关，并是激励频率的函数；$\boldsymbol{p}$ 和 $\boldsymbol{v}_n$ 为 N 维复列向量。

$$\boldsymbol{p}=\boldsymbol{Zv}_n \tag{9-17}$$

式中：$\boldsymbol{Z}=\boldsymbol{A}^{-1}\boldsymbol{B}$，为振动结构的声阻抗矩阵，其任意一个元素 z_{ij} 表示的是节点 j 的单位速度对节点 i 处声压的贡献量。

在已知 $\boldsymbol{p}$、$\boldsymbol{v}_n$ 的情况下，即可用亥姆霍兹积分方程 $(P\in V)$ 求得声场中任意一点的辐射声压：

$$p(P)=\boldsymbol{a}^{\mathrm{T}}\boldsymbol{p}+\boldsymbol{b}^{\mathrm{T}}\boldsymbol{v}_n \tag{9-18}$$

式中：$\boldsymbol{a}$、$\boldsymbol{b}$ 为插值函数列向量，与结构表面形状和任意点 P 的位置有关，由式（9-11）确定。

间接边界元法：由于间接边界元计算的网格是在边界元网格的两侧，因此，需要确定边界两侧的速度差和声压差。间接边界元方法可以从直接边界元方法推导出来，将亥姆霍兹积分方程应用于边界表面的两侧，然后将两方程相减，可以得到任意观测点的声压：

$$p(P)=\int_S\left(G(Q,P)\boldsymbol{s}(Q)-\mu(Q)\frac{\partial G(Q,P)}{\partial \boldsymbol{n}}\right)\mathrm{d}S(Q) \tag{9-19}$$

式中：$\boldsymbol{s}(Q)$、$\mu(Q)$ 分别为 Q 点表面两侧的速度差和声压差，分别表示为

$$\begin{cases}\boldsymbol{s}(Q)=-\mathrm{j}\rho_0\varpi(\boldsymbol{v}_n(Q_1)-\boldsymbol{v}_n(Q_2))\\ \mu(Q)=p(Q_1)-p(Q_2)\end{cases} \tag{9-20}$$

式中：$p(Q_1)$、$p(Q_2)$ 分别为结构表面 Q 点两侧的压力；$\boldsymbol{v}_n(Q_1)$、$\boldsymbol{v}_n(Q_2)$ 分别为结构表面 Q 点两侧的法向振动速度。将结构表面用边界单元离散，则表面

边界上各节点两侧的速度差和声压差由下式确定：

$$\begin{Bmatrix} \boldsymbol{s}(Q) \\ \mu(Q) \end{Bmatrix} = \boldsymbol{A}^{-1}\boldsymbol{f} \tag{9-21}$$

式中：$\boldsymbol{A}$ 为对称复数满秩矩阵，与结构表面形状、尺寸及插值形函数有关，并是激励频率的函数；$\boldsymbol{f}$ 为外激励向量，取决于结构表面的振动速度。

对于结构表面外部任意观测点 P，由式（9-19）得：

$$p(P) = \boldsymbol{B}\begin{Bmatrix} \boldsymbol{s}(Q) \\ \mu(Q) \end{Bmatrix} = \boldsymbol{B}\boldsymbol{A}^{-1}\boldsymbol{f} \tag{9-22}$$

式中：$p(P)$ 为任意观测点的声压；$\boldsymbol{B}$ 为插值矩阵，由式（9-19）确定。

9.2.2 轮轨相互作用模型

在轨道交通中，车辆运行速度远小于钢轨中振动波的传播速度，故在频域内计算轮轨相互作用力时，可采用移动不平顺模型，即列车在轨道上运行时，受轮轨表面粗糙度的相对位移激励，轮轨之间存在相互作用力。在轮轨相互作用模型中，可将轮轨接触转化为线性 Hertzian 接触。车轮动柔度、轮轨线性接触柔度和钢轨动柔度联合影响轮轨相互作用，故总的动柔度为 3 个动柔度之和。轮轨相互作用力可由下式计算：

$$F_{\mathrm{c}}(\omega) = \frac{R}{Y_{\mathrm{W}} + Y_{\mathrm{c}} + Y_{\mathrm{r}}} \tag{9-23}$$

式中：Y_{W} 为车轮导纳，是车轮质量和分析频率的函数；Y_{c} 为接触弹簧导纳；Y_{r} 为钢轨导纳；R 为相应车速和计算频率下某一波长对应的粗糙度幅值。

9.2.3 桥梁结构噪声计算方法

桥梁结构噪声分析系统如图 9-2 所示，首先通过前述车辆-轨道-桥梁耦合动力学仿真分析模型，求解得到时域内的桥梁振动响应；然后经快速傅立叶变换得到频域内的桥梁振动响应；最后，将桥梁有限元网格转换为边界元网格，以桥梁振动响应为声学边界，利用声学边界元法分析桥梁声辐射。该分析依托 LMS SYSNOISE 声学计算软件完成。

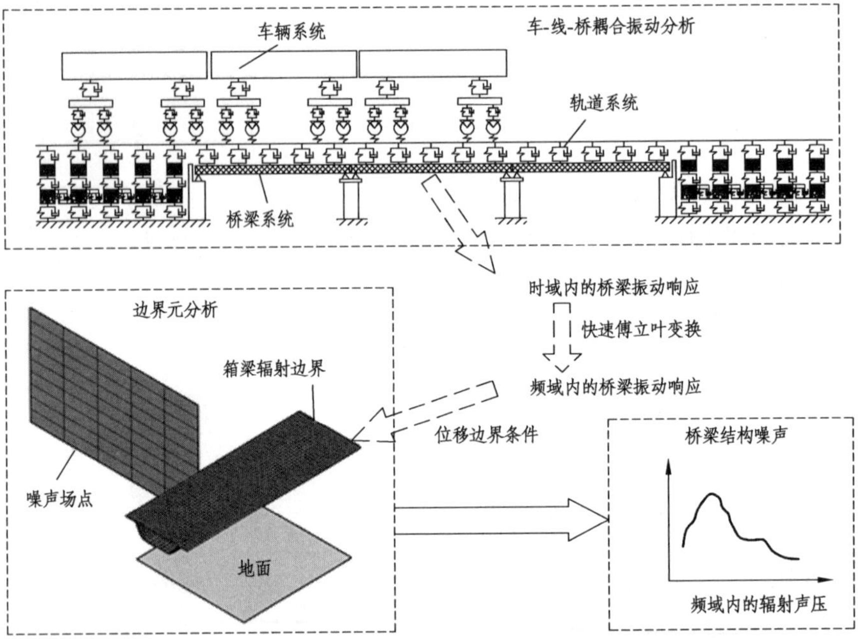

图 9-2　桥梁结构噪声预测模型

9.3　槽形梁桥结构噪声

由于 U 形梁具有外形美观、建筑高度低、腹板兼具防撞和隔声等功能，在国内外城市轨道交通高架中得到了广泛应用。图 9-3 所示为某跨径 30 m 的 U 形梁跨中截面布置。混凝土弹性模量为 40 GPa，密度为 2 600 kg/m^3，泊松比为 0.2，阻尼损耗因子为 0.02。在 U 形梁有限元模型中均暂时忽略承轨台的贡献。

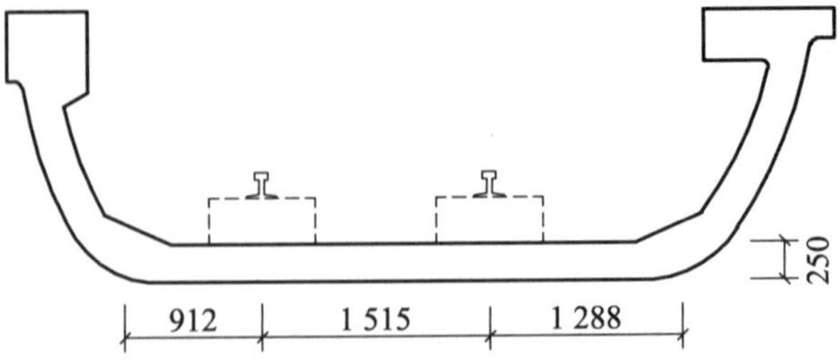

图 9-3　U 形梁跨中截面布置（单位：mm）

扣件采用 WJ-2 型扣件，间距为 0.6 m，刚度为 40 MN/m，损耗因子为 0.1。钢轨部件分别采用无限长 Euler 梁和 Timoshenko 梁进行模拟。不失一般性，在 2/5 桥跨的右侧钢轨上施加垂向外荷载，计算轨桥耦合模型下的钢轨驱动点导纳，再根据式（9-23）计算单个车轮在单位粗糙度下的轮轨力，进而得到此轮轨力下的桥梁和钢轨振动速度。计算中取车轮质量为 831.5 kg，轮轨接触刚度为 1.4 GN/m。

图 9-4 给出了仿真分析得到的辐射总声压级云图，可以看出，桥梁结构噪声沿水平距离逐渐衰减，在 60 m 范围内可衰减 15 dB（A）左右。在未采取减振、降噪措施条件时，简支 U 形梁中心线梁下 A 计权辐射总声压级达到 72.1 dB（A）；距轨道中心线 25 m 处的 A 计权辐射总声压级达到 61.3 dB（A），U 形梁桥结构噪声大于相同条件下简支混凝土箱梁，但在一定范围内能够降低轮轨噪声的传播。

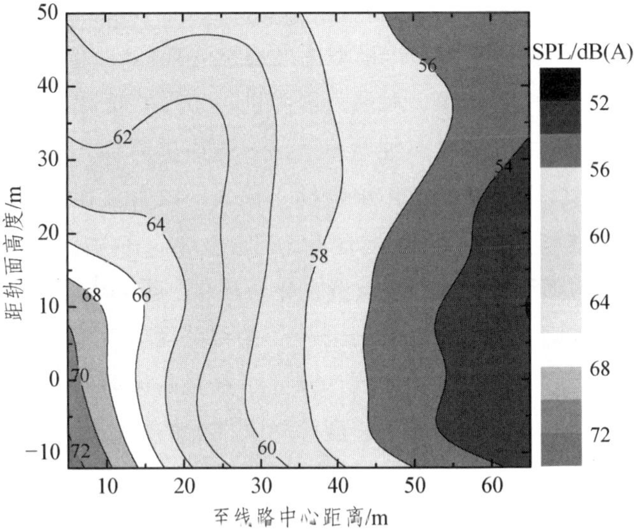

图 9-4 U 形梁声场云图

9.4 槽形梁桥对轮轨噪声的遮蔽效应

2021 年 12 月 24 日，第十三届全国人民代表大会常务委员会第三十二次会议通过《中华人民噪声污染防治法》，噪声问题越发令人重视。伴随我国轨道交通里程的增长和线路密度的增大，对于穿越郊区、城镇的线路，轨道交通产生的噪声问题越发突出[62]。高架轨道交通噪声传播距离远、影响范围大，近年来受到人们越来越多的重视。在当前列车运行速度下，轨道交通噪声主要以轮轨噪声为主。轮轨噪声由列车轮轨和钢轨之间的相互作用产生，经过车厢壁的反射向外部辐射。

加装声屏障进行噪声处理可以在传播路径中有效地抑制噪声源对环境产生的影响[63]，在高速铁路和城市轨道交通中应用十分广泛。Papadakis 等[64]评估了有限元方法计算二维声辐射问题对声屏障插入损失的准确性和适用性，研究结果表明有限元方法可选择性地用于各种声源和接收器位置声屏障插入损失的计算。吴小萍等[65，66]进行了有限元软件 ANSYS 和声学软件 SYSNOISE 的联合仿真，研究高度对声屏障声学性能的影响并运用湍流模型进行了多目标优化，认为路基段声屏障的适宜高度应在 4 ~ 5 m。周信等[67]基于边界元法建立了高速铁路声屏障降噪预测模型，将模型预测的插入损失值与实测值比较，验证了该理论模型的准确性。Toledo 等[68]基于最大化噪声衰减量和最小化材料使用量对薄声屏障进行了形状优化。卢洋[69]利用边界元法研究了声屏障屏体吸声性能对道路双侧声屏障插入损失的影响，认为声屏障上部屏体吸声性能对声屏障插入损失的改善要比底部屏体作用更大。Hothersall 等[70]利用 1∶20 试验装置调查声屏障在考虑了车厢影响时对 TGV 高速列车的降噪效果，声源放置在轮轨区域，频谱由 TGV 车外噪声测试得到，但室内试验结果与 Belingard 等[71]的线路两侧声屏障试验结果有较大差别。何宾等[72]采用二维边界元法建立了铁路高架桥声屏障插入损失预测模型，分析了声场分布特征、速度对降噪性能的影响，结果认为声屏障采用鼻形结构、外倾 30°时降噪效果最好。宋立忠等[73]基于有限元-边界元法，建立箱梁-声屏障系统振动声辐射数值计算模型，探讨了箱梁-声屏障系统结构噪声的空间分布规律，阐明了车速和声屏障高度对系统结构噪声的影响。

槽形梁和 U 形梁是为了减小从轨面至梁底高度，增加桥下净空而提出的一种桥梁形式。对比传统形式高架桥梁，轨道交通槽形梁除了具有建筑高度低、结构轻巧美观等优点外，它的腹板还可充当声屏障，有效隔离轮轨噪声等的传播[74]。吴波波等[75]研究了反射体对 U 形梁贴附式吸声材料插入损失的影响，验证了反射体存在时对插入损失值有积极影响。张迅等[76]以二维边界元模型研究了 U 形梁对轮轨噪声的遮蔽效应，结果表明地面反射效应对遮蔽效应损失指标影响不大，腹板高度是影响遮蔽损失的首要因素。部分学者采用数值计算方法来探讨各种措施的减振降噪效果。Crockett 等[77]采用简化的声源模型对香港西铁高架桥梁优化方案的降噪效果进行了研究。李克冰等[78]采用边界元法分析了高速铁路 32 m 简支槽形梁的结构噪声。李奇和吴定俊[79]提出了一种在列车激振下混凝土桥低频结构噪声数值预测方法，并与 U 形梁实测数据进行对比，模拟及测试结果在时程曲线及频谱曲线上均吻合较好。

已有关于槽形梁振动噪声的研究主要集中在桥梁本身辐射结构噪声方面，部分学者研究了 U 形梁对轮轨噪声的插入损失，还缺乏对大跨槽形梁箱式变高度边梁对轮轨噪声插入损失的研究。本章将从槽形梁边梁对轮轨噪声插入损失的影响入手，通过采用边界元法建立槽形梁二维模型计算槽形梁边梁对轮轨噪声插入损失的影响，在计算时考虑不同高度边梁及车厢壁对轮轨噪声插入损失的影响。

9.4.1 轮轨噪声插入损失计算方法

当存在槽形梁边梁时声波有反射、透射和绕射三条传播路径[80]，如图 9-5（a）所示。越过边梁顶端绕射到达受声点的声能比没有边梁时的直达声能小，直达声与绕射声的声级之差称为绕射声衰减量，并随着Φ角增大而增大，如图 9-5（b）所示。绕射声衰减量是决定插入损失的主要物理量。当考虑车厢的反射作用且假设车厢与边梁平行时，声波将在车厢壁与边梁之间多次反射直至越过边梁绕射到受声点，如图 9-5（c）所示。

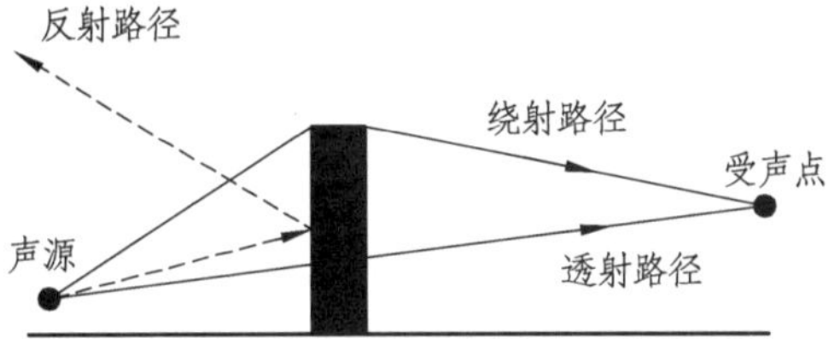

（a）声波传播路径

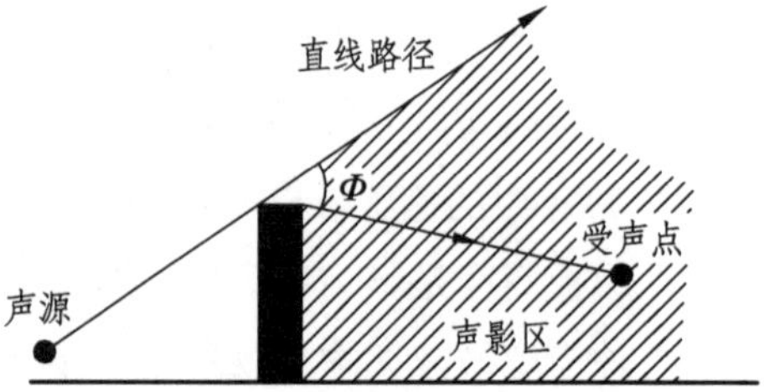

（b）声波绕射路径

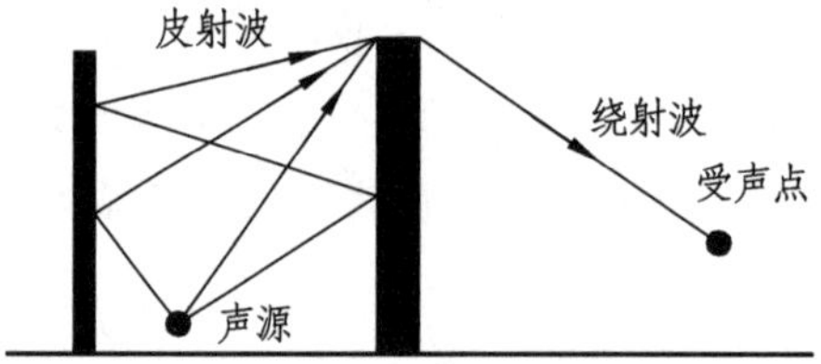

（c）声波的反射

图 9-5 槽形梁绕射、反射路径

根据声屏障插入损失的定义，本章采用下式计算得出槽形梁对轮轨噪声的插入损失，即：

$$IL = 20\lg(p_{\mathrm{B}} / p_{\mathrm{C}}) \tag{9-24}$$

式中：p_{B}、p_{C} 为有无障碍物时受声点声压（Pa）；IL 单位为 dB。根据这一定义得出的值来评估不同高度边梁对轮轨噪声插入损失的影响，也即二者受声点处声压级的差。

在采用 SYSNOISE 进行噪声计算时，会考虑声的反射、衍射和折射等行为，因此计算结果与实际结果之间的误差只能是材料属性定义不准确、几何建模精度不够、边界条件定义不准等造成的。对于本章二维边界元模型来说，假设在最小波长内有 6 个单元，也就是最大单元的边长要小于计算频率最短波长的 1/6，或者要小于最高计算频率点处的波长的 1/6[81]。与结构分析不同的是，一般情况下局部网格划分过小并不能提高计算精度。本章在 ANSYS 中建立模型网格后再导入 SYSNOISE。

9.4.2 计算模型建立

变高度连续槽形梁在既有线改造中应用广泛，如图 9-6 所示。以变高度槽形梁为对象进行轮轨噪声插入损失的研究，并将其不同高度边梁处受声点的声压与边梁最低处测点测得的声压对比。槽形梁底板宽 11 m，顶部宽 11.3 m，边梁高度最高为 5 m，最低处为 3 m，为某一工程中实际使用的桥型，轨面距梁底高度为 2 m。

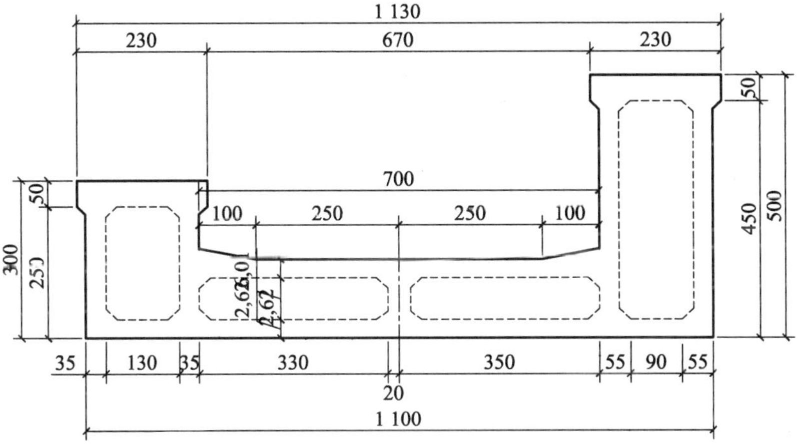

图 9-6 半边支座截面/半中支座截面（单位：cm）

为保证计算结果的准确性，边界元模型单元尺寸划分为 10 mm。将主梁外轮廓、车厢壁和地面考虑为刚性反射面，不考虑吸声效果。梁的底面距地面高程为 10 m，声源位于线路中心处，距梁底上方 2 m，假设轮轨噪声沿线路方向不变，采用线声源模拟。将槽形梁、车厢外轮廓划分为梁单元，如图 9-7 所示。模型中设置 30 m × 25 m 的场点网格（间距为 1 m），以分析梁侧二维声场分布。场点网格 4 个顶点的坐标分别为（0，0）、（0，25）、（30，25）、（30，0），括号内第一个数字为距线路中心的水平距离，第二个数字为距地面的竖向高度。结合噪声评价相关指导，对比距梁底不同高度、距线路中心线不同距离及槽形梁插入损失，选取如图 9-7 所示的 16 个场点。其中：1 ~ 4 号场点位于梁底正下方，距梁底距离分别为 1 m、3 m、5 m、7 m；5 ~ 8 号位于距地面 1 m 处，距线路中心线水平距离分别为 10 m、15 m、20 m、25 m；9 ~ 12 号场点位于距线路中心线水平距离 30 m 处，各点距地面距离依次为 3 m、7 m、11 m、15 m；13 ~ 16 号位于轨顶上方 3.5 m 处，距线路中心线水平距离依次为 10 m、15 m、20 m、25 m。

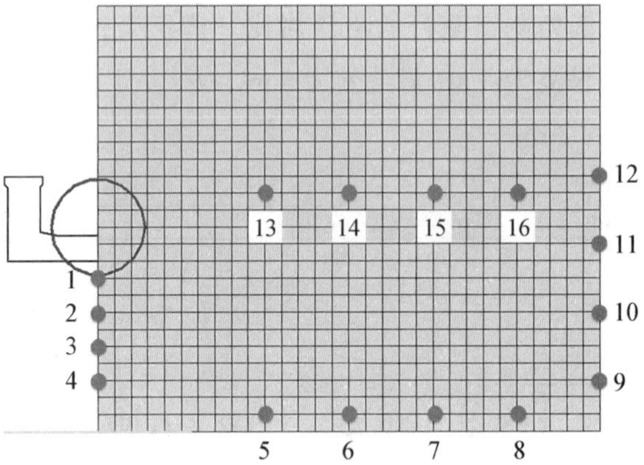

图 9-7　槽形梁声场离散场点

计算频率为 50～5 000 Hz 时可包含列车声源主要频率，空气中声速取 340 m/s，空气密度取 1.225 kg/m^3。声源数据采用文献[82]实测单轴轮轨噪声的 1/3 倍频程数据，数据见表 9-1。

表 9-1　单轴轮轨噪声等效线声源数据

频率/Hz	线声源声压/Pa	线声源声压级/dB
80	0.006	48.97
100	0.007	50.81
125	0.010	53.71
160	0.022	61.18
200	0.049	67.84
250	0.100	74.03
315	0.534	88.53
400	0.590	89.39
500	1.785	99.01
630	3.493	104.84

续表

频率/Hz	线声源声压/Pa	线声源声压级/dB
800	5.920	109.42
1 000	9.337	113.48
1 250	1.879	99.46
1 600	3.001	103.54
2 000	3.548	104.98
2 500	1.842	99.28
3 150	2.454	101.78
4 000	3.744	105.44

9.4.3 槽形梁桥插入损失

在计算槽形梁不同边梁高度的声场分布时，按照不同工况，分别探讨不同梁高、车厢壁反射和边梁截面形式对轮轨噪声插入损失的影响。

1. 梁高的影响

研究表明，地面反射会增加声源到受声点的传播路径[80]，对声波传播的影响较大[83]。在实际情况中，线路下方大多为混凝土地面，对声波有较强的反射作用。考虑地面反射效应，无槽形梁时的声场分布如图 9-8（a）所示，槽形梁边梁高度为 3 m、4 m、5 m 的梁侧声压级云图如图 9-8（b）、（c）、（d）所示。槽形梁可看作轮轨噪声传播路径中的障碍物，不同梁高在阻碍噪声传播时有不同的表现。

由图可见，由于槽形梁的屏蔽作用，桥梁下方和梁侧边梁顶面以下区域的轮轨噪声大幅降低，槽形梁桥对轮轨噪声传播的阻碍在线路下方及边梁两侧效果最好。轮轨噪声更多地被反射到槽形梁上部一定夹角的空间内，边梁高度越高，夹角越小。由于声波绕射的原因，槽形梁边梁顶部外侧出现了噪声声压级快速变化的现象。桥下噪声最小的区域略微偏离线路正下方，这可能与低频声波直接从桥面板向线路下方透射有关。

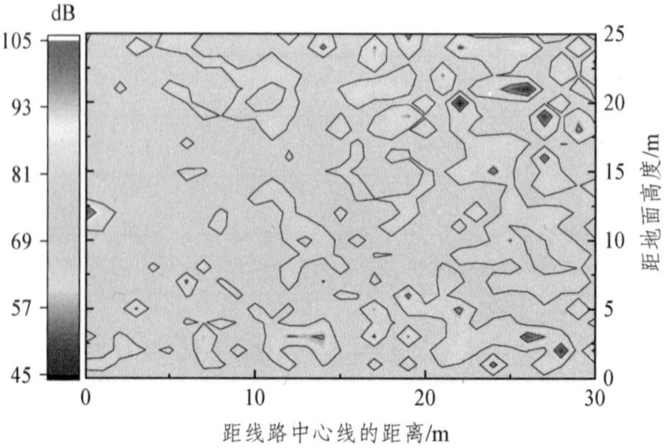

（a）无槽形梁

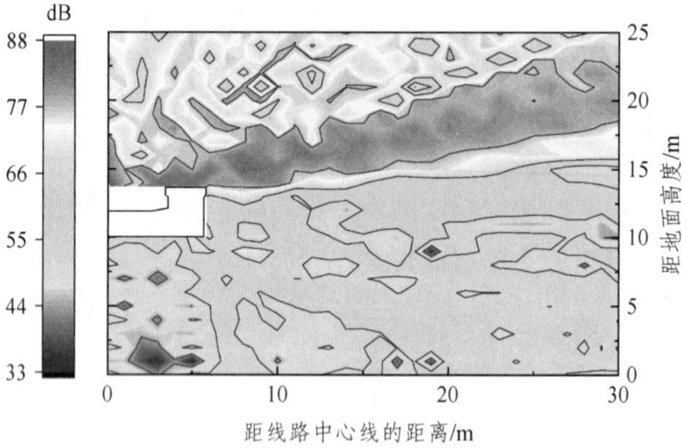

（b）边梁高度 3 m

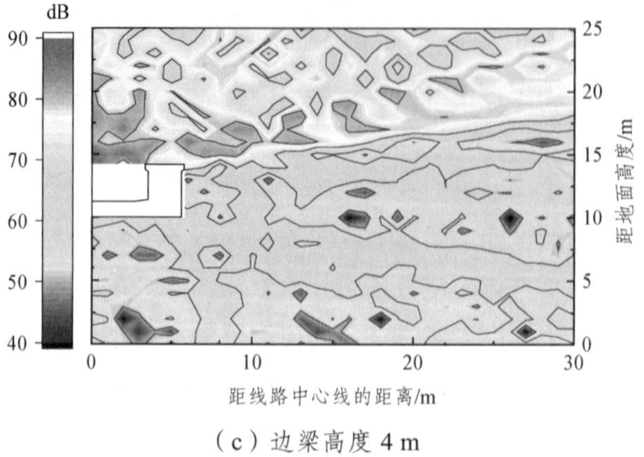

（c）边梁高度 4 m

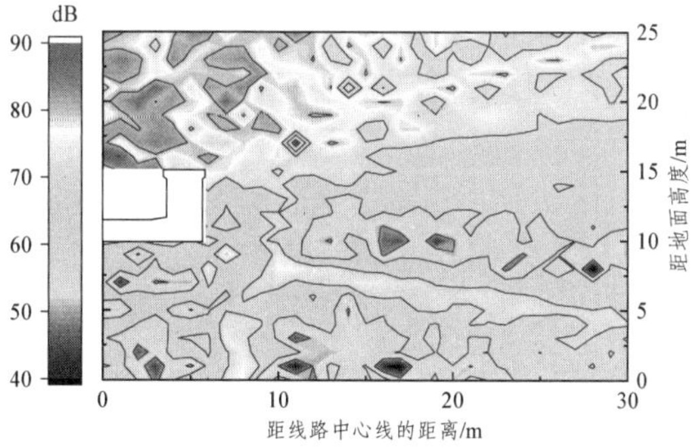

（d）边梁高度 5 m

图 9-8　考虑地面反射时的声场云图

边梁高 3 m、4 m、5 m 时的轮轨噪声插入损失如图 9-9（a）、（b）、（c）所示，（d）为不同梁高下各场点插入损失值。从轮轨噪声插入损失云图可以看出，存在槽形梁时，线路下方及梁侧区域插入损失值较大。由于桥面板的反射作用，桥梁上方及斜上方区域声压级与无槽形梁时相比有所增大。

槽形梁边梁高度增加时线路上方的插入损失逐渐减小且负值区域夹角变小。桥梁下方及梁侧插入损失随边梁高度增加有所减小，可见并非边梁高度越高隔声效果越好，这一规律与文献[82]对 U 形梁桥插入损失的分析结果有相似之处。这一现象出现的原因可能是边梁高度增大，使声波尤其是高频噪声在梁板及车体之间多次反射，加剧了声源的混响。

不同梁高的插入损失分布略有不同；随边梁高度增加，桥下区域插入损失反而减小，即噪声增大。除边梁高度为 3 m 时的 13 号点及边梁高度为 5 m 时的 15 号点外，余下各场点的轮轨噪声插入损失值均为正值。总体而言，槽形梁对传递至梁体下方及侧下方噪声的遮挡效果显著。

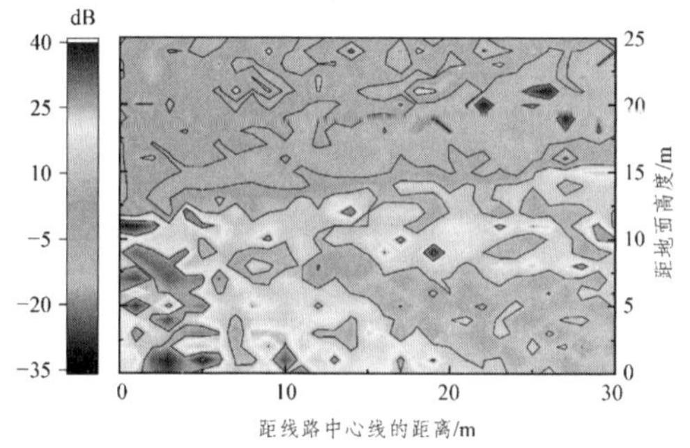

（a）边梁高度 3 m

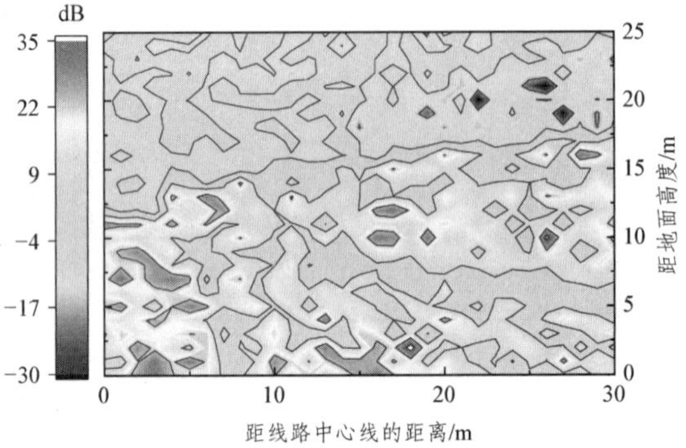

（b）边梁高度 4 m

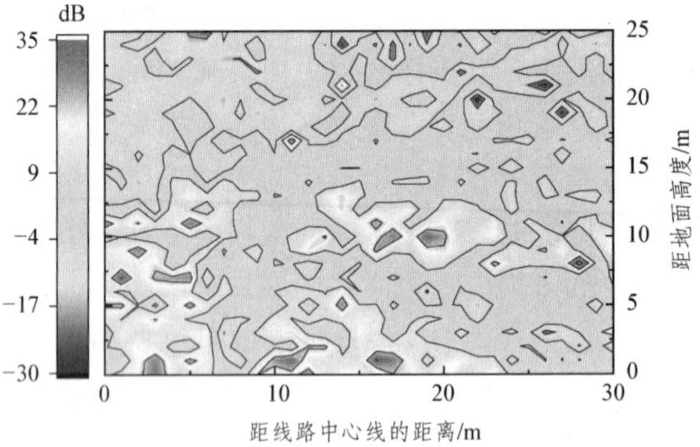

（c）边梁高度 5 m

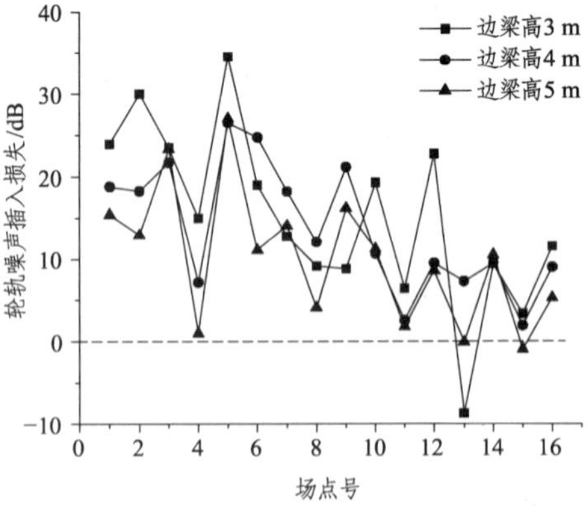

（d）各场点插入损失值

图 9-9　轮轨噪声插入损失

2. 车厢壁反射

轮轨噪声入射到槽形梁内壁时，槽形梁会产生反射声。反射声入射到车厢壁时会再次产生反射，从而对轮轨噪声辐射声场产生影响。考虑车厢壁反射效应时，槽形梁边梁高度为 3 m 和 5 m 的声压级云图如图 9-10（a）、（b）所示，不同边梁高度的噪声辐射声场有不同的表现，其中车底距轨面距离为 0.88 m。

由于车厢的遮挡，车体正上方噪声相较于无车厢的情况明显减小，噪声较大的区域变为线路中点与车厢底角连线和线路中点与边梁顶端连线之间的区域。边梁较矮时，梁体隔声的区域有所减小；边梁高度增加时，梁侧隔声的区域增大。由于车厢壁的反射，声波更多地从车厢与梁体之间向外传播，梁侧区域声压级有所增大，可以考虑在梁体内侧贴覆吸声材料。

考虑车厢壁的反射，边梁高 5 m 时，车体上方声压级值较小。对比没有车厢壁的情况，梁侧空间插入损失值有所增大，线路下方受影响不明显，如图 9-10（c）、（d）所示。

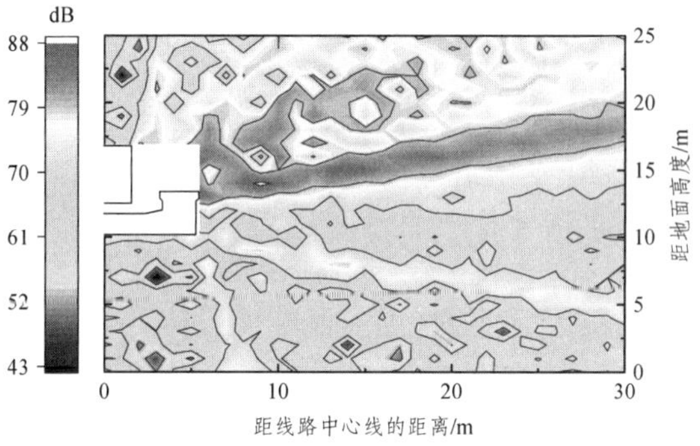

（a）边梁高度 3 m

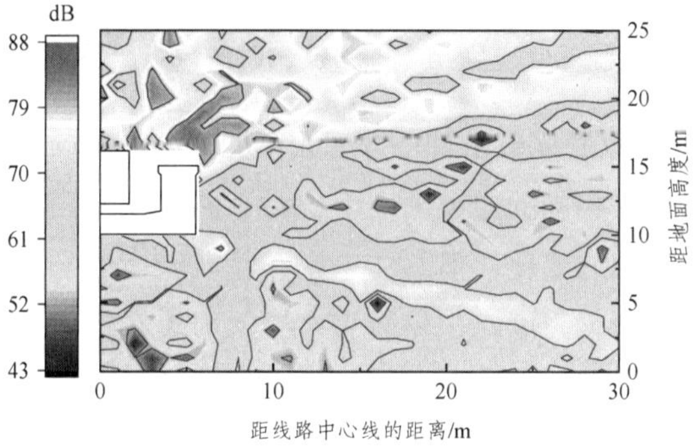

（b）边梁高度 5 m

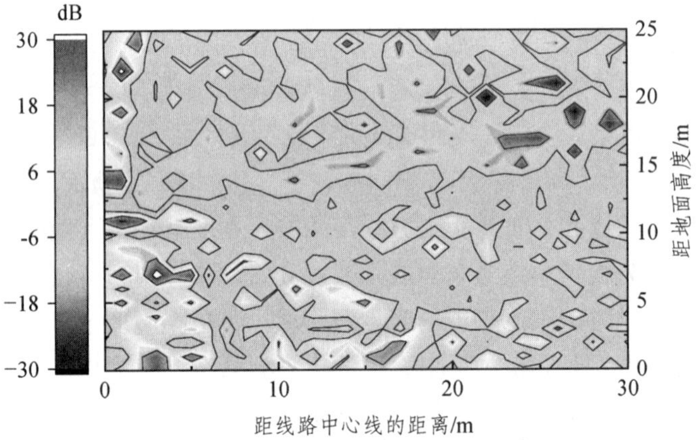

（c）边梁高度 3 m 插入损失

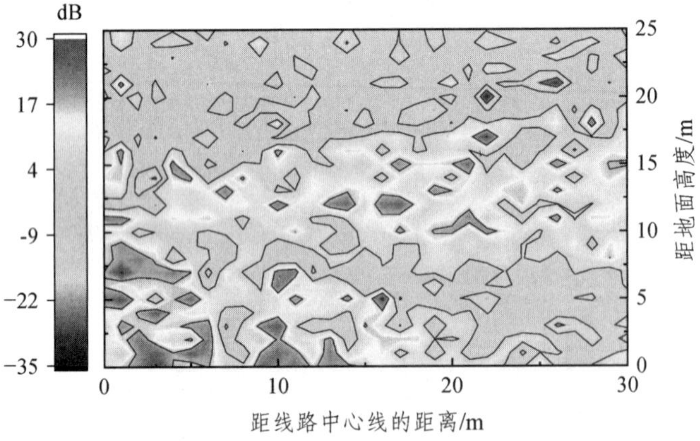

（d）边梁高度 5 m 插入损失

图 9-10　考虑车厢壁反射时的声场云图

图 9-11 所示为地面反射条件下，有无车厢壁，典型场点处轮轨噪声插入损失频谱图对比。在相同的边梁高度下，对于同一场点，有无车厢仅会引起个别频段插入损失值的变化，但总体来说，轮轨噪声插入损失差别不大。对于同一场点，不同边梁高度时，轮轨噪声插入损失在数值上有差异，但随频率的变化趋势相近。存在车厢壁时，虽然声波的反射次数会增加，但对于噪声不同频段的插入损失影响作用不是很明显。

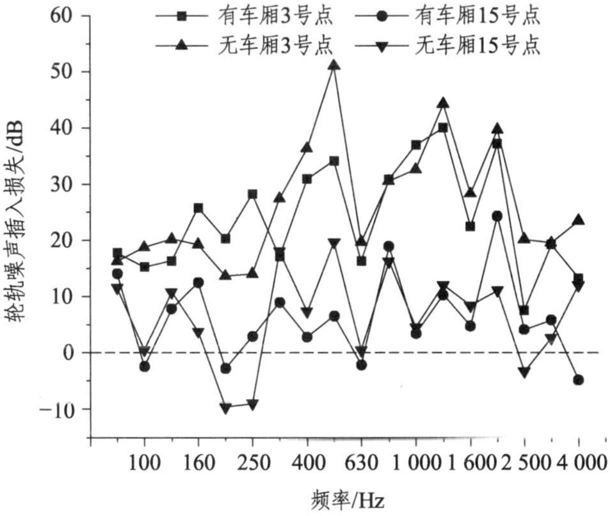

（a）边梁高度 3 m

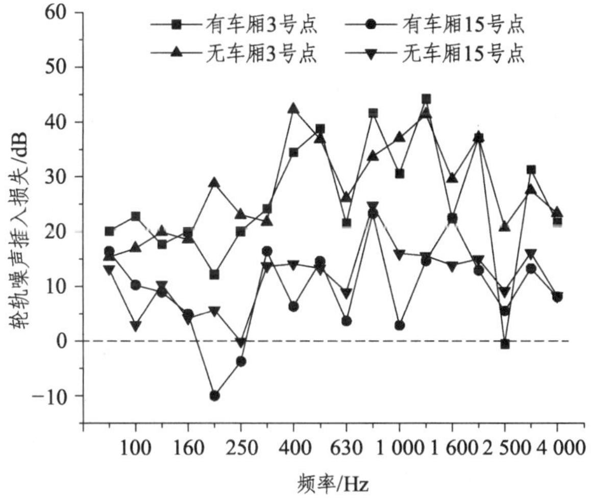

（b）边梁高度 5 m

图 9-11　插入损失频谱

3. U 形梁桥插入损失

U 形梁桥在我国城市轨道交通高架线路中应用广泛。为比较 U 形梁桥（板式边梁）和槽形梁桥（箱形边梁）对轮轨噪声插入损失的差异，建立 U 形梁桥插入损失计算模型，梁底距地面高度同样为 10 m，并与边梁高度为 3 m 时的槽形梁插入损失计算结果进行对比，U 形梁的横截面如图 9-12 所示。

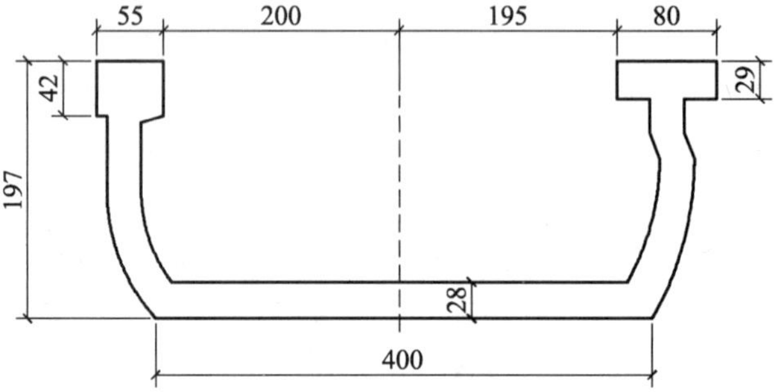

图 9-12　U 形梁横截面（单位：cm）

U 形梁桥对轮轨噪声的插入损失计算结果如图 9-13 所示。从图中可以看出，U 形梁与槽形梁对轮轨噪声都具备一定的隔声能力，但在数值上有一些差异，同时，U 形梁与槽形梁的声场分布云图及插入损失云图分布规律有所不同，U 形梁的轮轨噪声更加向上集中，相比槽形梁，噪声传播范围夹角更小。

对比二者典型场点可知，在 1 ~ 12 号场点槽形梁的降噪性能优于 U 形梁，而在 13 ~ 15 号场点 U 形梁隔声性能更佳。槽形梁对于线路下方及远离线路靠近地面的区域降噪效果更好，这是因为槽形梁的边梁和道床板均为箱形，厚度远大于 U 形梁桥；而 U 形梁桥则在梁侧轨面高度附近区域有较好的降噪表现，这与 U 形梁桥腹板顶端翼缘有关。

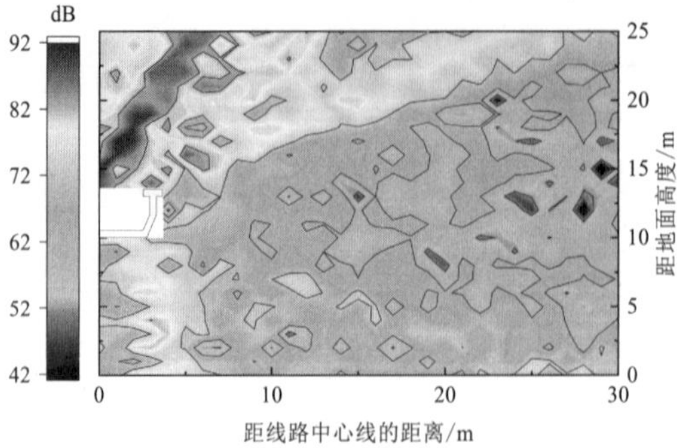

（a）声场分布

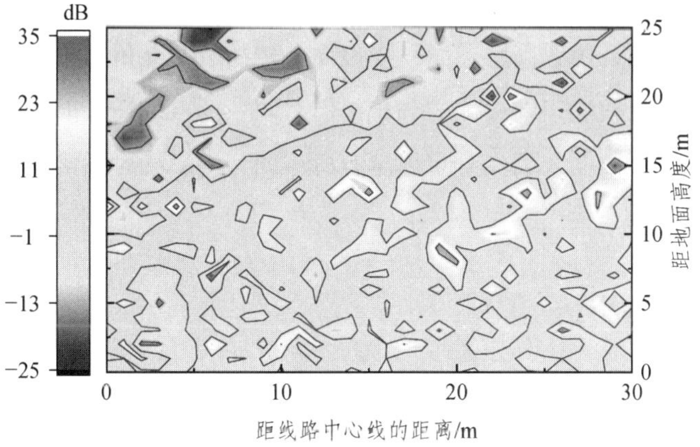

（b）插入损失

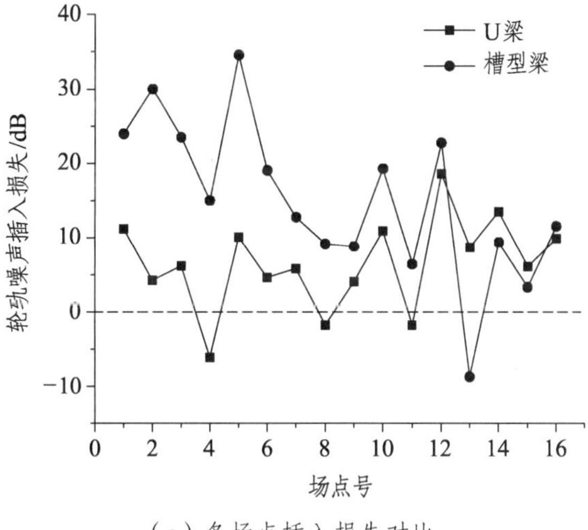

（c）各场点插入损失对比

图 9-13 U 形梁与槽形梁对比

槽形梁在既有线改造中应用广泛，腹板可看作声屏障，对轮轨噪声能起到一定的阻挡作用，在噪声传播路径中起到降噪的效果。本节针对不同边梁高度槽形梁的降噪效果进行研究，建立槽形梁二维边界元模型，以实测轮轨噪声为声源，计算其不同高度的边梁在考虑地面声反射和车厢壁反射时的声场和噪声插入损失，并与相同工况下 U 形梁插入损失进行对比，分析边梁截面形式对轮轨噪声插入损失的影响规律。结果表明，边梁高度对其插入损失起主要影响作用，边梁高度越高，噪声向上传播时的夹角越小。车厢壁的反射效应会改变轮轨噪声在梁侧的分布，但对同一场点的插入损失影响不大。U 形梁与槽形梁的插入损失分布规律有所不同，槽形梁对桥梁下方的噪声遮挡效果更明显。

9.5 本章小结

采用边界元法首先建立了简支 U 形梁桥结构噪声的三维计算模型，分析了跨中截面结构噪声的分布。而后建立了连续槽形梁轮轨噪声插入损失计算的二维模型，对梁侧轮轨噪声的分布进行了分析，并与在不同梁高下的结果进行对比，主要结论如下：

（1）简支 U 形梁结构噪声沿水平距离逐渐衰减，在 60 m 范围内可衰减 15 dB（A）左右。简支 U 形梁中心线梁下 A 计权辐射总声压级达到 72.1 dB（A）；距轨道中心线 25 m 处的 A 计权辐射总声压级达到 61.3 dB（A），U 形梁桥结构噪声大于相同条件下简支混凝土箱梁。

（2）由于梁体的遮挡，噪声主要传播区域集中在梁面上方一定夹角范围内。影响槽形梁插入损失的主要因素为边梁高度。对于边梁高度为 3 m、4 m、5 m 这 3 种情况，三者差异较大的区域为梁体上方和梁侧区域。

（3）边梁并非高度越高降噪效果越好，边梁高度增加，桥梁下方及梁侧插入损失有所减小，但隔音的区域增加。

（4）车厢反射会改变梁侧轮轨噪声的分布，但对插入损失的影响不大。但存在车厢时噪声会在梁体内侧和车厢壁之间多次反射，可以考虑在梁体内侧贴覆吸声材料。

（6）槽形梁对于线路下方及远离线路靠近地面的区域降噪效果更好，而 U 形梁桥则在梁侧轨面高度附近区域有较好的降噪表现，这是因为 U 形梁桥腹板顶端设有翼缘板。

参考文献

[1] 何祚镛. 结构振动与声辐射[M]. 哈尔滨：哈尔滨工程大学出版社，2002.

[2] 丁桂保，郑史雄. 高速铁路桥梁的低频噪声研究[J]. 西南交通大学学报（自然科学版），1998，33（2）：127-131.

[3] KEANE A J，PRICE W G. Statistical energy analysis [M]. Cambridge：Cambridge University Press，1994.

[4] 姚德源，王其政. 统计能量分析原理及其应用[M]. 北京：北京理工大学出版社，1995.

[5] REMINGTON P J，WITTIG L E. Prediction of the effectiveness of noise control treatments in urban rail elevated structures [J]. Journal of the Acoustical Society of America，1985，78（6）：2017-2033.

[6] THOMPSON D J. An analytical model for the vibration isolation for a rail mounted on a bridge [R]. Southampton：Institute of Sound and Vibration Research（ISVR），1992.

[7] CARLONE L，THOMPSON D J. Vibrations of a rail coupled to a foundation beam through a series of discrete elastic supports [R]. Southampton：Institute of Sound and Vibration Research（ISVR），2001.

[8] JANSSENS M H A，THOMPSON D J. A calculation model for the noise from steel railway bridges [J]. Journal of Sound and Vibration，1996，193（1）：295-305.

[9] THOMPSON D J，JONES C J C. Thameslink 2000 metropolitan junction to London bridge noise and vibration studies [R]. Southampton：Institute of Sound and Vibration Research（ISVR），1997.

[10] THOMPSON D J，JONES C J C. NORBERT-Software for predicting the noise of railway bridges and elevated structures [R]. Southampton：Institute of Sound and Vibration Research（ISVR），2002.

[11] BEWES O G. The calculation of noise from railway bridges and viaducts [D]. Southampton：University of Southampton，2005.

[12] BEWES O G，THOMPSON D J，JONES C J C，et al. Calculation of noise from railway bridges and viaducts：experimental validation of a rapid calculation model [J]. Journal of Sound and Vibration，2006，293（3-5）：933-943.

[13] THOMPSON D J，JONES C J C，BEWES O G. NORBERT-Software for predicting the noise of railway bridges and elevated structures-Version 2.0[R]. Southampton：Institute of Sound and Vibration Research（ISVR），2005.

[14] 王重实，王凤勤，高淑英. 高速铁路桥梁噪声预测方法的探讨[J]. 西南交通大学学报，2001，36（2）：166-168.

[15] 段金明，周敬宣，李艳萍. 统计能量分析在轻轨交通噪声预测中的应用[J]. 华中科技大学学报（城市科学版），2002，19（3）：57-60.

[16] 张旭，宋雷鸣. 列车通过高架桥结构时的运行噪声统计能量分析（SEA）研究[J]. 噪声与振动控制，2008（2）：77-79.

[17] 宋雷鸣，孙守光. 铁路高架结构线路噪声预测[J]. 北京交通大学学报，2009，33（4）：42-45.

[18] 徐良. 高速铁路简支箱梁结构噪声的 SEA 方法[D]. 成都：西南交通大学，2011.

[19] STEEL J A，CRAIK R J M. Statistical energy analysis of structure-borne sound transmission by finite element methods [J]. Journal of Sound and Vibration，1994，178（4）：553-561.

[20] BREBBIA C A. The boundary element method for engineers [M]. London：Pentech Press，1978.

[21] 赵志高. 结构声辐射的机理与数值方法研究[D]. 武汉：华中科技大学，2005.

[22] CISKOWSKI R D，BREBBIA C A. Boundary element methods in acoustics [M]. Berlin：Springer，1991.

[23] KIRKUP S. The boundary element method in acoustics [M]. Hebden Bridge：Integrated Sound Software，2007.

[24] LIU Y J. Fast multipole boundary element method：theory and applications in engineering [M]. Cambridge：Cambridge University Press，2009.

[25] 朱彦，陈光冶，林常明. 城市高架轨道桥辐射噪声的计算与分析[J]. 噪声与振动控制，2005（3）：37-41.

[26] 胡新伟，黄醒春. 高架轨道梁振动与结构噪声的数值模拟[J]. 低温建筑技术，2007（2）：54-56.

[27] 林龙. 地铁齿轮箱与高架桥梁振动声辐射特性仿真分析[D]. 上海：上海交通大学，2007.

[28] 吴国强. 基于边界元法的高速铁路混凝土箱梁振动声辐射研究[D]. 成都：西南交通大学，2011.

[29] 张鹤，谢旭，山下幹夫. 桥梁交通振动辐射的低频噪声声场分布研究[J]. 振动工程学报，2010，23（5）：514-522.

[30] 李小珍，张迅. 铁路桥梁结构噪声辐射理论及应用[M]. 北京：科学出版社，2019.

[31] 李小珍，张迅，刘全民，等. 高速铁路桥梁结构噪声的全频段预测研究（Ⅰ）：理论模型[J]. 铁道学报，2013，35（1）：101-107.

[32] 张迅，李小珍，刘全民，等. 高速铁路桥梁结构噪声的全频段预测研究（Ⅱ）：试验验证[J]. 铁道学报，2013，35（2）：87-92.

[33] 张迅，李小珍，刘全民，等. 混凝土箱梁的结构噪声及其影响因素[J]. 西南交通大学学报，2013，48（3）：409-414.

[34] 李小珍，梁林，赵秋晨，等. 不同轨道结构形式对高架箱梁结构噪声的影响[J]. 土木工程学报，2018，51（10）：78-87.

[35] 李小珍，聂骏，郭镇，等. 钢弹簧浮置板轨道对箱梁振动声辐射的影响研究[J]. 振动与冲击，2019，38（13）：34-41.

[36] ZHANG X，LI X Z，LIU Q M，et al. Theoretical and experimental investigation on bridge-borne noise under moving high-speed train[J]. Science China-Technological Sciences，2013，56（4）：917-924.

[37] ZHANG X，LI X Z，ZHANG J Q，et al. A hybrid model for the prediction of low-frequency noise emanating from a concrete box-girder railway bridge[J]. Proceedings of the Institution of Mechanical Engineers，Part F：Journal of Rail and Rapid Transit，2016，230（4）：1242-1256.

[38] LI X，LIANG L，WANG D. Vibration and noise characteristics of an elevated box girder paved with different track structures[J]. Journal of Sound and Vibration，2018，425：21-40.

[39] LI Q，XU Y L，WU D J. Concrete bridge-borne low-frequency noise simulation based on train-track-bridge dynamic interaction[J]. Journal of Sound and Vibration，2012，331（10）：2457-2470.

[40] 李奇，吴定俊. 混凝土桥梁低频结构噪声数值模拟与现场实测[J]. 铁道学报，2013，35（3）：89-94.

[41] 宋晓东，李奇，吴定俊. 轨道交通混凝土桥梁中低频噪声预测方法[J]. 铁道学报，2018（3）：126-131.

[42] LI Q，LI W Q，WU D J，et al. A combined power flow and infinite element approach to the simulation of medium-frequency noise radiated from bridges and rails[J]. Journal of Sound and Vibration，2016，365：134-156.

[43] LI Q，SONG X，WU D. A 2.5-dimensional method for the prediction of structure-borne low-frequency noise from concrete rail transit bridges[J]. Journal of the Acoustical Society of America，2014，135（5）：2718-2726.

[44] LI Q，THOMPSON D J. Prediction of rail and bridge noise arising from concrete railway viaducts by using a multilayer rail fastener model and a wavenumber domain method[J]. Proceedings of the Institution of Mechanical Engineers，Part F：Journal of Rail and Rapid Transit，2018，232（5）：1326-1346.

[45] SONG X D，LI Q，WU D J. Prediction of Rail and Bridge Noise in Near- and Far-Field：A Combined 2.5-Dimensional and Two-Dimensional Method[J]. Journal of Vibration and Acoustics-Transactions of the ASME，2017，139（1）：11007.

[46] SONG X D，WU D J，LI Q，et al. Structure-borne low-frequency noise from multi-span bridges：A prediction method and spatial distribution[J]. Journal of Sound and Vibration，2016，367：114-128.

[47] 刘林芽，许代言. 腹板开孔的箱型梁结构噪声辐射特性分析[J]. 振动与冲击，2016，35（15）：204-210.

[48] 刘林芽，秦佳良，刘全民，等. 轨道交通槽形梁结构低频噪声预测与优化[J]. 铁道学报，2018，40（8）：107-115.

[49] 刘林芽，秦佳良，雷晓燕，等. 基于响应面法的槽形梁结构噪声优化研究[J]. 振动与冲击，2018，37（20）：56-60.

[50] 刘林芽，崔巍涛，秦佳良，等. 扣件胶垫黏弹性对铁路箱梁振动与结构噪声的影响[J]. 交通运输工程学报，2021，21（3）：134-145.

[51] 崔喆. 复杂箱形结构辐射声场的理论预估及噪声控制方法研究[D]. 西安：西安交通大学，2003.

[52] OUELAA N，REZAIGUIA A，LAULAGNET B. Vibro-acoustic modelling of a railway bridge crossed by a train [J]. Applied Acoustics，2006，67（5）：461-475.

[53] 谢旭，张鹤，山下幹夫. 桥梁振动辐射低频噪声评估方法研究[J]. 土木工程学报，2008，41（10）：53-59.

[54] 谢旭，张鹤，张治成. 桥梁振动辐射低频噪声的数值评估[C]//第 16 届全国结构工程学术会议. 太原，2007：503-508.

[55] 丁勇，布占宇，谢旭. 考虑桥面板振动的桥梁结构低频噪声分析[J]. 土木建筑与环境工程，2011（2）：58-64.

[56] 谢伟平，孙亮明. 箱形梁声辐射问题的半解析方法[J]. 武汉理工大学学报，2008，30（12）：165-169.

[57] 孙亮明. 箱形梁结构噪声的理论研究[D]. 武汉：武汉理工大学，2008.

[58] 杜功焕，朱哲民，龚秀芬. 声学基础[M]. 南京：南京大学出版社，2002.

[59] 何琳. 声学理论与工程应用[M]. 北京：科学出版社，2006.

[60] Bergman D R. Computational acoustics：Theory and implementation [M]. New York：John Wiley & Sons Ltd，2018.

[61] GERNOT B，LAN S，CHRISTIAN D. The boundary element method with programming：for engineers and scientists [M]. New York：Springer，2008.

[62] 刘全民，徐培培，宋立忠，等. 轨道交通噪声评价与控制标准探讨[J]. 噪声与振动控制，2021（6）：229-236；243.

[63] WANG Y P，JIAO Y H，CHEN Z B. Research on the well at the top edge of noise barrier[J]. Applied Acoustics，2018，133：118-122.

[64] PAPADAKIS N M，STAVROULAKIS G E. Finite element method for the estimation of insertion loss of noise barriers：comparison with various formulae（2D）[J]. Urban Science，2020，4（4）：77.

[65] 吴小萍，费广海，廖晨彦. 高速铁路不同高度声屏障的降噪效果分析[J]. 中国铁道科学，2015，36（3）：127-132.

[66] 吴小萍，段贤伟，杜鹏程，等. 基于 NSGA-Ⅱ算法的高速铁路声屏障高度多目标优化[J]. 铁道科学与工程学报，2019，16（6）：1369-1374.

[67] 周信，肖新标，何宾，等. 高速铁路声屏障降噪效果预测及其验证[J]. 机械工程学报，2013，49（10）：14-19.

[68] TOLEDO R，AZNAREZ J J，GREINER D，et al. A methodology for the multi-objective shape optimization of thin noise barriers[J]. Applied Mathematical Modelling，2017，50：656-675.

[69] 卢洋. 屏体吸声性能布局对声屏障插入损失的影响[J]. 噪声与振动控制，2014，34（6）：121-125.

[70] HOTHERSALL D C，HOROSHENKOV K V，MORGAN P A. Scale modeling of railway noise barriers [J]. Journal of Sound and Vibration，2000，231（2）：207-223.

[71] BELINGARD P，POISSON F，BELLAJ S. Experimental study of noise barriers for high-speed trains[C]//Proceedings of the 10 th International Workshop on Railway Noise，18-22 October，2010，Nagahama，Japan. Berlin：Springer，2010：537-544.

[72] 何宾，肖新标，周信，等. 声屏障插入损失影响因素及降噪机理研究[J]. 浙江大学学报（工学版），2017，51（4）：761-770；783.

[73] 宋立忠，李小珍，张良涛，等. 城市轨道交通桥梁声屏障系统结构噪声特性与预测[J]. 交通运输工程学报，2021（3）：193-202.

[74] SONG X D, LI Q, WU D J. Prediction of Rail and bridge noise in near- and far-field：a combined 2.5-dimensional and two-dimensional method[J]. Journal of Vibration and Acoustics，2017，139（1）：011007.

[75] 吴波波，王高沂，李海霞，等. 反射体对 U 型梁贴附式吸声材料插入损失影响的实验研究[J]. 振动与冲击，2018（9）：239-242.

[76] 张迅，阮灵辉，曹智扬，等.轨道交通 U 形梁对轮轨噪声的遮蔽效应研究[J]. 铁道学报，2019，41（7）：147-154.

[77] CROCKETT A R，PYKE J R. Viaduct design for minimization of direct and structure-radiated train noise[J]. Journal of Sound and Vibration，2000，231（3）：883-897.

[78] 李克冰，张楠，夏禾，等. 高速铁路 32 m 简支槽型梁桥结构噪声分析[J]. 中国铁道科学，2015，36（4）：52-59.

[79] 李奇，吴定俊. 混凝土桥梁低频结构噪声数值模拟与现场实测[J]. 铁道学报，2013，35（03）：89-94.

[80] 国家环保总局.声屏障声学设计和测量规范：HJ/T 90—2004 [S]. 北京：中国环境科学出版社，2004.

[81] 费广海，吴小萍，廖晨彦. 声屏障高度对高铁（客运专线）降噪效果的影响[J]. 中国环境科学，2015，35（8）：2539-2545.

[82] 尹航. U 型梁结构噪声及梁体对轮轨噪声的遮蔽效应研究[D]. 成都：西南交通大学，2014.

[83] THOMPSON D J. Railway noise and vibration：mechanisms：modeling and means of control [M]. Oxford：Elsevier，2009.